U0806777

建设工程质量检测人员岗位培训系列教材
建设工程质量检测人员岗位培训系列教材编写委员会　组织编写

建设工程质量检测
法律法规及基础知识

主编　郭建营　张晓梅　褚振伟

合肥工业大学出版社

建设工程质量检测人员岗位培训系列教材
编写委员会

主编单位：

安徽省建设工程质量与安全协会

合肥工大共达工程检测试验有限公司

安徽建工检测科技集团有限公司

安徽省建筑工程质量监督检测站有限公司

安徽省建设工程测试研究院有限责任公司

安徽省建院工程质量检测有限公司

安徽省建筑科学研究设计院

主　任　王晓魁

副主任　施赤文　项炳泉　完海鹰　俞振发

　　　　张今阳　李天宝　王道斌　郭建营

委　员　（以下以姓氏笔画为序）

　　　　丁　磊　文莹萍　叶　美　任　磊

　　　　刘杭杭　孙　琼　张　蕊　张晓梅

　　　　陈　慧　吴家斌　迟育红　姜　巍

　　　　贺传友　常　亮　褚振伟

总主编　郭建营

前　言

为贯彻落实《建设工程质量检测管理办法》(中华人民共和国住房和城乡建设部令第57号)和《住房和城乡建设部关于印发〈建设工程质量检测机构资质标准〉的通知》(建质规〔2023〕1号),根据《建设工程质量检测机构资质标准(2023年印发)》要求,我们组织有关单位和人员编写了建设工程质量检测人员岗位培训系列教材。

《建设工程质量检测法律法规及基础知识》为建设工程质量检测人员岗位培训系列教材之一,内容包括建设工程质量检测相关的法律法规文件、标准规范及检测基础知识,旨在使建设工程质量检测人员熟悉建设工程质量管理和与检测相关的法律法规文件、各检测专项应用的现行标准规范以及检测的公共基础知识。本书可作为建设工程质量检测人员及建设工程质量管理相关人员的继续教育和工作培训教材使用,也可供建设工程行业的质量技术人员参考。

本教材由合肥工大共达工程检测试验有限公司郭建营、张晓梅、褚振伟主编。教材在出版过程中得到了省内各大检测机构的鼎力支持,谨表感谢。由于时间仓促,疏漏和不足在所难免,敬请批评指正,相关意见可发至邮箱:51465676@qq.com。

建设工程质量检测人员岗位培训系列教材

编写委员会

二〇二四年七月

目　录

第一篇　法律法规及规范性文件

第二篇　建设工程质量检测相关标准规范

第三篇 建设工程质量检测基础知识

第一篇

法律法规及规范性文件

中华人民共和国建筑法

（1997年11月1日第八届全国人民代表大会常务委员会第二十八次会议通过　根据2011年4月22日第十一届全国人民代表大会常务委员会第二十次会议《关于修改〈中华人民共和国建筑法〉的决定》第一次修正　根据2019年4月23日第十三届全国人民代表大会常务委员会第十次会议《关于修改〈中华人民共和国建筑法〉等八部法律的决定》第二次修正）

第一章　总　则

第一条　为了加强对建筑活动的监督管理，维护建筑市场秩序，保证建筑工程的质量和安全，促进建筑业健康发展，制定本法。

第二条　在中华人民共和国境内从事建筑活动，实施对建筑活动的监督管理，应当遵守本法。

本法所称建筑活动，是指各类房屋建筑及其附属设施的建造和与其配套的线路、管道、设备的安装活动。

第三条　建筑活动应当确保建筑工程质量和安全，符合国家的建筑工程安全标准。

第四条　国家扶持建筑业的发展，支持建筑科学技术研究，提高房屋建筑设计水平，鼓励节约能源和保护环境，提倡采用先进技术、先进设备、先进工艺、新型建筑材料和现代管理方式。

第五条　从事建筑活动应当遵守法律、法规，不得损害社会公共利益和他人的合法权益。

任何单位和个人都不得妨碍和阻挠依法进行的建筑活动。

第六条　国务院建设行政主管部门对全国的建筑活动实施统一监督管理。

第二章　建筑许可

第一节　建筑工程施工许可

第七条　建筑工程开工前，建设单位应当按照国家有关规定向工程所在地县级以上人民政府建设行政主管部门申请领取施工许可证；但是，国务院建设行政主管部门确定的限额以下的小型工程除外。

按照国务院规定的权限和程序批准开工报告的建筑工程，不再领取施工许可证。

第八条　申请领取施工许可证，应当具备下列条件：

（一）已经办理该建筑工程用地批准手续；

（二）依法应当办理建设工程规划许可证的，已经取得建设工程规划许可证；

（三）需要拆迁的，其拆迁进度符合施工要求；

（四）已经确定建筑施工企业；

（五）有满足施工需要的资金安排、施工图纸及技术资料；

（六）有保证工程质量和安全的具体措施。

建设行政主管部门应当自收到申请之日起七日内，对符合条件的申请颁发施工许可证。

第九条　建设单位应当自领取施工许可证之日起三个月内开工。因故不能按期开工的，应当向发证机关申请延期；延期以两次为限，每次不超过三个月。既不开工又不申请延期或者超过延期时限的，施工许可证自行废止。

第十条　在建的建筑工程因故中止施工的，建设单位应当自中止施工之日起一个月内，向发证机关报告，并按照规定做好建筑工程的维护管理工作。

建筑工程恢复施工时，应当向发证机关报告；中止施工满一年的工程恢复施工前，建设单位应当报发证机关核验施工许可证。

第十一条　按照国务院有关规定批准开工报告的建筑工程，因故不能按期开工或者中止施工的，应当及时向批准机关报告情况。因故不能按期开工超过六个月的，应当重新办理开工报告的批准手续。

第二节　从业资格

第十二条　从事建筑活动的建筑施工企业、勘察单位、设计单位和工程监理单位，应当具备下列条件：

（一）有符合国家规定的注册资本；

（二）有与其从事的建筑活动相适应的具有法定执业资格的专业技术人员；

（三）有从事相关建筑活动所应有的技术装备；

（四）法律、行政法规规定的其他条件。

第十三条　从事建筑活动的建筑施工企业、勘察单位、设计单位和工程监理单位，按照其拥有的注册资本、专业技术人员、技术装备和已完成的建筑工程业绩等资质条件，划分为不同的资质等级，经资质审查合格，取得相应等级的资质证书后，方可在其资质等级许可的范围内从事建筑活动。

第十四条　从事建筑活动的专业技术人员，应当依法取得相应的执业资格证书，并在执业资格证书许可的范围内从事建筑活动。

第三章　建筑工程发包与承包

第一节　一般规定

第十五条　建筑工程的发包单位与承包单位应当依法订立书面合同，明确双方的权利和义务。

发包单位和承包单位应当全面履行合同约定的义务。不按照合同约定履行义务的，依法承担违约责任。

第十六条　建筑工程发包与承包的招标投标活动，应当遵循公开、公正、平等竞争的原则，择优选择承包单位。

建筑工程的招标投标，本法没有规定的，适用有关招标投标法律的规定。

第十七条　发包单位及其工作人员在建筑工程发包中不得收受贿赂、回扣或者索取其他好处。

承包单位及其工作人员不得利用向发包单位及其工作人员行贿、提供回扣或者给予其他好处等不正当手段承揽工程。

第十八条　建筑工程造价应当按照国家有关规定，由发包单位与承包单位在合同中约定。公开招标发包的，其造价的约定，须遵守招标投标法律的规定。

发包单位应当按照合同的约定，及时拨付工程款项。

第二节　发包

第十九条　建筑工程依法实行招标发包，对不适于招标发包的可以直接发包。

第二十条　建筑工程实行公开招标的，发包单位应当依照法定程序和方式，发布招标公告，提供载有招标工程的主要技术要求、主要的合同条款、评标的标准和方法以及开标、评标、定标的程序等内容的招标文件。

开标应当在招标文件规定的时间、地点公开进行。开标后应当按照招标文件规定的评标标准和程序对标书进行评价、比较，在具备相应资质条件的投标者中，择优选定中标者。

第二十一条　建筑工程招标的开标、评标、定标由建设单位依法组织实施，并接受有关行政主管部门的监督。

第二十二条　建筑工程实行招标发包的，发包单位应当将建筑工程发包给依法中标的承包单位。建筑工程实行直接发包的，发包单位应当将建筑工程发包给具有相应资质条件的承包单位。

第二十三条　政府及其所属部门不得滥用行政权力，限定发包单位将招标发包的建筑工程发包给指定的承包单位。

第二十四条　提倡对建筑工程实行总承包，禁止将建筑工程肢解发包。

建筑工程的发包单位可以将建筑工程的勘察、设计、施工、设备采购一并发包给一个工程总承包单位，也可以将建筑工程勘察、设计、施工、设备采购的一项或者多项发包给一个工程总承包单位；但是，不得将应当由一个承包单位完成的建筑工程肢解成若干部分发包给几个承包单位。

第二十五条　按照合同约定，建筑材料、建筑构配件和设备由工程承包单位采购的，发包单位不得指定承包单位购入用于工程的建筑材料、建筑构配件和设备或者指定生产厂、供应商。

第三节　承包

第二十六条　承包建筑工程的单位应当持有依法取得的资质证书，并在其资质等级许可的业务范围内承揽工程。

禁止建筑施工企业超越本企业资质等级许可的业务范围或者以任何形式用其他建筑施工企业的名义承揽工程。禁止建筑施工企业以任何形式允许其他单位或者个人使用本企业的资质证书、营业执照，以本企业的名义承揽工程。

第二十七条 大型建筑工程或者结构复杂的建筑工程，可以由两个以上的承包单位联合共同承包。共同承包的各方对承包合同的履行承担连带责任。

两个以上不同资质等级的单位实行联合共同承包的，应当按照资质等级低的单位的业务许可范围承揽工程。

第二十八条 禁止承包单位将其承包的全部建筑工程转包给他人，禁止承包单位将其承包的全部建筑工程肢解以后以分包的名义分别转包给他人。

第二十九条 建筑工程总承包单位可以将承包工程中的部分工程发包给具有相应资质条件的分包单位；但是，除总承包合同中约定的分包外，必须经建设单位认可。施工总承包的，建筑工程主体结构的施工必须由总承包单位自行完成。

建筑工程总承包单位按照总承包合同的约定对建设单位负责；分包单位按照分包合同的约定对总承包单位负责。总承包单位和分包单位就分包工程对建设单位承担连带责任。

禁止总承包单位将工程分包给不具备相应资质条件的单位。禁止分包单位将其承包的工程再分包。

第四章 建筑工程监理

第三十条 国家推行建筑工程监理制度。

国务院可以规定实行强制监理的建筑工程的范围。

第三十一条 实行监理的建筑工程，由建设单位委托具有相应资质条件的工程监理单位监理。建设单位与其委托的工程监理单位应当订立书面委托监理合同。

第三十二条 建筑工程监理应当依照法律、行政法规及有关的技术标准、设计文件和建筑工程承包合同，对承包单位在施工质量、建设工期和建设资金使用等方面，代表建设单位实施监督。

工程监理人员认为工程施工不符合工程设计要求、施工技术标准和合同约定的，有权要求建筑施工企业改正。

工程监理人员发现工程设计不符合建筑工程质量标准或者合同约定的质量要求的，应当报告建设单位要求设计单位改正。

第三十三条 实施建筑工程监理前，建设单位应当将委托的工程监理单位、监理的内容及监理权限，书面通知被监理的建筑施工企业。

第三十四条 工程监理单位应当在其资质等级许可的监理范围内，承担工程监理业务。

工程监理单位应当根据建设单位的委托，客观、公正地执行监理任务。

工程监理单位与被监理工程的承包单位以及建筑材料、建筑构配件和设备供应单位不得有隶属关系或者其他利害关系。

工程监理单位不得转让工程监理业务。

第三十五条 工程监理单位不按照委托监理合同的约定履行监理义务,对应当监督检查的项目不检查或者不按照规定检查,给建设单位造成损失的,应当承担相应的赔偿责任。

工程监理单位与承包单位串通,为承包单位谋取非法利益,给建设单位造成损失的,应当与承包单位承担连带赔偿责任。

第五章 建筑安全生产管理

第三十六条 建筑工程安全生产管理必须坚持安全第一、预防为主的方针,建立健全安全生产的责任制度和群防群治制度。

第三十七条 建筑工程设计应当符合按照国家规定制定的建筑安全规程和技术规范,保证工程的安全性能。

第三十八条 建筑施工企业在编制施工组织设计时,应当根据建筑工程的特点制定相应的安全技术措施;对专业性较强的工程项目,应当编制专项安全施工组织设计,并采取安全技术措施。

第三十九条 建筑施工企业应当在施工现场采取维护安全、防范危险、预防火灾等措施;有条件的,应当对施工现场实行封闭管理。

施工现场对毗邻的建筑物、构筑物和特殊作业环境可能造成损害的,建筑施工企业应当采取安全防护措施。

第四十条 建设单位应当向建筑施工企业提供与施工现场相关的地下管线资料,建筑施工企业应当采取措施加以保护。

第四十一条 建筑施工企业应当遵守有关环境保护和安全生产的法律、法规的规定,采取控制和处理施工现场的各种粉尘、废气、废水、固体废物以及噪声、振动对环境的污染和危害的措施。

第四十二条 有下列情形之一的,建设单位应当按照国家有关规定办理申请批准手续:

(一)需要临时占用规划批准范围以外场地的;

(二)可能损坏道路、管线、电力、邮电通讯等公共设施的;

(三)需要临时停水、停电、中断道路交通的;

(四)需要进行爆破作业的;

(五)法律、法规规定需要办理报批手续的其他情形。

第四十三条 建设行政主管部门负责建筑安全生产的管理,并依法接受劳动行政主管部门对建筑安全生产的指导和监督。

第四十四条 建筑施工企业必须依法加强对建筑安全生产的管理,执行安全生产责任制度,采取有效措施,防止伤亡和其他安全生产事故的发生。

建筑施工企业的法定代表人对本企业的安全生产负责。

第四十五条 施工现场安全由建筑施工企业负责。实行施工总承包的,由总承包单位负责。分包单位向总承包单位负责,服从总承包单位对施工现场的安全生产管理。

第四十六条 建筑施工企业应当建立健全劳动安全生产教育培训制度,加强对职工安全生产的教育培训;未经安全生产教育培训的人员,不得上岗作业。

第四十七条 建筑施工企业和作业人员在施工过程中，应当遵守有关安全生产的法律、法规和建筑行业安全规章、规程，不得违章指挥或者违章作业。作业人员有权对影响人身健康的作业程序和作业条件提出改进意见，有权获得安全生产所需的防护用品。作业人员对危及生命安全和人身健康的行为有权提出批评、检举和控告。

第四十八条 建筑施工企业应当依法为职工参加工伤保险缴纳工伤保险费。鼓励企业为从事危险作业的职工办理意外伤害保险，支付保险费。

第四十九条 涉及建筑主体和承重结构变动的装修工程，建设单位应当在施工前委托原设计单位或者具有相应资质条件的设计单位提出设计方案；没有设计方案的，不得施工。

第五十条 房屋拆除应当由具备保证安全条件的建筑施工单位承担，由建筑施工单位负责人对安全负责。

第五十一条 施工中发生事故时，建筑施工企业应当采取紧急措施减少人员伤亡和事故损失，并按照国家有关规定及时向有关部门报告。

第六章　建筑工程质量管理

第五十二条 建筑工程勘察、设计、施工的质量必须符合国家有关建筑工程安全标准的要求，具体管理办法由国务院规定。

有关建筑工程安全的国家标准不能适应确保建筑安全的要求时，应当及时修订。

第五十三条 国家对从事建筑活动的单位推行质量体系认证制度。从事建筑活动的单位根据自愿原则可以向国务院产品质量监督管理部门或者国务院产品质量监督管理部门授权的部门认可的认证机构申请质量体系认证。经认证合格的，由认证机构颁发质量体系认证证书。

第五十四条 建设单位不得以任何理由，要求建筑设计单位或者建筑施工企业在工程设计或者施工作业中，违反法律、行政法规和建筑工程质量、安全标准，降低工程质量。

建筑设计单位和建筑施工企业对建设单位违反前款规定提出的降低工程质量的要求，应当予以拒绝。

第五十五条 建筑工程实行总承包的，工程质量由工程总承包单位负责，总承包单位将建筑工程分包给其他单位的，应当对分包工程的质量与分包单位承担连带责任。分包单位应当接受总承包单位的质量管理。

第五十六条 建筑工程的勘察、设计单位必须对其勘察、设计的质量负责。勘察、设计文件应当符合有关法律、行政法规的规定和建筑工程质量、安全标准、建筑工程勘察、设计技术规范以及合同的约定。设计文件选用的建筑材料、建筑构配件和设备，应当注明其规格、型号、性能等技术指标，其质量要求必须符合国家规定的标准。

第五十七条 建筑设计单位对设计文件选用的建筑材料、建筑构配件和设备，不得指定生产厂、供应商。

第五十八条 建筑施工企业对工程的施工质量负责。

建筑施工企业必须按照工程设计图纸和施工技术标准施工，不得偷工减料。工程设计的修改由原设计单位负责，建筑施工企业不得擅自修改工程设计。

第五十九条　建筑施工企业必须按照工程设计要求、施工技术标准和合同的约定，对建筑材料、建筑构配件和设备进行检验，不合格的不得使用。

第六十条　建筑物在合理使用寿命内，必须确保地基基础工程和主体结构的质量。

建筑工程竣工时，屋顶、墙面不得留有渗漏、开裂等质量缺陷；对已发现的质量缺陷，建筑施工企业应当修复。

第六十一条　交付竣工验收的建筑工程，必须符合规定的建筑工程质量标准，有完整的工程技术经济资料和经签署的工程保修书，并具备国家规定的其他竣工条件。

建筑工程竣工经验收合格后，方可交付使用；未经验收或者验收不合格的，不得交付使用。

第六十二条　建筑工程实行质量保修制度。

建筑工程的保修范围应当包括地基基础工程、主体结构工程、屋面防水工程和其他土建工程，以及电气管线、上下水管线的安装工程，供热、供冷系统工程等项目；保修的期限应当按照保证建筑物合理寿命年限内正常使用，维护使用者合法权益的原则确定。具体的保修范围和最低保修期限由国务院规定。

第六十三条　任何单位和个人对建筑工程的质量事故、质量缺陷都有权向建设行政主管部门或者其他有关部门进行检举、控告、投诉。

第七章　法律责任

第六十四条　违反本法规定，未取得施工许可证或者开工报告未经批准擅自施工的，责令改正，对不符合开工条件的责令停止施工，可以处以罚款。

第六十五条　发包单位将工程发包给不具有相应资质条件的承包单位的，或者违反本法规定将建筑工程肢解发包的，责令改正，处以罚款。

超越本单位资质等级承揽工程的，责令停止违法行为，处以罚款，可以责令停业整顿，降低资质等级；情节严重的，吊销资质证书；有违法所得的，予以没收。

未取得资质证书承揽工程的，予以取缔，并处罚款；有违法所得的，予以没收。

以欺骗手段取得资质证书的，吊销资质证书，处以罚款；构成犯罪的，依法追究刑事责任。

第六十六条　建筑施工企业转让、出借资质证书或者以其他方式允许他人以本企业的名义承揽工程的，责令改正，没收违法所得，并处罚款，可以责令停业整顿，降低资质等级；情节严重的，吊销资质证书。对因该项承揽工程不符合规定的质量标准造成的损失，建筑施工企业与使用本企业名义的单位或者个人承担连带赔偿责任。

第六十七条　承包单位将承包的工程转包的，或者违反本法规定进行分包的，责令改正，没收违法所得，并处罚款，可以责令停业整顿，降低资质等级；情节严重的，吊销资质证书。

承包单位有前款规定的违法行为的，对因转包工程或者违法分包的工程不符合规定的质量标准造成的损失，与接受转包或者分包的单位承担连带赔偿责任。

第六十八条　在工程发包与承包中索贿、受贿、行贿，构成犯罪的，依法追究刑事责任；

不构成犯罪的，分别处以罚款，没收贿赂的财物，对直接负责的主管人员和其他直接责任人员给予处分。

对在工程承包中行贿的承包单位，除依照前款规定处罚外，可以责令停业整顿，降低资质等级或者吊销资质证书。

第六十九条 工程监理单位与建设单位或者建筑施工企业串通，弄虚作假、降低工程质量的，责令改正，处以罚款，降低资质等级或者吊销资质证书；有违法所得的，予以没收；造成损失的，承担连带赔偿责任；构成犯罪的，依法追究刑事责任。

工程监理单位转让监理业务的，责令改正，没收违法所得，可以责令停业整顿，降低资质等级；情节严重的，吊销资质证书。

第七十条 违反本法规定，涉及建筑主体或者承重结构变动的装修工程擅自施工的，责令改正，处以罚款；造成损失的，承担赔偿责任；构成犯罪的，依法追究刑事责任。

第七十一条 建筑施工企业违反本法规定，对建筑安全事故隐患不采取措施予以消除的，责令改正，可以处以罚款；情节严重的，责令停业整顿，降低资质等级或者吊销资质证书；构成犯罪的，依法追究刑事责任。

建筑施工企业的管理人员违章指挥、强令职工冒险作业，因而发生重大伤亡事故或者造成其他严重后果的，依法追究刑事责任。

第七十二条 建设单位违反本法规定，要求建筑设计单位或者建筑施工企业违反建筑工程质量、安全标准，降低工程质量的，责令改正，可以处以罚款；构成犯罪的，依法追究刑事责任。

第七十三条 建筑设计单位不按照建筑工程质量、安全标准进行设计的，责令改正，处以罚款；造成工程质量事故的，责令停业整顿，降低资质等级或者吊销资质证书，没收违法所得，并处罚款；造成损失的，承担赔偿责任；构成犯罪的，依法追究刑事责任。

第七十四条 建筑施工企业在施工中偷工减料的，使用不合格的建筑材料、建筑构配件和设备的，或者有其他不按照工程设计图纸或者施工技术标准施工的行为的，责令改正，处以罚款；情节严重的，责令停业整顿，降低资质等级或者吊销资质证书；造成建筑工程质量不符合规定的质量标准的，负责返工、修理，并赔偿因此造成的损失；构成犯罪的，依法追究刑事责任。

第七十五条 建筑施工企业违反本法规定，不履行保修义务或者拖延履行保修义务的，责令改正，可以处以罚款，并对在保修期内因屋顶、墙面渗漏、开裂等质量缺陷造成的损失，承担赔偿责任。

第七十六条 本法规定的责令停业整顿、降低资质等级和吊销资质证书的行政处罚，由颁发资质证书的机关决定；其他行政处罚，由建设行政主管部门或者有关部门依照法律和国务院规定的职权范围决定。

依照本法规定被吊销资质证书的，由工商行政管理部门吊销其营业执照。

第七十七条 违反本法规定，对不具备相应资质等级条件的单位颁发该等级资质证书的，由其上级机关责令收回所发的资质证书，对直接负责的主管人员和其他直接责任人员给予行政处分；构成犯罪的，依法追究刑事责任。

第七十八条 政府及其所属部门的工作人员违反本法规定，限定发包单位将招标发包的工程发包给指定的承包单位的，由上级机关责令改正；构成犯罪的，依法追究刑事责任。

第七十九条　负责颁发建筑工程施工许可证的部门及其工作人员对不符合施工条件的建筑工程颁发施工许可证的，负责工程质量监督检查或者竣工验收的部门及其工作人员对不合格的建筑工程出具质量合格文件或者按合格工程验收的，由上级机关责令改正，对责任人员给予行政处分；构成犯罪的，依法追究刑事责任；造成损失的，由该部门承担相应的赔偿责任。

第八十条　在建筑物的合理使用寿命内，因建筑工程质量不合格受到损害的，有权向责任者要求赔偿。

第八章　附　则

第八十一条　本法关于施工许可、建筑施工企业资质审查和建筑工程发包、承包、禁止转包，以及建筑工程监理、建筑工程安全和质量管理的规定，适用于其他专业建筑工程的建筑活动，具体办法由国务院规定。

第八十二条　建设行政主管部门和其他有关部门在对建筑活动实施监督管理中，除按照国务院有关规定收取费用外，不得收取其他费用。

第八十三条　省、自治区、直辖市人民政府确定的小型房屋建筑工程的建筑活动，参照本法执行。

依法核定作为文物保护的纪念建筑物和古建筑等的修缮，依照文物保护的有关法律规定执行。

抢险救灾及其他临时性房屋建筑和农民自建低层住宅的建筑活动，不适用本法。

第八十四条　军用房屋建筑工程建筑活动的具体管理办法，由国务院、中央军事委员会依据本法制定。

第八十五条　本法自 1998 年 3 月 1 日起施行。

建设工程质量管理条例

（2000年1月30日中华人民共和国国务院令第279号发布　根据2017年10月7日《国务院关于修改部分行政法规的决定》第一次修订　根据2019年4月23日《国务院关于修改部分行政法规的决定》第二次修订）

第一章　总　则

第一条　为了加强对建设工程质量的管理，保证建设工程质量，保护人民生命和财产安全，根据《中华人民共和国建筑法》，制定本条例。

第二条　凡在中华人民共和国境内从事建设工程的新建、扩建、改建等有关活动及实施对建设工程质量监督管理的，必须遵守本条例。

本条例所称建设工程，是指土木工程、建筑工程、线路管道和设备安装工程及装修工程。

第三条　建设单位、勘察单位、设计单位、施工单位、工程监理单位依法对建设工程质量负责。

第四条　县级以上人民政府建设行政主管部门和其他有关部门应当加强对建设工程质量的监督管理。

第五条　从事建设工程活动，必须严格执行基本建设程序，坚持先勘察、后设计、再施工的原则。

县级以上人民政府及其有关部门不得超越权限审批建设项目或者擅自简化基本建设程序。

第六条　国家鼓励采用先进的科学技术和管理方法，提高建设工程质量。

第二章　建设单位的质量责任和义务

第七条　建设单位应当将工程发包给具有相应资质等级的单位。

建设单位不得将建设工程肢解发包。

第八条　建设单位应当依法对工程建设项目的勘察、设计、施工、监理以及与工程建设有关的重要设备、材料等的采购进行招标。

第九条　建设单位必须向有关的勘察、设计、施工、工程监理等单位提供与建设工程有关的原始资料。

原始资料必须真实、准确、齐全。

第十条　建设工程发包单位，不得迫使承包方以低于成本的价格竞标，不得任意压缩合理工期。

建设单位不得明示或者暗示设计单位或者施工单位违反工程建设强制性标准，降低建设工程质量。

第十一条　建设单位应当将施工图设计文件报县级以上人民政府建设行政主管部门或其他有关部门审查。施工图设计文件审查的具体办法，由国务院建设行政主管部门会同国务院其他有关部门制定。

施工图设计文件未经审查批准的，不得使用。

第十二条　实行监理的建设工程，建设单位应当委托具有相应资质等级的工程监理单位进行监理，也可以委托具有工程监理相应资质等级并与被监理工程的施工承包单位没有隶属关系或者其他利害关系的该工程的设计单位进行监理。

下列建设工程必须实行监理：

（一）国家重点建设工程；

（二）大中型公用事业工程；

（三）成片开发建设的住宅小区工程；

（四）利用外国政府或者国际组织贷款、援助资金的工程；

（五）国家规定必须实行监理的其他工程。

第十三条　建设单位在领取施工许可证或者开工报告前，应当按照国家有关规定办理工程质量监督手续。

第十四条　按照合同约定，由建设单位采购建筑材料、建筑构配件和设备的，建设单位应当保证建筑材料、建筑构配件和设备符合设计文件和合同要求。

建设单位不得明示或者暗示施工单位使用不合格的建筑材料、建筑构配件和设备。

第十五条　涉及建筑主体和承重结构变动的装修工程，建设单位应当在施工前委托原设计单位或者具有相应资质等级的设计单位提出设计方案；没有设计方案的，不得施工。

房屋建筑使用者在装修过程中，不得擅自变动房屋建筑主体和承重结构。

第十六条　建设单位收到建设工程竣工报告后，应当组织设计、施工、工程监理等有关单位进行竣工验收。

建设工程竣工验收应当具备下列条件：

（一）完成建设工程设计和合同约定的各项内容；

（二）有完整的技术档案和施工管理资料；

（三）有工程使用的主要建筑材料、建筑构配件和设备的进场试验报告；

（四）有勘察、设计、施工、工程监理等单位分别签署的质量合格文件；

（五）有施工单位签署的工程保修书。

建设工程经验收合格的，方可交付使用。

第十七条　建设单位应当严格按照国家有关档案管理的规定，及时收集、整理建设项目各环节的文件资料，建立、健全建设项目档案，并在建设工程竣工验收后，及时向建设行政主管部门或者其他有关部门移交建设项目档案。

第三章 勘察、设计单位的质量责任和义务

第十八条 从事建设工程勘察、设计的单位应当依法取得相应等级的资质证书，并在其资质等级许可的范围内承揽工程。

禁止勘察、设计单位超越其资质等级许可的范围或者以其他勘察、设计单位的名义承揽工程。禁止勘察、设计单位允许其他单位或者个人以本单位的名义承揽工程。

勘察、设计单位不得转包或者违法分包所承揽的工程。

第十九条 勘察、设计单位必须按照工程建设强制性标准进行勘察、设计，并对其勘察、设计的质量负责。

注册建筑师、注册结构工程师等注册执业人员应当在设计文件上签字，对设计文件负责。

第二十条 勘察单位提供的地质、测量、水文等勘察成果必须真实、准确。

第二十一条 设计单位应当根据勘察成果文件进行建设工程设计。

设计文件应当符合国家规定的设计深度要求，注明工程合理使用年限。

第二十二条 设计单位在设计文件中选用的建筑材料、建筑构配件和设备，应当注明规格、型号、性能等技术指标，其质量要求必须符合国家规定的标准。

除有特殊要求的建筑材料、专用设备、工艺生产线等外，设计单位不得指定生产厂、供应商。

第二十三条 设计单位应当就审查合格的施工图设计文件向施工单位作出详细说明。

第二十四条 设计单位应当参与建设工程质量事故分析，并对因设计造成的质量事故，提出相应的技术处理方案。

第四章 施工单位的质量责任和义务

第二十五条 施工单位应当依法取得相应等级的资质证书，并在其资质等级许可的范围内承揽工程。

禁止施工单位超越本单位资质等级许可的业务范围或者以其他施工单位的名义承揽工程。禁止施工单位允许其他单位或者个人以本单位的名义承揽工程。

施工单位不得转包或者违法分包工程。

第二十六条 施工单位对建设工程的施工质量负责。

施工单位应当建立质量责任制，确定工程项目的项目经理、技术负责人和施工管理负责人。

建设工程实行总承包的，总承包单位应当对全部建设工程质量负责；建设工程勘察、设计、施工、设备采购的一项或者多项实行总承包的，总承包单位应当对其承包的建设工程或者采购的设备的质量负责。

第二十七条 总承包单位依法将建设工程分包给其他单位的，分包单位应当按照分包

合同的约定对其分包工程的质量向总承包单位负责，总承包单位与分包单位对分包工程的质量承担连带责任。

第二十八条　施工单位必须按照工程设计图纸和施工技术标准施工，不得擅自修改工程设计，不得偷工减料。

施工单位在施工过程中发现设计文件和图纸有差错的，应当及时提出意见和建议。

第二十九条　施工单位必须按照工程设计要求、施工技术标准和合同约定，对建筑材料、建筑构配件、设备和商品混凝土进行检验，检验应当有书面记录和专人签字；未经检验或者检验不合格的，不得使用。

第三十条　施工单位必须建立、健全施工质量的检验制度，严格工序管理，作好隐蔽工程的质量检查和记录。隐蔽工程在隐蔽前，施工单位应当通知建设单位和建设工程质量监督机构。

第三十一条　施工人员对涉及结构安全的试块、试件以及有关材料，应当在建设单位或者工程监理单位监督下现场取样，并送具有相应资质等级的质量检测单位进行检测。

第三十二条　施工单位对施工中出现质量问题的建设工程或者竣工验收不合格的建设工程，应当负责返修。

第三十三条　施工单位应当建立、健全教育培训制度，加强对职工的教育培训；未经教育培训或者考核不合格的人员，不得上岗作业。

第五章　工程监理单位的质量责任和义务

第三十四条　工程监理单位应当依法取得相应等级的资质证书，并在其资质等级许可的范围内承担工程监理业务。

禁止工程监理单位超越本单位资质等级许可的范围或者以其他工程监理单位的名义承担工程监理业务。禁止工程监理单位允许其他单位或者个人以本单位的名义承担工程监理业务。

工程监理单位不得转让工程监理业务。

第三十五条　工程监理单位与被监理工程的施工承包单位以及建筑材料、建筑构配件和设备供应单位有隶属关系或者其他利害关系的，不得承担该项建设工程的监理业务。

第三十六条　工程监理单位应当依照法律、法规以及有关技术标准、设计文件和建设工程承包合同，代表建设单位对施工质量实施监理，并对施工质量承担监理责任。

第三十七条　工程监理单位应当选派具备相应资格的总监理工程师和监理工程师进驻施工现场。

未经监理工程师签字，建筑材料、建筑构配件和设备不得在工程上使用或者安装，施工单位不得进行下一道工序的施工。未经总监理工程师签字，建设单位不拨付工程款，不进行竣工验收。

第三十八条　监理工程师应当按照工程监理规范的要求，采取旁站、巡视和平行检验等形式，对建设工程实施监理。

第六章　建设工程质量保修

第三十九条　建设工程实行质量保修制度。

建设工程承包单位在向建设单位提交工程竣工验收报告时，应当向建设单位出具质量保修书。质量保修书中应当明确建设工程的保修范围、保修期限和保修责任等。

第四十条　在正常使用条件下，建设工程的最低保修期限为：

(一)基础设施工程、房屋建筑的地基基础工程和主体结构工程，为设计文件规定的该工程的合理使用年限；

(二)屋面防水工程、有防水要求的卫生间、房间和外墙面的防渗漏，为5年；

(三)供热与供冷系统，为2个采暖期、供冷期；

(四)电气管线、给排水管道、设备安装和装修工程，为2年。

其他项目的保修期限由发包方与承包方约定。

建设工程的保修期，自竣工验收合格之日起计算。

第四十一条　建设工程在保修范围和保修期限内发生质量问题的，施工单位应当履行保修义务，并对造成的损失承担赔偿责任。

第四十二条　建设工程在超过合理使用年限后需要继续使用的，产权所有人应当委托具有相应资质等级的勘察、设计单位鉴定，并根据鉴定结果采取加固、维修等措施，重新界定使用期。

第七章　监督管理

第四十三条　国家实行建设工程质量监督管理制度。

国务院建设行政主管部门对全国的建设工程质量实施统一监督管理。国务院铁路、交通、水利等有关部门按照国务院规定的职责分工，负责对全国的有关专业建设工程质量的监督管理。

县级以上地方人民政府建设行政主管部门对本行政区域内的建设工程质量实施监督管理。县级以上地方人民政府交通、水利等有关部门在各自的职责范围内，负责对本行政区域内的专业建设工程质量的监督管理。

第四十四条　国务院建设行政主管部门和国务院铁路、交通、水利等有关部门应当加强对有关建设工程质量的法律、法规和强制性标准执行情况的监督检查。

第四十五条　国务院发展计划部门按照国务院规定的职责，组织稽察特派员，对国家出资的重大建设项目实施监督检查。

国务院经济贸易主管部门按照国务院规定的职责，对国家重大技术改造项目实施监督检查。

第四十六条　建设工程质量监督管理，可以由建设行政主管部门或者其他有关部门委托的建设工程质量监督机构具体实施。

从事房屋建筑工程和市政基础设施工程质量监督的机构，必须按照国家有关规定经国务院建设行政主管部门或者省、自治区、直辖市人民政府建设行政主管部门考核；从事专业建设工程质量监督的机构，必须按照国家有关规定经国务院有关部门或者省、自治区、直辖市人民政府有关部门考核。经考核合格后，方可实施质量监督。

第四十七条　县级以上地方人民政府建设行政主管部门和其他有关部门应当加强对有关建设工程质量的法律、法规和强制性标准执行情况的监督检查。

第四十八条　县级以上人民政府建设行政主管部门和其他有关部门履行监督检查职责时，有权采取下列措施：

（一）要求被检查的单位提供有关工程质量的文件和资料；

（二）进入被检查单位的施工现场进行检查；

（三）发现有影响工程质量的问题时，责令改正。

第四十九条　建设单位应当自建设工程竣工验收合格之日起 15 日内，将建设工程竣工验收报告和规划、公安消防、环保等部门出具的认可文件或者准许使用文件报建设行政主管部门或者其他有关部门备案。

建设行政主管部门或者其他有关部门发现建设单位在竣工验收过程中有违反国家有关建设工程质量管理规定行为的，责令停止使用，重新组织竣工验收。

第五十条　有关单位和个人对县级以上人民政府建设行政主管部门和其他有关部门进行的监督检查应当支持与配合，不得拒绝或者阻碍建设工程质量监督检查人员依法执行职务。

第五十一条　供水、供电、供气、公安消防等部门或者单位不得明示或者暗示建设单位、施工单位购买其指定的生产供应单位的建筑材料、建筑构配件和设备。

第五十二条　建设工程发生质量事故，有关单位应当在 24 小时内向当地建设行政主管部门和其他有关部门报告。对重大质量事故，事故发生地的建设行政主管部门和其他有关部门应当按照事故类别和等级向当地人民政府和上级建设行政主管部门和其他有关部门报告。

特别重大质量事故的调查程序按照国务院有关规定办理。

第五十三条　任何单位和个人对建设工程的质量事故、质量缺陷都有权检举、控告、投诉。

第八章　罚　则

第五十四条　违反本条例规定，建设单位将建设工程发包给不具有相应资质等级的勘察、设计、施工单位或者委托给不具有相应资质等级的工程监理单位的，责令改正，处 50 万元以上 100 万元以下的罚款。

第五十五条　违反本条例规定，建设单位将建设工程肢解发包的，责令改正，处工程合同价款 0.5%以上 1%以下的罚款；对全部或者部分使用国有资金的项目，并可以暂停项目执行或者暂停资金拨付。

第五十六条　违反本条例规定，建设单位有下列行为之一的，责令改正，处 20 万元以上 50 万元以下的罚款：

（一）迫使承包方以低于成本的价格竞标的；

（二）任意压缩合理工期的；

（三）明示或者暗示设计单位或者施工单位违反工程建设强制性标准，降低工程质量的；

（四）施工图设计文件未经审查或者审查不合格，擅自施工的；

（五）建设项目必须实行工程监理而未实行工程监理的；

（六）未按照国家规定办理工程质量监督手续的；

（七）明示或者暗示施工单位使用不合格的建筑材料、建筑构配件和设备的；

（八）未按照国家规定将竣工验收报告、有关认可文件或者准许使用文件报送备案的。

第五十七条 违反本条例规定，建设单位未取得施工许可证或者开工报告未经批准，擅自施工的，责令停止施工，限期改正，处工程合同价款1%以上2%以下的罚款。

第五十八条 违反本条例规定，建设单位有下列行为之一的，责令改正，处工程合同价款2%以上4%以下的罚款；造成损失的，依法承担赔偿责任：

（一）未组织竣工验收，擅自交付使用的；

（二）验收不合格，擅自交付使用的；

（三）对不合格的建设工程按照合格工程验收的。

第五十九条 违反本条例规定，建设工程竣工验收后，建设单位未向建设行政主管部门或者其他有关部门移交建设项目档案的，责令改正，处1万元以上10万元以下的罚款。

第六十条 违反本条例规定，勘察、设计、施工、工程监理单位超越本单位资质等级承揽工程的，责令停止违法行为，对勘察、设计单位或者工程监理单位处合同约定的勘察费、设计费或者监理酬金1倍以上2倍以下的罚款；对施工单位处工程合同价款2%以上4%以下的罚款，可以责令停业整顿，降低资质等级；情节严重的，吊销资质证书；有违法所得的，予以没收。

未取得资质证书承揽工程的，予以取缔，依照前款规定处以罚款；有违法所得的，予以没收。

以欺骗手段取得资质证书承揽工程的，吊销资质证书，依照本条第一款规定处以罚款；有违法所得的，予以没收。

第六十一条 违反本条例规定，勘察、设计、施工、工程监理单位允许其他单位或者个人以本单位名义承揽工程的，责令改正，没收违法所得，对勘察、设计单位和工程监理单位处合同约定的勘察费、设计费和监理酬金1倍以上2倍以下的罚款；对施工单位处工程合同价款2%以上4%以下的罚款；可以责令停业整顿，降低资质等级；情节严重的，吊销资质证书。

第六十二条 违反本条例规定，承包单位将承包的工程转包或者违法分包的，责令改正，没收违法所得，对勘察、设计单位处合同约定的勘察费、设计费25%以上50%以下的罚款；对施工单位处工程合同价款0.5%以上1%以下的罚款；可以责令停业整顿，降低资质等级；情节严重的，吊销资质证书。

工程监理单位转让工程监理业务的，责令改正，没收违法所得，处合同约定的监理酬金25%以上50%以下的罚款；可以责令停业整顿，降低资质等级；情节严重的，吊销资质证书。

第六十三条 违反本条例规定，有下列行为之一的，责令改正，处10万元以上30万元以下的罚款：

（一）勘察单位未按照工程建设强制性标准进行勘察的；

(二)设计单位未根据勘察成果文件进行工程设计的；

(三)设计单位指定建筑材料、建筑构配件的生产厂、供应商的；

(四)设计单位未按照工程建设强制性标准进行设计的。

有前款所列行为，造成工程质量事故的，责令停业整顿，降低资质等级；情节严重的，吊销资质证书；造成损失的，依法承担赔偿责任。

第六十四条　违反本条例规定，施工单位在施工中偷工减料的，使用不合格的建筑材料、建筑构配件和设备的，或者有不按照工程设计图纸或者施工技术标准施工的其他行为的，责令改正，处工程合同价款2%以上4%以下的罚款；造成建设工程质量不符合规定的质量标准的，负责返工、修理，并赔偿因此造成的损失；情节严重的，责令停业整顿，降低资质等级或者吊销资质证书。

第六十五条　违反本条例规定，施工单位未对建筑材料、建筑构配件、设备和商品混凝土进行检验，或者未对涉及结构安全的试块、试件以及有关材料取样检测的，责令改正，处10万元以上20万元以下的罚款；情节严重的，责令停业整顿，降低资质等级或者吊销资质证书；造成损失的，依法承担赔偿责任。

第六十六条　违反本条例规定，施工单位不履行保修义务或者拖延履行保修义务的，责令改正，处10万元以上20万元以下的罚款，并对在保修期内因质量缺陷造成的损失承担赔偿责任。

第六十七条　工程监理单位有下列行为之一的，责令改正，处50万元以上100万元以下的罚款，降低资质等级或者吊销资质证书；有违法所得的，予以没收；造成损失的，承担连带赔偿责任：

(一)与建设单位或者施工单位串通，弄虚作假、降低工程质量的；

(二)将不合格的建设工程、建筑材料、建筑构配件和设备按照合格签字的。

第六十八条　违反本条例规定，工程监理单位与被监理工程的施工承包单位以及建筑材料、建筑构配件和设备供应单位有隶属关系或者其他利害关系承担该项建设工程的监理业务的，责令改正，处5万元以上10万元以下的罚款，降低资质等级或者吊销资质证书；有违法所得的，予以没收。

第六十九条　违反本条例规定，涉及建筑主体或者承重结构变动的装修工程，没有设计方案擅自施工的，责令改正，处50万元以上100万元以下的罚款；房屋建筑使用者在装修过程中擅自变动房屋建筑主体和承重结构的，责令改正，处5万元以上10万元以下的罚款。

有前款所列行为，造成损失的，依法承担赔偿责任。

第七十条　发生重大工程质量事故隐瞒不报、谎报或者拖延报告期限的，对直接负责的主管人员和其他责任人员依法给予行政处分。

第七十一条　违反本条例规定，供水、供电、供气、公安消防等部门或者单位明示或者暗示建设单位或者施工单位购买其指定的生产供应单位的建筑材料、建筑构配件和设备的，责令改正。

第七十二条　违反本条例规定，注册建筑师、注册结构工程师、监理工程师等注册执业人员因过错造成质量事故的，责令停止执业1年；造成重大质量事故的，吊销执业资格证书，5年以内不予注册；情节特别恶劣的，终身不予注册。

第七十三条　依照本条例规定，给予单位罚款处罚的，对单位直接负责的主管人员和其他直接责任人员处单位罚款数额5%以上10%以下的罚款。

第七十四条 建设单位、设计单位、施工单位、工程监理单位违反国家规定，降低工程质量标准，造成重大安全事故，构成犯罪的，对直接责任人员依法追究刑事责任。

第七十五条 本条例规定的责令停业整顿，降低资质等级和吊销资质证书的行政处罚，由颁发资质证书的机关决定；其他行政处罚，由建设行政主管部门或者其他有关部门依照法定职权决定。

依照本条例规定被吊销资质证书的，由工商行政管理部门吊销其营业执照。

第七十六条 国家机关工作人员在建设工程质量监督管理工作中玩忽职守、滥用职权、徇私舞弊，构成犯罪的，依法追究刑事责任；尚不构成犯罪的，依法给予行政处分。

第七十七条 建设、勘察、设计、施工、工程监理单位的工作人员因调动工作、退休等原因离开该单位后，被发现在该单位工作期间违反国家有关建设工程质量管理规定，造成重大工程质量事故的，仍应当依法追究法律责任。

第九章 附 则

第七十八条 本条例所称肢解发包，是指建设单位将应当由一个承包单位完成的建设工程分解成若干部分发包给不同的承包单位的行为。

本条例所称违法分包，是指下列行为：

（一）总承包单位将建设工程分包给不具备相应资质条件的单位的；

（二）建设工程总承包合同中未有约定，又未经建设单位认可，承包单位将其承包的部分建设工程交由其他单位完成的；

（三）施工总承包单位将建设工程主体结构的施工分包给其他单位的；

（四）分包单位将其承包的建设工程再分包的。

本条例所称转包，是指承包单位承包建设工程后，不履行合同约定的责任和义务，将其承包的全部建设工程转给他人或者将其承包的全部建设工程肢解以后以分包的名义分别转给其他单位承包的行为。

第七十九条 本条例规定的罚款和没收的违法所得，必须全部上缴国库。

第八十条 抢险救灾及其他临时性房屋建筑和农民自建低层住宅的建设活动，不适用本条例。

第八十一条 军事建设工程的管理，按照中央军事委员会的有关规定执行。

第八十二条 本条例自发布之日起施行。

附刑法有关条款

第一百三十七条 建设单位、设计单位、施工单位、工程监理单位违反国家规定，降低工程质量标准，造成重大安全事故的，对直接责任人员处五年以下有期徒刑或者拘役，并处罚金；后果特别严重的，处五年以上十年以下有期徒刑，并处罚金。

国务院办公厅转发住房城乡建设部关于完善质量保障体系提升建筑工程品质指导意见的通知

（国办函〔2019〕92 号）

各省、自治区、直辖市人民政府，国务院有关部门：

住房城乡建设部《关于完善质量保障体系提升建筑工程品质的指导意见》已经国务院同意，现转发给你们，请认真贯彻落实。

国务院办公厅

2019 年 9 月 15 日

关于完善质量保障体系提升建筑工程品质的指导意见

住房城乡建设部

建筑工程质量事关人民群众生命财产安全，事关城市未来和传承，事关新型城镇化发展水平。近年来，我国不断加强建筑工程质量管理，品质总体水平稳步提升，但建筑工程量大面广，各种质量问题依然时有发生。为解决建筑工程质量管理面临的突出问题，进一步完善质量保障体系，不断提升建筑工程品质，现提出以下意见。

一、总体要求

以习近平新时代中国特色社会主义思想为指导，全面贯彻党的十九大和十九届二中、三中全会以及中央城镇化工作会议、中央城市工作会议精神，按照党中央、国务院决策部署，坚持以人民为中心，牢固树立新发展理念，以供给侧结构性改革为主线，以建筑工程质量问题为切入点，着力破除体制机制障碍，逐步完善质量保障体系，不断提高工程质量抽查符合率和群众满意度，进一步提升建筑工程品质总体水平。

二、强化各方责任

（一）突出建设单位首要责任。建设单位应加强对工程建设全过程的质量管理，严格履行法定程序和质量责任，不得违法违规发包工程。建设单位应切实落实项目法人责任制，保证合理工期和造价。建立工程质量信息公示制度，建设单位应主动公开工程竣工验收等信息，接受社会监督。（住房城乡建设部、发展改革委负责）

（二）落实施工单位主体责任。施工单位应完善质量管理体系，建立岗位责任制度，设置质量管理机构，配备专职质量负责人，加强全面质量管理。推行工程质量安全手册制度，推进工程质量管理标准化，将质量管理要求落实到每个项目和员工。建立质量责任标识制度，对关键工序、关键部位隐蔽工程实施举牌验收，加强施工记录和验收资料管理，实现质量责任可追溯。施工单位对建筑工程的施工质量负责，不得转包、违法分包工程。（住房城乡建设部负责）

（三）明确房屋使用安全主体责任。房屋所有权人应承担房屋使用安全主体责任。房屋所有权人和使用人应正确使用和维护房屋，严禁擅自变动房屋建筑主体和承重结构。加强房屋使用安全管理，房屋所有权人及其委托的管理服务单位要定期对房屋安全进行检查，有效履行房屋维修保养义务，切实保证房屋使用安全。（住房城乡建设部负责）

（四）履行政府的工程质量监管责任。强化政府对工程建设全过程的质量监管，鼓励采取政府购买服务的方式，委托具备条件的社会力量进行工程质量监督检查和抽测，探索工程监理企业参与监管模式，健全省、市、县监管体系。完善日常检查和抽查抽测相结合的质量监督检查制度，全面推行“双随机、一公开”检查方式和“互联网＋监管”模式，落实监管责任。加强工程质量监督队伍建设，监督机构履行监督职能所需经费由同级财政预算全额保障。强化工程设计安全监管，加强对结构计算书的复核，提高设计结构整体安全、消防安全等水平。（住房城乡建设部、发展改革委、财政部、应急部负责）

三、完善管理体制

（一）改革工程建设组织模式。推行工程总承包，落实工程总承包单位在工程质量安全、进度控制、成本管理等方面的责任。完善专业分包制度，大力发展专业承包企业。积极发展全过程工程咨询和专业化服务，创新工程监理制度，严格落实工程咨询（投资）、勘察设计、监理、造价等领域职业资格人员的质量责任。在民用建筑工程中推进建筑师负责制，依据双方合同约定，赋予建筑师代表建设单位签发指令和认可工程的权利，明确建筑师应承担的责任。（住房城乡建设部、发展改革委负责）

（二）完善招标投标制度。完善招标人决策机制，进一步落实招标人自主权，在评标定标环节探索建立能够更好满足项目需求的制度机制。简化招标投标程序，推行电子招标投标和异地远程评标，严格评标专家管理。强化招标主体责任追溯，扩大信用信息在招标投标环节的规范应用。严厉打击围标、串标和虚假招标等违法行为，强化标后合同履约监管。（发展改革委、住房城乡建设部、市场监管总局负责）

（三）推行工程担保与保险。推行银行保函制度，在有条件的地区推行工程担保公司保函和工程保证保险。招标人要求中标人提供履约担保的，招标人应当同时向中标人提供工程款支付担保。对采用最低价中标的探索实行高保额履约担保。组织开展工程质量保险试点，加快发展工程质量保险。（住房城乡建设部、发展改革委、财政部、人民银行、银保监会负责）

（四）加强工程设计建造管理。贯彻落实“适用、经济、绿色、美观”的建筑方针，指导制定符合城市地域特征的建筑设计导则。建立建筑“前策划、后评估”制度，完善建筑设计方案审查论证机制，提高建筑设计方案决策水平。加强住区设计管理，科学设计单体住宅户型，增强安全性、实用性、宜居性，提升住区环境质量。严禁政府投资项目超标准建设。严格控制超高层建筑建设，严格执行超限高层建筑工程抗震设防审批制度，加强超限高层建筑抗震、消防、节能等管理。创建建筑品质示范工程，加大对优秀企业、项目和个人的表彰力度；在招标投标、金融等方面加大对优秀企业的政策支持力度，鼓励将企业质量情况纳入招标投标评

审因素。(住房城乡建设部、发展改革委、工业和信息化部、人力资源社会保障部、应急部、人民银行负责)

(五)推行绿色建造方式。完善绿色建材产品标准和认证评价体系,进一步提高建筑产品节能标准,建立产品发布制度。大力发展装配式建筑,推进绿色施工,通过先进技术和科学管理,降低施工过程对环境的不利影响。建立健全绿色建筑标准体系,完善绿色建筑评价标识制度。(住房城乡建设部、发展改革委、工业和信息化部、市场监管总局负责)

(六)支持既有建筑合理保留利用。推动开展老城区、老工业区保护更新,引导既有建筑改建设计创新。依法保护和合理利用文物建筑。建立建筑拆除管理制度,不得随意拆除符合规划标准、在合理使用寿命内的公共建筑。开展公共建筑、工业建筑的更新改造利用试点示范。制定支持既有建筑保留和更新利用的消防、节能等相关配套政策。(住房城乡建设部、发展改革委、工业和信息化部、应急部、文物局负责)

四、健全支撑体系

(一)完善工程建设标准体系。系统制定全文强制性工程建设规范,精简整合政府推荐性标准,培育发展团体和企业标准,加快适应国际标准通行规则。组织开展重点领域国内外标准比对,提升标准水平。加强工程建设标准国际交流合作,推动一批中国标准向国际标准转化和推广应用。(住房城乡建设部、市场监管总局、商务部负责)

(二)加强建材质量管理。建立健全缺陷建材产品响应处理、信息共享和部门协同处理机制,落实建材生产单位和供应单位终身责任,规范建材市场秩序。强化预拌混凝土生产、运输、使用环节的质量管理。鼓励企业建立装配式建筑部品部件生产和施工安装全过程质量控制体系,对装配式建筑部品部件实行驻厂监造制度。建立从生产到使用全过程的建材质量追溯机制,并将相关信息向社会公示。(市场监管总局、住房城乡建设部、工业和信息化部负责)

(三)提升科技创新能力。加大建筑业技术创新及研发投入,推进产学研用一体化,突破重点领域、关键共性技术开发应用。加大重大装备和数字化、智能化工程建设装备研发力度,全面提升工程装备技术水平。推进建筑信息模型(BIM)、大数据、移动互联网、云计算、物联网、人工智能等技术在设计、施工、运营维护全过程的集成应用,推广工程建设数字化成果交付与应用,提升建筑业信息化水平。(科技部、工业和信息化部、住房城乡建设部负责)

(四)强化从业人员管理。加强建筑业从业人员职业教育,大力开展建筑工人职业技能培训,鼓励建立职业培训实训基地。加强职业技能鉴定站点建设,完善技能鉴定、职业技能等级认定等多元评价体系。推行建筑工人实名制管理,加快全国建筑工人管理服务信息平台建设,促进企业使用符合岗位要求的技能工人。建立健全与建筑业相适应的社会保险参保缴费方式,大力推进建筑施工单位参加工伤保险,保障建筑工人合法权益。(住房城乡建设部、人力资源社会保障部、财政部负责)

五、加强监督管理

(一)推进信用信息平台建设。完善全国建筑市场监管公共服务平台,加强信息归集,健全违法违规行为记录制度,及时公示相关市场主体的行政许可、行政处罚、抽查检查结果等信息,并与国家企业信用信息公示系统、全国信用信息共享平台等实现数据共享交换。建立建筑市场主体黑名单制度，对违法违规的市场主体实施联合惩戒，将工程质量违法违规等记录作为企业信用评价的重要内容。（住房城乡建设部、发展改革委、人民银行、市场监管总局负责）

（二）严格监管执法。加大建筑工程质量责任追究力度，强化工程质量终身责任落实，对违反有关规定、造成工程质量事故和严重质量问题的单位和个人依法严肃查处曝光，加大资质资格、从业限制等方面处罚力度。强化个人执业资格管理，对存在证书挂靠等违法违规行为的注册执业人员，依法给予暂扣、吊销资格证书直至终身禁止执业的处罚。（住房城乡建设部负责）

（三）加强社会监督。相关行业协会应完善行业约束与惩戒机制，加强行业自律。建立建筑工程责任主体和责任人公示制度。企业须公开建筑工程项目质量信息，接受社会监督。探索建立建筑工程质量社会监督机制，支持社会公众参与监督、合理表达质量诉求。各地应完善建筑工程质量投诉和纠纷协调处理机制，明确工程质量投诉处理主体、受理范围、处理流程和办结时限等事项，定期向社会通报建筑工程质量投诉处理情况。（住房城乡建设部、发展改革委、市场监管总局负责）

（四）强化督促指导。建立健全建筑工程质量管理、品质提升评价指标体系，科学评价各地执行工程质量法律法规和强制性标准、落实质量责任制度、质量保障体系建设、质量监督队伍建设、建筑质量发展、公众满意程度等方面状况，督促指导各地切实落实建筑工程质量管理各项工作措施。（住房城乡建设部负责）

六、抓好组织实施

各地区、各相关部门要高度重视完善质量保障体系、提升建筑工程品质工作，健全工作机制，细化工作措施，突出重点任务，确保各项工作部署落到实处。强化示范引领，鼓励有条件的地区积极开展试点，形成可复制、可推广的经验。加强舆论宣传引导，积极宣传各地的好经验、好做法，营造良好的社会氛围。

建设工程质量检测管理办法

（2022 年 12 月 29 日中华人民共和国住房和城乡建设部令第 57 号公布　自 2023 年 3 月 1 日起施行）

第一章　总　则

第一条　为了加强对建设工程质量检测的管理，根据《中华人民共和国建筑法》《建设工程质量管理条例》《建设工程抗震管理条例》等法律、行政法规，制定本办法。

第二条　从事建设工程质量检测相关活动及其监督管理，适用本办法。

本办法所称建设工程质量检测，是指在新建、扩建、改建房屋建筑和市政基础设施工程活动中，建设工程质量检测机构（以下简称检测机构）接受委托，依据国家有关法律、法规和标准，对建设工程涉及结构安全、主要使用功能的检测项目，进入施工现场的建筑材料、建筑构配件、设备，以及工程实体质量等进行的检测。

第三条　检测机构应当按照本办法取得建设工程质量检测机构资质（以下简称检测机构资质），并在资质许可的范围内从事建设工程质量检测活动。

未取得相应资质证书的，不得承担本办法规定的建设工程质量检测业务。

第四条　国务院住房和城乡建设主管部门负责全国建设工程质量检测活动的监督管理。

县级以上地方人民政府住房和城乡建设主管部门负责本行政区域内建设工程质量检测活动的监督管理，可以委托所属的建设工程质量监督机构具体实施。

第二章　检测机构资质管理

第五条　检测机构资质分为综合类资质、专项类资质。

检测机构资质标准和业务范围，由国务院住房和城乡建设主管部门制定。

第六条　申请检测机构资质的单位应当是具有独立法人资格的企业、事业单位，或者依法设立的合伙企业，并具备相应的人员、仪器设备、检测场所、质量保证体系等条件。

第七条　省、自治区、直辖市人民政府住房和城乡建设主管部门负责本行政区域内检测机构的资质许可。

第八条　申请检测机构资质应当向登记地所在省、自治区、直辖市人民政府住房和城乡建设主管部门提出，并提交下列材料：

(一)检测机构资质申请表；

(二)主要检测仪器、设备清单；

(三)检测场所不动产权属证书或者租赁合同；

(四)技术人员的职称证书；

(五)检测机构管理制度以及质量控制措施。

检测机构资质申请表由国务院住房和城乡建设主管部门制定格式。

第九条　资质许可机关受理申请后，应当进行材料审查和专家评审，在20个工作日内完成审查并作出书面决定。对符合资质标准的，自作出决定之日起10个工作日内颁发检测机构资质证书，并报国务院住房和城乡建设主管部门备案。专家评审时间不计算在资质许可期限内。

第十条　检测机构资质证书实行电子证照，由国务院住房和城乡建设主管部门制定格式。资质证书有效期为5年。

第十一条　申请综合类资质或者资质增项的检测机构，在申请之日起前一年内有本办法第三十条规定行为的，资质许可机关不予批准其申请。

取得资质的检测机构，按照本办法第三十五条应当整改但尚未完成整改的，对其综合类资质或者资质增项申请，资质许可机关不予批准。

第十二条　检测机构需要延续资质证书有效期的，应当在资质证书有效期届满30个工作日前向资质许可机关提出资质延续申请。

对符合资质标准且在资质证书有效期内无本办法第三十条规定行为的检测机构，经资质许可机关同意，有效期延续5年。

第十三条　检测机构在资质证书有效期内名称、地址、法定代表人等发生变更的，应当在办理营业执照或者法人证书变更手续后30个工作日内办理资质证书变更手续。资质许可机关应当在2个工作日内办理完毕。

检测机构检测场所、技术人员、仪器设备等事项发生变更影响其符合资质标准的，应当在变更后30个工作日内向资质许可机关提出资质重新核定申请，资质许可机关应当在20个工作日内完成审查，并作出书面决定。

第三章　检测活动管理

第十四条　从事建设工程质量检测活动，应当遵守相关法律、法规和标准，相关人员应当具备相应的建设工程质量检测知识和专业能力。

第十五条　检测机构与所检测建设工程相关的建设、施工、监理单位，以及建筑材料、建筑构配件和设备供应单位不得有隶属关系或者其他利害关系。

检测机构及其工作人员不得推荐或者监制建筑材料、建筑构配件和设备。

第十六条　委托方应当委托具有相应资质的检测机构开展建设工程质量检测业务。检测机构应当按照法律、法规和标准进行建设工程质量检测，并出具检测报告。

第十七条　建设单位应当在编制工程概预算时合理核算建设工程质量检测费用，单独列支并按照合同约定及时支付。

第十八条 建设单位委托检测机构开展建设工程质量检测活动的，建设单位或者监理单位应当对建设工程质量检测活动实施见证。见证人员应当制作见证记录，记录取样、制样、标识、封志、送检以及现场检测等情况，并签字确认。

第十九条 提供检测试样的单位和个人，应当对检测试样的符合性、真实性及代表性负责。检测试样应当具有清晰的、不易脱落的唯一性标识、封志。

建设单位委托检测机构开展建设工程质量检测活动的，施工人员应当在建设单位或者监理单位的见证人员监督下现场取样。

第二十条 现场检测或者检测试样送检时，应当由检测内容提供单位、送检单位等填写委托单。委托单应当由送检人员、见证人员等签字确认。

检测机构接收检测试样时，应当对试样状况、标识、封志等符合性进行检查，确认无误后方可进行检测。

第二十一条 检测报告经检测人员、审核人员、检测机构法定代表人或者其授权的签字人等签署，并加盖检测专用章后方可生效。

检测报告中应当包括检测项目代表数量（批次）、检测依据、检测场所地址、检测数据、检测结果、见证人员单位及姓名等相关信息。

非建设单位委托的检测机构出具的检测报告不得作为工程质量验收资料。

第二十二条 检测机构应当建立建设工程过程数据和结果数据、检测影像资料及检测报告记录与留存制度，对检测数据和检测报告的真实性、准确性负责。

第二十三条 任何单位和个人不得明示或者暗示检测机构出具虚假检测报告，不得篡改或者伪造检测报告。

第二十四条 检测机构在检测过程中发现建设、施工、监理单位存在违反有关法律法规规定和工程建设强制性标准等行为，以及检测项目涉及结构安全、主要使用功能检测结果不合格的，应当及时报告建设工程所在地县级以上地方人民政府住房和城乡建设主管部门。

第二十五条 检测结果利害关系人对检测结果存在争议的，可以委托共同认可的检测机构复检。

第二十六条 检测机构应当建立档案管理制度。检测合同、委托单、检测数据原始记录、检测报告按照年度统一编号，编号应当连续，不得随意抽撤、涂改。

检测机构应当单独建立检测结果不合格项目台账。

第二十七条 检测机构应当建立信息化管理系统，对检测业务受理、检测数据采集、检测信息上传、检测报告出具、检测档案管理等活动进行信息化管理，保证建设工程质量检测活动全过程可追溯。

第二十八条 检测机构应当保持人员、仪器设备、检测场所、质量保证体系等方面符合建设工程质量检测资质标准，加强检测人员培训，按照有关规定对仪器设备进行定期检定或者校准，确保检测技术能力持续满足所开展建设工程质量检测活动的要求。

第二十九条 检测机构跨省、自治区、直辖市承担检测业务的，应当向建设工程所在地的省、自治区、直辖市人民政府住房和城乡建设主管部门备案。

检测机构在承担检测业务所在地的人员、仪器设备、检测场所、质量保证体系等应当满足开展相应建设工程质量检测活动的要求。

第三十条 检测机构不得有下列行为：

(一)超出资质许可范围从事建设工程质量检测活动；
(二)转包或者违法分包建设工程质量检测业务；
(三)涂改、倒卖、出租、出借或者以其他形式非法转让资质证书；
(四)违反工程建设强制性标准进行检测；
(五)使用不能满足所开展建设工程质量检测活动要求的检测人员或者仪器设备；
(六)出具虚假的检测数据或者检测报告。

第三十一条　检测人员不得有下列行为：
(一)同时受聘于两家或者两家以上检测机构；
(二)违反工程建设强制性标准进行检测；
(三)出具虚假的检测数据；
(四)违反工程建设强制性标准进行结论判定或者出具虚假判定结论。

第四章　监督管理

第三十二条　县级以上地方人民政府住房和城乡建设主管部门应当加强对建设工程质量检测活动的监督管理,建立建设工程质量检测监管信息系统,提高信息化监管水平。

第三十三条　县级以上人民政府住房和城乡建设主管部门应当对检测机构实行动态监管,通过“双随机、一公开”等方式开展监督检查。

实施监督检查时,有权采取下列措施：
(一)进入建设工程施工现场或者检测机构的工作场地进行检查、抽测；
(二)向检测机构、委托方、相关单位和人员询问、调查有关情况；
(三)对检测人员的建设工程质量检测知识和专业能力进行检查；
(四)查阅、复制有关检测数据、影像资料、报告、合同以及其他相关资料；
(五)组织实施能力验证或者比对试验；
(六)法律、法规规定的其他措施。

第三十四条　县级以上地方人民政府住房和城乡建设主管部门应当加强建设工程质量监督抽测。建设工程质量监督抽测可以通过政府购买服务的方式实施。

第三十五条　检测机构取得检测机构资质后,不再符合相应资质标准的,资质许可机关应当责令其限期整改并向社会公开。检测机构完成整改后,应当向资质许可机关提出资质重新核定申请。重新核定符合资质标准前出具的检测报告不得作为工程质量验收资料。

第三十六条　县级以上地方人民政府住房和城乡建设主管部门对检测机构实施行政处罚的,应当自行政处罚决定书送达之日起20个工作日内告知检测机构的资质许可机关和违法行为发生地省、自治区、直辖市人民政府住房和城乡建设主管部门。

第三十七条　县级以上地方人民政府住房和城乡建设主管部门应当依法将建设工程质量检测活动相关单位和人员受到的行政处罚等信息予以公开,建立信用管理制度,实行守信激励和失信惩戒。

第三十八条　对建设工程质量检测活动中的违法违规行为,任何单位和个人有权向建设工程所在地县级以上人民政府住房和城乡建设主管部门投诉、举报。

第五章　法律责任

第三十九条　违反本办法规定，未取得相应资质、资质证书已过有效期或者超出资质许可范围从事建设工程质量检测活动的，其检测报告无效，由县级以上地方人民政府住房和城乡建设主管部门处5万元以上10万元以下罚款；造成危害后果的，处10万元以上20万元以下罚款；构成犯罪的，依法追究刑事责任。

第四十条　检测机构隐瞒有关情况或者提供虚假材料申请资质，资质许可机关不予受理或者不予行政许可，并给予警告；检测机构1年内不得再次申请资质。

第四十一条　以欺骗、贿赂等不正当手段取得资质证书的，由资质许可机关予以撤销；由县级以上地方人民政府住房和城乡建设主管部门给予警告或者通报批评，并处5万元以上10万元以下罚款；检测机构3年内不得再次申请资质；构成犯罪的，依法追究刑事责任。

第四十二条　检测机构未按照本办法第十三条第一款规定办理检测机构资质证书变更手续的，由县级以上地方人民政府住房和城乡建设主管部门责令限期办理；逾期未办理的，处5000元以上1万元以下罚款。

检测机构未按照本办法第十三条第二款规定向资质许可机关提出资质重新核定申请的，由县级以上地方人民政府住房和城乡建设主管部门责令限期改正；逾期未改正的，处1万元以上3万元以下罚款。

第四十三条　检测机构违反本办法第二十二条、第三十条第六项规定的，由县级以上地方人民政府住房和城乡建设主管部门责令改正，处5万元以上10万元以下罚款；造成危害后果的，处10万元以上20万元以下罚款；构成犯罪的，依法追究刑事责任。

检测机构在建设工程抗震活动中有前款行为的，依照《建设工程抗震管理条例》有关规定给予处罚。

第四十四条　检测机构违反本办法规定，有第三十条第二项至第五项行为之一的，由县级以上地方人民政府住房和城乡建设主管部门责令改正，处5万元以上10万元以下罚款；造成危害后果的，处10万元以上20万元以下罚款；构成犯罪的，依法追究刑事责任。

检测人员违反本办法规定，有第三十一条行为之一的，由县级以上地方人民政府住房和城乡建设主管部门责令改正，处3万元以下罚款。

第四十五条　检测机构违反本办法规定，有下列行为之一的，由县级以上地方人民政府住房和城乡建设主管部门责令改正，处1万元以上5万元以下罚款：

（一）与所检测建设工程相关的建设、施工、监理单位，以及建筑材料、建筑构配件和设备供应单位有隶属关系或者其他利害关系的；

（二）推荐或者监制建筑材料、建筑构配件和设备的；

（三）未按照规定在检测报告上签字盖章的；

（四）未及时报告发现的违反有关法律法规规定和工程建设强制性标准等行为的；

（五）未及时报告涉及结构安全、主要使用功能的不合格检测结果的；

（六）未按照规定进行档案和台账管理的；

（七）未建立并使用信息化管理系统对检测活动进行管理的；

（八）不满足跨省、自治区、直辖市承担检测业务的要求开展相应建设工程质量检测活动的；

（九）接受监督检查时不如实提供有关资料、不按照要求参加能力验证和比对试验，或者拒绝、阻碍监督检查的。

第四十六条　检测机构违反本办法规定，有违法所得的，由县级以上地方人民政府住房和城乡建设主管部门依法予以没收。

第四十七条　违反本办法规定，建设、施工、监理等单位有下列行为之一的，由县级以上地方人民政府住房和城乡建设主管部门责令改正，处 3 万元以上 10 万元以下罚款；造成危害后果的，处 10 万元以上 20 万元以下罚款；构成犯罪的，依法追究刑事责任：

（一）委托未取得相应资质的检测机构进行检测的；

（二）未将建设工程质量检测费用列入工程概预算并单独列支的；

（三）未按照规定实施见证的；

（四）提供的检测试样不满足符合性、真实性、代表性要求的；

（五）明示或者暗示检测机构出具虚假检测报告的；

（六）篡改或者伪造检测报告的；

（七）取样、制样和送检试样不符合规定和工程建设强制性标准的。

第四十八条　依照本办法规定，给予单位罚款处罚的，对单位直接负责的主管人员和其他直接责任人员处 3 万元以下罚款。

第四十九条　县级以上地方人民政府住房和城乡建设主管部门工作人员在建设工程质量检测管理工作中，有下列情形之一的，依法给予处分；构成犯罪的，依法追究刑事责任：

（一）对不符合法定条件的申请人颁发资质证书的；

（二）对符合法定条件的申请人不予颁发资质证书的；

（三）对符合法定条件的申请人未在法定期限内颁发资质证书的；

（四）利用职务上的便利，索取、收受他人财物或者谋取其他利益的；

（五）不依法履行监督职责或者监督不力，造成严重后果的。

第六章　附　则

第五十条　本办法自 2023 年 3 月 1 日起施行。2005 年 9 月 28 日原建设部公布的《建设工程质量检测管理办法》（建设部令第 141 号）同时废止。

危险性较大的分部分项工程安全管理规定

(2018年3月8日中华人民共和国住房和城乡建设部令第37号发布，根据2019年3月13日中华人民共和国住房和城乡建设部令第47号《住房和城乡建设部关于修改部分部门规章的决定》修正)

第一章　总　则

第一条　为加强对房屋建筑和市政基础设施工程中危险性较大的分部分项工程安全管理，有效防范生产安全事故，依据《中华人民共和国建筑法》《中华人民共和国安全生产法》《建设工程安全生产管理条例》等法律法规，制定本规定。

第二条　本规定适用于房屋建筑和市政基础设施工程中危险性较大的分部分项工程安全管理。

第三条　本规定所称危险性较大的分部分项工程(以下简称“危大工程”)，是指房屋建筑和市政基础设施工程在施工过程中，容易导致人员群死群伤或者造成重大经济损失的分部分项工程。

危大工程及超过一定规模的危大工程范围由国务院住房城乡建设主管部门制定。

省级住房城乡建设主管部门可以结合本地区实际情况，补充本地区危大工程范围。

第四条　国务院住房城乡建设主管部门负责全国危大工程安全管理的指导监督。

县级以上地方人民政府住房城乡建设主管部门负责本行政区域内危大工程的安全监督管理。

第二章　前期保障

第五条　建设单位应当依法提供真实、准确、完整的工程地质、水文地质和工程周边环境等资料。

第六条　勘察单位应当根据工程实际及工程周边环境资料，在勘察文件中说明地质条件可能造成的工程风险。

设计单位应当在设计文件中注明涉及危大工程的重点部位和环节，提出保障工程周边环境安全和工程施工安全的意见，必要时进行专项设计。

第七条　建设单位应当组织勘察、设计等单位在施工招标文件中列出危大工程清单，要求施工单位在投标时补充完善危大工程清单并明确相应的安全管理措施。

第八条　建设单位应当按照施工合同约定及时支付危大工程施工技术措施费以及相应的安全防护文明施工措施费，保障危大工程施工安全。

第九条　建设单位在申请办理施工许可手续时，应当提交危大工程清单及其安全管理措施等资料。

第三章　专项施工方案

第十条　施工单位应当在危大工程施工前组织工程技术人员编制专项施工方案。

实行施工总承包的，专项施工方案应当由施工总承包单位组织编制。危大工程实行分包的，专项施工方案可以由相关专业分包单位组织编制。

第十一条　专项施工方案应当由施工单位技术负责人审核签字、加盖单位公章，并由总监理工程师审查签字、加盖执业印章后方可实施。

危大工程实行分包并由分包单位编制专项施工方案的，专项施工方案应当由总承包单位技术负责人及分包单位技术负责人共同审核签字并加盖单位公章。

第十二条　对于超过一定规模的危大工程，施工单位应当组织召开专家论证会对专项施工方案进行论证。实行施工总承包的，由施工总承包单位组织召开专家论证会。专家论证前专项施工方案应当通过施工单位审核和总监理工程师审查。

专家应当从地方人民政府住房城乡建设主管部门建立的专家库中选取，符合专业要求且人数不得少于5名。与本工程有利害关系的人员不得以专家身份参加专家论证会。

第十三条　专家论证会后，应当形成论证报告，对专项施工方案提出通过、修改后通过或者不通过的一致意见。专家对论证报告负责并签字确认。

专项施工方案经论证需修改后通过的，施工单位应当根据论证报告修改完善后，重新履行本规定第十一条的程序。

专项施工方案经论证不通过的，施工单位修改后应当按照本规定的要求重新组织专家论证。

第四章　现场安全管理

第十四条　施工单位应当在施工现场显著位置公告危大工程名称、施工时间和具体责任人员，并在危险区域设置安全警示标志。

第十五条　专项施工方案实施前，编制人员或者项目技术负责人应当向施工现场管理人员进行方案交底。

施工现场管理人员应当向作业人员进行安全技术交底，并由双方和项目专职安全生产管理人员共同签字确认。

第十六条　施工单位应当严格按照专项施工方案组织施工，不得擅自修改专项施工方案。

因规划调整、设计变更等原因确需调整的，修改后的专项施工方案应当按照本规定重新审核和论证。涉及资金或者工期调整的，建设单位应当按照约定予以调整。

第十七条　施工单位应当对危大工程施工作业人员进行登记，项目负责人应当在施工现场履职。

项目专职安全生产管理人员应当对专项施工方案实施情况进行现场监督，对未按照专项施工方案施工的，应当要求立即整改，并及时报告项目负责人，项目负责人应当及时组织限期整改。

施工单位应当按照规定对危大工程进行施工监测和安全巡视，发现危及人身安全的紧急情况，应当立即组织作业人员撤离危险区域。

第十八条　监理单位应当结合危大工程专项施工方案编制监理实施细则，并对危大工程施工实施专项巡视检查。

第十九条　监理单位发现施工单位未按照专项施工方案施工的，应当要求其进行整改；情节严重的，应当要求其暂停施工，并及时报告建设单位。施工单位拒不整改或者不停止施工的，监理单位应当及时报告建设单位和工程所在地住房城乡建设主管部门。

第二十条　对于按照规定需要进行第三方监测的危大工程，建设单位应当委托具有相应勘察资质的单位进行监测。

监测单位应当编制监测方案。监测方案由监测单位技术负责人审核签字并加盖单位公章，报送监理单位后方可实施。

监测单位应当按照监测方案开展监测，及时向建设单位报送监测成果，并对监测成果负责；发现异常时，及时向建设、设计、施工、监理单位报告，建设单位应当立即组织相关单位采取处置措施。

第二十一条　对于按照规定需要验收的危大工程，施工单位、监理单位应当组织相关人员进行验收。验收合格的，经施工单位项目技术负责人及总监理工程师签字确认后，方可进入下一道工序。

危大工程验收合格后，施工单位应当在施工现场明显位置设置验收标识牌，公示验收时间及责任人员。

第二十二条　危大工程发生险情或者事故时，施工单位应当立即采取应急处置措施，并报告工程所在地住房城乡建设主管部门。建设、勘察、设计、监理等单位应当配合施工单位开展应急抢险工作。

第二十三条　危大工程应急抢险结束后，建设单位应当组织勘察、设计、施工、监理等单位制定工程恢复方案，并对应急抢险工作进行后评估。

第二十四条　施工、监理单位应当建立危大工程安全管理档案。

施工单位应当将专项施工方案及审核、专家论证、交底、现场检查、验收及整改等相关资料纳入档案管理。

监理单位应当将监理实施细则、专项施工方案审查、专项巡视检查、验收及整改等相关资料纳入档案管理。

第五章　监督管理

第二十五条　设区的市级以上地方人民政府住房城乡建设主管部门应当建立专家库，制定专家库管理制度，建立专家诚信档案，并向社会公布，接受社会监督。

第二十六条 县级以上地方人民政府住房城乡建设主管部门或者所属施工安全监督机构,应当根据监督工作计划对危大工程进行抽查。

县级以上地方人民政府住房城乡建设主管部门或者所属施工安全监督机构,可以通过政府购买技术服务方式,聘请具有专业技术能力的单位和人员对危大工程进行检查,所需费用向本级财政申请予以保障。

第二十七条 县级以上地方人民政府住房城乡建设主管部门或者所属施工安全监督机构,在监督抽查中发现危大工程存在安全隐患的,应当责令施工单位整改;重大安全事故隐患排除前或者排除过程中无法保证安全的,责令从危险区域内撤出作业人员或者暂时停止施工;对依法应当给予行政处罚的行为,应当依法作出行政处罚决定。

第二十八条 县级以上地方人民政府住房城乡建设主管部门应当将单位和个人的处罚信息纳入建筑施工安全生产不良信用记录。

第六章 法律责任

第二十九条 建设单位有下列行为之一的,责令限期改正,并处1万元以上3万元以下的罚款;对直接负责的主管人员和其他直接责任人员处1000元以上5000元以下的罚款:

(一)未按照本规定提供工程周边环境等资料的;

(二)未按照本规定在招标文件中列出危大工程清单的;

(三)未按照施工合同约定及时支付危大工程施工技术措施费或者相应的安全防护文明施工措施费的;

(四)未按照本规定委托具有相应勘察资质的单位进行第三方监测的;

(五)未对第三方监测单位报告的异常情况组织采取处置措施的。

第三十条 勘察单位未在勘察文件中说明地质条件可能造成的工程风险的,责令限期改正,依照《建设工程安全生产管理条例》对单位进行处罚;对直接负责的主管人员和其他直接责任人员处1000元以上5000元以下的罚款。

第三十一条 设计单位未在设计文件中注明涉及危大工程的重点部位和环节,未提出保障工程周边环境安全和工程施工安全的意见的,责令限期改正,并处1万元以上3万元以下的罚款;对直接负责的主管人员和其他直接责任人员处1000元以上5000元以下的罚款。

第三十二条 施工单位未按照本规定编制并审核危大工程专项施工方案的,依照《建设工程安全生产管理条例》对单位进行处罚,并暂扣安全生产许可证30日;对直接负责的主管人员和其他直接责任人员处1000元以上5000元以下的罚款。

第三十三条 施工单位有下列行为之一的,依照《中华人民共和国安全生产法》《建设工程安全生产管理条例》对单位和相关责任人员进行处罚:

(一)未向施工现场管理人员和作业人员进行方案交底和安全技术交底的;

(二)未在施工现场显著位置公告危大工程,并在危险区域设置安全警示标志的;

(三)项目专职安全生产管理人员未对专项施工方案实施情况进行现场监督的。

第三十四条 施工单位有下列行为之一的,责令限期改正,处1万元以上3万元以下的罚款,并暂扣安全生产许可证30日;对直接负责的主管人员和其他直接责任人员处1000元以上5000元以下的罚款：

（一）未对超过一定规模的危大工程专项施工方案进行专家论证的；

（二）未根据专家论证报告对超过一定规模的危大工程专项施工方案进行修改，或者未按照本规定重新组织专家论证的；

（三）未严格按照专项施工方案组织施工，或者擅自修改专项施工方案的。

第三十五条　施工单位有下列行为之一的，责令限期改正，并处1万元以上3万元以下的罚款；对直接负责的主管人员和其他直接责任人员处1000元以上5000元以下的罚款：

（一）项目负责人未按照本规定现场履职或者组织限期整改的；

（二）施工单位未按照本规定进行施工监测和安全巡视的；

（三）未按照本规定组织危大工程验收的；

（四）发生险情或者事故时，未采取应急处置措施的；

（五）未按照本规定建立危大工程安全管理档案的。

第三十六条　监理单位有下列行为之一的，依照《中华人民共和国安全生产法》《建设工程安全生产管理条例》对单位进行处罚；对直接负责的主管人员和其他直接责任人员处1000元以上5000元以下的罚款：

（一）总监理工程师未按照本规定审查危大工程专项施工方案的；

（二）发现施工单位未按照专项施工方案实施，未要求其整改或者停工的；

（三）施工单位拒不整改或者不停止施工时，未向建设单位和工程所在地住房城乡建设主管部门报告的。

第三十七条　监理单位有下列行为之一的，责令限期改正，并处1万元以上3万元以下的罚款；对直接负责的主管人员和其他直接责任人员处1000元以上5000元以下的罚款：

（一）未按照本规定编制监理实施细则的；

（二）未对危大工程施工实施专项巡视检查的；

（三）未按照本规定参与组织危大工程验收的；

（四）未按照本规定建立危大工程安全管理档案的。

第三十八条　监测单位有下列行为之一的，责令限期改正，并处1万元以上3万元以下的罚款；对直接负责的主管人员和其他直接责任人员处1000元以上5000元以下的罚款：

（一）未取得相应勘察资质从事第三方监测的；

（二）未按照本规定编制监测方案的；

（三）未按照监测方案开展监测的；

（四）发现异常未及时报告的。

第三十九条　县级以上地方人民政府住房城乡建设主管部门或者所属施工安全监督机构的工作人员，未依法履行危大工程安全监督管理职责的，依照有关规定给予处分。

第七章　附　则

第四十条　本规定自2018年6月1日起施行。

住房和城乡建设部关于落实建设单位工程质量首要责任的通知

（建质规〔2020〕9 号）

各省、自治区住房和城乡建设厅，直辖市住房和城乡建设（管）委，北京市规划和自然资源委，新疆生产建设兵团住房和城乡建设局：

为贯彻落实《国务院办公厅关于促进建筑业持续健康发展的意见》（国办发〔2017〕19 号）和《国务院办公厅转发住房城乡建设部关于完善质量保障体系提升建筑工程品质指导意见的通知》（国办函〔2019〕92 号）精神，依法界定并严格落实建设单位工程质量首要责任，不断提高房屋建筑和市政基础设施工程质量水平，现就有关事项通知如下：

一、充分认识落实建设单位工程质量首要责任重要意义

党的十八大以来，在以习近平同志为核心的党中央坚强领导下，我国工程质量水平不断提升，质量常见问题治理取得积极成效，工程质量事故得到有效遏制。但我国工程质量责任体系尚不完善，特别是建设单位首要责任不明确、不落实，存在违反基本建设程序，任意赶工期、压造价，拖欠工程款，不履行质量保修义务等问题，严重影响工程质量。

建设单位作为工程建设活动的总牵头单位，承担着重要的工程质量管理职责，对保障工程质量具有主导作用。各地要充分认识严格落实建设单位工程质量首要责任的必要性和重要性，进一步建立健全工程质量责任体系，推动工程质量提升，保障人民群众生命财产安全，不断满足人民群众对高品质工程和美好生活的需求。

二、准确把握落实建设单位工程质量首要责任内涵要求

建设单位是工程质量第一责任人，依法对工程质量承担全面责任。对因工程质量给工程所有权人、使用人或第三方造成的损失，建设单位依法承担赔偿责任，有其他责任人的，可以向其他责任人追偿。建设单位要严格落实项目法人责任制，依法开工建设，全面履行管理职责，确保工程质量符合国家法律法规、工程建设强制性标准和合同约定。

（一）严格执行法定程序和发包制度。建设单位要严格履行基本建设程序，禁止未取得施工许可等建设手续开工建设。严格执行工程发包承包法规制度，依法将工程发包给具备相应资质的勘察、设计、施工、监理等单位，不得肢解发包工程、违规指定分包单位，不得直接发包预拌混凝土等专业分包工程，不得指定按照合同约定应由施工单位购入用于工程的装配式建筑构配件、建筑材料和设备或者指定生产厂、供应商。按规定提供与工程建设有关的原始资料，并保证资料真实、准确、齐全。

（二）保证合理工期和造价。建设单位要科学合理确定工程建设工期和造价，严禁盲目赶工期、抢进度，不得迫使工程其他参建单位简化工序、降低质量标准。调整合同约定的勘察、设计周期和施工工期的，应相应调整相关费用。因极端恶劣天气等不可抗力以及重污染

天气、重大活动保障等原因停工的，应给予合理的工期补偿。因材料、工程设备价格变化等原因，需要调整合同价款的，应按照合同约定给予调整。落实优质优价，鼓励和支持工程相关参建单位创建品质示范工程。

（三）推行施工过程结算。建设单位应有满足施工所需的资金安排，并向施工单位提供工程款支付担保。建设合同应约定施工过程结算周期、工程进度款结算办法等内容。分部工程验收通过时原则上应同步完成工程款结算，不得以设计变更、工程洽商等理由变相拖延结算。政府投资工程应当按照国家有关规定确保资金按时支付到位，不得以未完成审计作为延期工程款结算的理由。

（四）全面履行质量管理职责。建设单位要健全工程项目质量管理体系，配备专职人员并明确其质量管理职责，不具备条件的可聘用专业机构或人员。加强对按照合同约定自行采购的建筑材料、构配件和设备等的质量管理，并承担相应的质量责任。不得明示或者暗示设计、施工等单位违反工程建设强制性标准，禁止以"优化设计"等名义变相违反工程建设强制性标准。严格质量检测管理，按时足额支付检测费用，不得违规减少依法应由建设单位委托的检测项目和数量，非建设单位委托的检测机构出具的检测报告不得作为工程质量验收依据。

（五）严格工程竣工验收。建设单位要在收到工程竣工报告后及时组织竣工验收，重大工程或技术复杂工程可邀请有关专家参加，未经验收合格不得交付使用。住宅工程竣工验收前，应组织施工、监理等单位进行分户验收，未组织分户验收或分户验收不合格，不得组织竣工验收。加强工程竣工验收资料管理，建立质量终身责任信息档案，落实竣工后永久性标牌制度，强化质量主体责任追溯。

三、切实加强住宅工程质量管理

各地要完善住宅工程质量与市场监管联动机制，督促建设单位加强工程质量管理，严格履行质量保修责任，推进质量信息公开，切实保障商品住房和保障性安居工程等住宅工程质量。

（一）严格履行质量保修责任。建设单位要建立质量回访和质量投诉处理机制，及时组织处理保修范围和保修期限内出现的质量问题，并对造成的损失先行赔偿。建设单位对房屋所有权人的质量保修期限自交付之日起计算，经维修合格的部位可重新约定保修期限。房地产开发企业应当在商品房买卖合同中明确企业发生注销情形下由其他房地产开发企业或具有承接能力的法人承接质量保修责任。房地产开发企业未投保工程质量保险的，在申请住宅工程竣工验收备案时应提供保修责任承接说明材料。

（二）加强质量信息公开。住宅工程开工前，建设单位要公开工程规划许可、施工许可、工程结构形式、设计使用年限、主要建筑材料、参建单位及项目负责人等信息；交付使用前，应公开质量承诺书、工程竣工验收报告、质量保修负责人及联系方式等信息。鼓励组织业主开放日、邀请业主代表和物业单位参加分户验收。试行按套出具质量合格证明文件。

（三）加强工程质量与房屋预售联动管理。因发生违法违规行为、质量安全事故或重大质量安全问题被责令全面停工的住宅工程，应暂停其项目预售或房屋交易合同网签备案，待批准复工后方可恢复。

（四）强化保障性安居工程质量管理。各地要制定保障性安居工程设计导则，明确室内面积标准、层高、装修设计、绿化景观等内容，探索建立标准化设计制度，突出住宅宜居属性。政府投资保障性安居工程应完善建设管理模式，带头推行工程总承包和全过程工程咨询。依法限制有严重违约失信记录的建设单位参与建设。

四、全面加强对建设单位的监督管理

各地要建立健全建设单位落实首要责任监管机制，加大政府监管力度，强化信用管理和责任追究，切实激发建设单位主动关心质量、追求质量、创造质量的内生动力，确保建设单位首要责任落到实处。

（一）强化监督检查。建立日常巡查和差别化监管制度，对质量责任落实不到位、有严重违法违规行为的建设单位，加大对其建设项目的检查频次和力度，发现存在严重质量安全问题的，坚决责令停工整改。督促建设单位严格整改检查中发现的质量问题，整改报告经建设单位项目负责人签字确认并加盖单位公章后报工程所在地住房和城乡建设主管部门。工程质量监督中发现的涉及主体结构安全、主要使用功能的质量问题和整改情况，要及时向社会公布。

（二）强化信用管理。加快推进行业信用体系建设，加强对建设单位及其法定代表人、项目负责人质量信用信息归集，及时向社会公开相关行政许可、行政处罚、抽查检查、质量投诉处理情况等信息，记入企业和个人信用档案，并与工程建设项目审批管理系统等实现数据共享和交换。充分运用守信激励和失信惩戒手段，加大对守信建设单位的政策支持和失信建设单位的联合惩戒力度，营造“一处失信，处处受罚”的良好信用环境。对实行告知承诺制的审批事项，发现建设单位承诺内容与实际不符的，依法从严从重处理。

（三）强化责任追究。对建设单位违反相关法律法规及本通知规定的行为，要依法严肃查处，并追究其法定代表人和项目负责人的责任；涉嫌犯罪的，移送监察或司法机关依法追究刑事责任。对于政府投资项目，除依法追究相关责任人责任外，还要依据相关规定追究政府部门有关负责人的领导责任。

本通知适用于房屋建筑和市政基础设施工程。各省、自治区、直辖市住房和城乡建设主管部门可根据本通知要求，制定具体办法。

中华人民共和国住房和城乡建设部

2020 年 9 月 11 日

安徽省住房和城乡建设厅
关于进一步加强建设工程质量检测机构管理工作的通知

（建质〔2019〕69 号）

各市住房城乡建设局（城乡建设局），广德、宿松县住房城乡建设局：

根据《中共中央　国务院关于开展质量提升行动的指导意见》（中发〔2017〕24 号）、《国务院办公厅关于促进建筑业持续健康发展意见》（国办发〔2017〕19 号）、《中共安徽省委　安徽省人民政府关于开展质量提升行动推进质量强省建设的实施意见》（皖发〔2018〕30 号）和《安徽省人民政府办公厅关于推进工程建设管理改革促进建筑业持续健康发展的实施意见》（皖政办〔2017〕97 号），为进一步加强全省工程质量检测管理，促进我省工程质量检测行业健康有序发展，深化“放管服”改革优化营商环境，创新监管方法和措施，提高监管效能，保证检测质量，现就有关事项通知如下：

一、加强工程质量检测机构管理，严厉打击出具虚假报告等行为

（一）检测机构应当对其检测数据和检测报告的真实性和准确性负责。检测机构完成检测业务后，应当及时出具检测报告。检测报告经检测人员签字、检测机构法定代表人或者其授权的签字人签署，并加盖检测机构公章或者检测专用章后方可生效。见证取样检测的检测报告中应当注明见证人单位及姓名。何单位和个人不得明示或者暗示检测机构出具虚假检测报告，不得篡改或者伪造检测报告。检测机构违反法律、法规和工程建设强制性标准，给他人造成损失的，应当依法承担相应的赔偿责任。

（二）依法查处检测机构违法违规行为。未取得相应的资质，擅自承担检测业务的，其检测报告无效，由项目所在地住房城乡建设行政主管部门依法查处。检测机构存在超出资质范围从事检测活动；涂改、倒卖、出租、出借、转让资质证书；使用不符合条件的检测人员的；未按规定上报发现的违法违规行为和检测不合格事项；未按规定在检测报告上签字盖章；未按照国家有关工程建设强制性标准进行检测；档案资料管理混乱，造成检测数据无法追溯；转包检测业务等行为之一的，由县级以上地方人民政府住房城乡建设主管部门依法查处；涉嫌犯罪的，移交司法机关依法追究刑事责任。检测机构伪造检测数据，出具虚假检测报告或者鉴定结论的，县级以上地方人民政府住房城乡建设主管部门依法查处；给他人造成损失的，依法承担赔偿责任；涉嫌犯罪的，移交司法机关依法追究其刑事责任。给予检测机构罚款处罚的，依法对检测机构的法定代表人和其他直接责任人员进行查处。

（三）检测人员不得同时受聘于两个或者两个以上的检测机构。检测机构和检测人员不得推荐或者监制建筑材料、构配件和设备。检测机构不得与行政机关，法律、法规授权的具有管理公共事务职能的组织以及所检测工程项目相关的设计单位、施工单位、监理单位有隶属关系或者其他利害关系。检测机构不得转包检测业务。

（四）检测机构应当将检测过程中发现的建设单位、施工单位、监理单位违反有关法律、法规和工程建设强制性标准的情况，以及涉及结构安全检测结果的不合格情况，及时报告工程所在地住房城乡建设行政主管部门。检测机构应当建立档案管理制度。检测合同、委托单、原始记录、检测报告应当按年度统一编号，编号应当连续，不得随意抽撤、涂改。检测机构应当单独建立检测结果不合格项目台账。

二、加强信用体系建设，开展检测机构信用评价

各市（省直管县）住房城乡建设行政主管部门应大力推进检测机构信用体系建设，实行信用分级分类管理，规范检测市场秩序，营造公平竞争、诚信守法的市场环境。应建立跨行业跨部门的信用评价结果关联共享制度。构建检测机构"一处失信、处处受限"的联合惩戒机制，提升检测行业治理能力，规范工程质量检测市场。应当依法将检测相关单位和人员受到的表彰奖励和行政处罚等信用信息予以公示，并建立红黑名单管理制度，实行守信激励和失信惩戒。

三、加强事中事后监管，强化层级监督

（一）加强事中事后监管。进一步转变工程质量检测监管理念，完善事中事后监管体系，统一规范事中事后监管模式，建立以"双随机、一公开"监管为基本手段，以重点监管为补充，以信用监管为基础的新型监管机制。全面提高监管效能，强化政府对工程质量的监管，重点加强对涉及公共安全的工程地基基础、主体结构等部位和竣工验收等环节的监督检查。各市（省直管县）住房城乡建设行政主管部门应推行政府购买服务的方式，开展工程质量安全监督检查和第三方检测。

（二）强化层级监督。省住房城乡建设厅对取得资质的检测机构实行动态监管，采取"双随机、一公开"的方式，通过网上核查、实地检查、能力评测等形式，验证检测机构是否持续符合资质条件。对不合格的检测机构，将依法作出限期整改、撤回资质或撤销资质的处理。各市（省直管县）住房城乡建设行政主管部门应当加强对辖区工程质量检测活动的监督管理，建立健全工程质量检测活动监督检查制度，建立工程质量检测信息监管系统。要严格按照国家有关规定，加强工程质量检测过程和检测行为的监管，严厉打击出具虚假报告等行为，严肃查处违反法律、法规、规范标准和检测管理有关规定等违法违规行为。

四、加强岗位培训和考试考核，提高检测人员和机构能力

（一）实行检测人员持证上岗制度。全省统一教材统一大纲。检测机构根据已有检测资质及动态核查结果，自主开展岗位培训和继续教育。培训考核合格人员由检测机构发放企业岗位证书，作为人员持证上岗的依据。

（二）申请新成立或检测资质扩项的检测机构，按照资质标准的相关要求，其检测人员须进行理论知识考试和实际操作能力考核。检测人员能力的具体考试考核管理工作由各市（省直管县）住房城乡建设行政主管部门负责。

（三）进一步推进行政审批制度改革，提高政府服务效率，加快转变政府职能。检测机构资质的申请、审查、审批继续实行"智慧审批"，检测机构资质"智慧审批"办理请登录安徽政务服务网（https://www.ahzwfw.gov.cn/）。

（四）按照工程质量安全属地管理的原则，检测机构跨地区承担检测业务的，应当具备在工程所在地开展相应检测活动的条件和能力。工程所在地的市级住房城乡建设主管部门应当加强对检测机构的日常监督管理。

（五）提高检测机构能力。检测机构的检测人员、检测设备、检测场所以及检测管理等应满足国家有关法律法规的规定。

（六）检测机构应在“安徽省建筑市场监管公共服务平台”登记检测人员培训、考核动态信息，并对信息的及时性、真实性负责。

本通知自 2019 年 6 月 1 日起执行，原《安徽省住房城乡建设厅关于进一步加强建设工程质量检测机构管理工作的通知》（建质〔2015〕118 号）不再执行。

安徽省住房和城乡建设厅

2019 年 5 月 15 日

房屋建筑和市政基础设施工程质量检测技术管理规范

GB 50618—2011

主编部门：中华人民共和国住房和城乡建设部
批准部门：中华人民共和国住房和城乡建设部
施行日期：2012 年 10 月 1 日

1 总 则

1.0.1 为加强建设工程质量检测管理，规范建设工程质量检测技术活动，保证检测工作质量，制定本规范。

1.0.2 本规范适用于房屋建筑工程和市政基础设施工程有关建筑材料、工程实体质量检测活动的技术管理。

1.0.3 建设工程质量检测技术管理除应符合本规范外，尚应符合国家现行有关标准的规定。

2 术 语

2.0.1 工程质量检测 testing for quality of construction engineering

按照相关规定的要求，采用试验、测试等技术手段确定建设工程的建筑材料、工程实体质量特性的活动。

2.0.2 工程质量检测机构 testing services for quality of construction engineering

具有法人资格，并取得相应资质，对社会出具工程质量检测数据或检测结论的机构。

2.0.3 检测人员 testing personnel

经建设主管部门或其委托有关机构的考核，从事检测技术管理和检测操作人员的总称。

2.0.4 检测设备 testing equipment

在检测工作中使用的、影响对检测结果作出判断的计量器具、标准物质以及辅助仪器设备的总称。

2.0.5 见证人员 witnesses

具备相关检测专业知识，受建设单位或监理单位委派，对检测试件的取样、制作、送检及现场工程实体检测过程真实性、规范性见证的技术人员。

2.0.6 见证取样 witness sampling

在见证人员见证下，由取样单位的取样人员，对工程中涉及结构安全的试块、试件和建筑材料在现场取样、制作，并送至有资格的检测单位进行检测的活动。

2.0.7　见证检测 witness test

在见证人员见证下，检测机构现场测试的活动。

2.0.8　鉴定检测 appraisal test

为建设工程结构性能可靠性鉴定（包括安全性鉴定和正常使用性鉴定）提供技术评估依据进行测试的活动。

2.0.9　工程检测管理信息系统 information management systerm of testing for construction engineering

利用计算机技术、网络通信技术等信息化手段，对工程质量检测信息进行采集、处理、存储、传输的管理系统。

3　基本规定

3.0.1　建设工程质量检测应执行国家现行有关技术标准。

3.0.2　建设工程质量检测机构（以下简称检测机构）应取得建设主管部门颁发的相应资质证书。

3.0.3　检测机构必须在技术能力和资质规定范围内开展检测工作。

3.0.4　检测机构应对出具的检测报告的真实性、准确性负责。

3.0.5　对实行见证取样和见证检测的项目，不符合见证要求的，检测机构不得进行检测。

3.0.6　检测机构应建立完善的管理体系，并增强纠错能力和持续改进能力。

3.0.7　检测机构的技术能力（检测设备及技术人员配备）应符合本规范附录A中各相应专业检测项目的配备要求。

3.0.8　检测机构应采用工程检测管理信息系统，提高检测管理效果和检测工作水平。

3.0.9　检测机构应建立检测档案及日常检测资料管理制度。

3.0.10　检测应按有关标准的规定留置已检试件。有关标准留置时间无明确要求的，留置时间不应少于72h。

3.0.11　建设工程质量检测应委托具有相应资质的检测机构进行检测。

3.0.12　施工单位应根据工程施工质量验收规范和检测标准的要求编制检测计划，并应做好检测取样、试件制作、养护和送检等工作。

3.0.13　检测试件的提供方应对试件取样的规范性、真实性负责。

4　检测机构能力

4.1　检测人员

4.1.1　检测机构应配备能满足所开展检测项目要求的检测人员。

4.1.2 检测机构检测项目的检测技术人员配备应符合本规范附录A的规定，并宜按附录B的

要求设立相应的技术岗位。

4.1.3 检测机构的技术负责人、质量负责人、检测项目负责人应具有工程类专业中级及其以上技术职称，掌握相关领域知识，具有规定的工作经历和检测工作经验。检测报告批准人、检测报告审核人应经检测机构技术负责人授权，掌握相关领域知识，并具有规定的工作经历和检测工作经验。

4.1.4 检测机构室内检测项目持有岗位证书的操作人员不得少于2人；现场检测项目持有岗位证书的操作人员不得少于3人。

4.1.5 检测操作人员应经技术培训、通过建设主管部门或委托有关机构的考核，方可从事检测工作。

4.1.6 检测人员应及时更新知识，按规定参加本岗位的继续教育。继续教育的学时应符合国家相关要求。

4.1.7 检测人员岗位能力应按规定定期进行确认。

4.2 检测设备

4.2.1 检测机构应配备能满足所开展检测项目要求的检测设备。

4.2.2 检测机构检测项目的检测设备配备应符合本规范附录A的规定，并宜分为A、B、C三类，分类管理。具体分类宜符合本规范附录C的要求。

4.2.3 A类检测设备的范围宜符合本规范附录C第C.0.1条的规定，并应符合下列规定：

1 本单位的标准物质(如果有时)；

2 精密度高或用途重要的检测设备；

3 使用频繁，稳定性差，使用环境恶劣的检测设备。

4.2.4 B类检测设备的范围宜符合本规范附录C第C.0.2条的规定，并应符合下列要求：

1 对测量准确度有一定的要求，但寿命较长、可靠性较好的检测设备；

2 使用不频繁，稳定性比较好，使用环境较好的检测设备。

4.2.5 C类检测设备的范围宜符合本规范附录C第C.0.3条的规定，并应符合下列要求：

1 只用作一般指标，不影响试验检测结果的检测设备；

2 准确度等级较低的工作测量器具。

4.2.6 A类、B类检测设备在启用前应进行首次校准或检测。

4.2.7 检测设备的校准或检测应送至具有校准或检测资格的实验室进行校准或检测。

4.2.8 A类检测设备的校准或检测周期应根据相关技术标准和规范的要求，检测设备出厂技术说明书等，并结合检测机构实际情况确定。

4.2.9 B类检测设备的校准或检测周期应根据检测设备使用频次、环境条件、所需的测量准确度，以及由于检测设备发生故障所造成的危害程度等因素确定。

4.2.10 检测机构应制定A类和B类检测设备的周期校准或检测计划，并按计划

执行。

4.2.11 C类检测设备首次使用前应进行校准或检测，经技术负责人确认，可使用至报废。

4.2.12 检测设备的校准或检测结果应由检测项目负责人进行管理。

4.2.13 检测机构自行研制的检测设备应经过检测验收，并委托校准单位进行相关参数的校准，符合要求后方可使用。

4.2.14 检测机构的所有设备均应标有统一的标识，在用的检测设备均应标有校准或检测有效期的状态标识。

4.2.15 检测机构应建立检测设备校准或检测周期台账，并建立设备档案，记录检测设备技术条件及使用过程的相关信息。

4.2.16 检测机构对大型的、复杂的、精密的检测设备应编制使用操作规程。

4.2.17 检测机构应对主要检测设备作好使用记录，用于现场检测的设备还应记录领用、归还情况。

4.2.18 检测机构应建立检测设备的维护保养、日常检查制度，并作好相应记录。

4.2.19 当检测设备出现下列情况之一时，应进行校准或检测：

1 可能对检测结果有影响的改装、移动、修复和维修后；

2 停用超过校准或检测有效期后再次投入使用；

3 检测设备出现不正常工作情况；

4 使用频繁或经常携带运输到现场的，以及在恶劣环境下使用的检测设备。

4.2.20 当检测设备出现下列情况之一时，不得继续使用：

1 当设备指示装置损坏、刻度不清或其他影响测量精度时；

2 仪器设备的性能不稳定，漂移率偏大时；

3 当检测设备出现显示缺损或按键不灵敏等故障时；

4 其他影响检测结果的情况。

4.3 检测场所

4.3.1 检测机构应具备所开展检测项目相适应的场所。房屋建筑面积和工作场地均应满足检测工作需要，并应满足检测设备布局及检测流程合理的要求。

4.3.2 检测场所的环境条件等应符合国家现行有关标准的要求，并应满足检测工作及保证工作人员身心健康的要求。对有环境要求的场所应配备相应的监控设备，记录环境条件。

4.3.3 检测场所应合理存放有关材料、物质，确保化学危险品、有毒物品、易燃易爆等物品安全存放；对检测工作过程中产生的废弃物、影响环境条件及有毒物质等的处置，应符合环境保护和人身健康、安全等方面的相关规定，并应有相应的应急处理措施。

4.3.4 检测工作场所应有明显标识，与检测工作无关的人员和物品不得进入检测工作场所。

4.3.5 检测工作场所应有安全作业措施和安全预案，确保人员、设备及被检测试件的安全。

4.3.6 检测工作场所应配备必要的消防器材，存放于明显和便于取用的位置，并应有专人负责管理。

4.4 检测管理

4.4.1 检测机构应执行国家现行有关管理制度和技术标准，建立检测技术管理体系，并按管理体系运行。

4.4.2 检测机构应建立内部审核制度，发现技术管理中的不足并进行改正。

4.4.3 检测机构的检测管理信息系统，应能对工程检测活动各阶段中产生的信息进行采集、加工、储存、维护和使用。

4.4.4 检测管理信息系统宜覆盖全部检测项目的检测业务流程，并宜在网络环境下运行。

4.4.5 检测机构管理信息系统的数据管理应采用数据库管理系统，应确保数据存储与传输安全、可靠；并应设置必要的数据接口，确保系统与检测设备或检测设备与有关信息网络系统的互联互通。

4.4.6 应用软件应符合软件工程的基本要求，应经过相关机构的评审鉴定，满足检测功能要求，具备相应的功能模块，并应定期进行论证。

4.4.7 检测机构应设专人负责信息化管理工作，管理信息系统软件功能应满足相关检测项目所涉及工程技术规范的要求，技术规范更新时，系统应及时升级更新。

4.4.8 检测机构宜按规定定期向建设主管部门报告以下主要技术工作：

1 按检测业务范围进行检测的情况；

2 遵守检测技术条件（包括实验室技术能力和检测程序等）的情况；

3 执行检测法规及技术标准的情况；

4 检测机构的检测活动，包括工作行为、人员资格、检测设备及其状态、设施及环境条件、检测程序、检测数据、检测报告等；

5 按规定报送统计报表和有关事项。

4.4.9 检测机构应定期作比对试验，当地管理部门有要求的，并应按要求参加本地区组织的能力验证。

4.4.10 检测机构严禁出具虚假检测报告。凡出现下列情况之一的应判定为虚假检测报告：

1 不按规定的检测程序及方法进行检测出具的检测报告；

2 检测报告中数据、结论等实质性内容被更改的检测报告；

3 未经检测就出具的检测报告；

4 超出技术能力和资质规定范围出具的检测报告。

5 检测程序

5.1 检测委托

5.1.1 建设工程质量检测应以工程项目施工进度或工程实际需要进行委托，并应选择具有相应检测资质的检测机构。

5.1.2 检测机构应与委托方签订检测书面合同，检测合同应注明检测项目及相关要求。

需要见证的检测项目应确定见证人员。检测合同主要内容宜符合本规范附录D的规定。

5.1.3　检测项目需采用非标准方法检测时，检测机构应编制相应的检测作业指导书，并应在检测委托合同中说明。

5.1.4　检测机构对现场工程实体检测应事前编制检测方案，经技术负责人批准；对鉴定检测、危房检测，以及重大、重要检测项目和为有争议事项提供检测数据的检测方案应取得委托方的同意。

5.2　取样送检

5.2.1　建筑材料的检测取样应由施工单位、见证单位和供应单位根据采购合同或有关技术标准的要求共同对样品的取样、制样过程、样品的留置、养护情况等进行确认，并应做好试件标识。

5.2.2　建筑材料本身带有标识的，抽取的试件应选择有标识的部分。

5.2.3　检测试件应有清晰的、不易脱落的唯一性标识。标识应包括制作日期、工程部位、设计要求和组号等信息。

5.2.4　施工过程有关建筑材料、工程实体检测的抽样方法、检测程序及要求等应符合国家现行有关工程质量验收规范的规定。

5.2.5　既有房屋、市政基础设施现场工程实体检测的抽样方法、检测程序及要求等应符合国家现行有关标准的规定。

5.2.6　现场工程实体检测的构件、部位、检测点确定后，应绘制测点图，并应经技术负责人批准。

5.2.7　实行见证取样的检测项目，建设单位或监理单位确定的见证人员每个工程项目不得少于2人，并应按规定通知检测机构。

5.2.8　见证人员应对取样的过程进行旁站见证，作好见证记录。见证记录应包括下列主要内容：

1　取样人员持证上岗情况；

2　取样用的方法及工具模具情况；

3　取样、试件制作操作的情况；

4　取样各方对样品的确认情况及送检情况；

5　施工单位养护室的建立和管理情况；

6　检测试件标识情况。

5.2.9　检测收样人员应对检测委托单的填写内容、试件的状况以及封样、标识等情况进行检查，确认无误后，在检测委托单上签收。

5.2.10　试件接受应按年度建立台账，试件流转单应采取盲样形式，有条件的可使用条形码技术等。

5.2.11　检测机构自行取样的检测项目应作好取样记录。

5.2.12　检测机构对接收的检测试件应有符合条件的存放设施，确保样品的正确存放、养护。

5.2.13　需要现场养护的试件，施工单位应建立相应的管理制度，配备取样、制样人员，及取样、制样设备及养护设施。

5.3　检测准备

5.3.1　检测机构的收样及检测试件管理人员不得同时从事检测工作，并不得将试件的信息泄露给检测人员。

5.3.2　检测人员应校对试件编号和任务流转单的一致性，保证与委托单编号、原始记录和检测报告相关联。

5.3.3　检测人员在检测前应对检测设备进行核查，确认其运作正常。数据显示器需要归零的应在归零状态。

5.3.4　试件对贮存条件有要求时，检测人员应检查试件在贮存期间的环境条件符合要求。

5.3.5　对首次使用的检测设备或新开展的检测项目以及检测标准变更的情况，检测机构应对人员技能、检测设备、环境条件等进行确认。

5.3.6　检测前应确认检测人员的岗位资格，检测操作人员应熟识相应的检测操作规程和检测设备使用、维护技术手册等。

5.3.7　检测前应确认检测依据、相关标准条文和检测环境要求，并将环境条件调整到操作要求的状况。

5.3.8　现场工程实体检测应有完善的安全措施。检测危险房屋时还应对检测对象先进行勘察，必要时应先进行加固。

5.3.9　检测人员应熟悉检测异常情况处理预案。

5.3.10　检测前应确认检测方法标准，确认原则应符合下列规定：

1　有多种检测方法标准可用时，应在合同中明确选用的检测方法标准；

2　对于一些没有明确的检测方法标准或有地区特点的检测项目，其检测方法标准应由委托双方协商确定。

5.3.11　检测委托方应配合检测机构做好检测准备，并提供必要的条件。按时提供检测试件，提供合理的检测时间，现场工程实体检测还应提供相应的配合等。

5.4　检测操作

5.4.1　检测应严格按照经确认的检测方法标准和现场工程实体检测方案进行。

5.4.2　检测操作应由不少于2名持证检测人员进行。

5.4.3　检测原始记录应在检测操作过程中及时真实记录，检测原始记录应采用统一的格式。原始记录的内容应符合下列规定：

1　试验室检测原始记录内容宜符合本规范附录E第E.0.1条的规定；

2　现场工程实体检测原始记录内容宜符合本规范附录E第E.0.2条的规定。

5.4.4　检测原始记录笔误需要更正时，应由原记录人进行杠改，并在杠改处由原记录人签名或加盖印章。

5.4.5　自动采集的原始数据当因检测设备故障导致原始数据异常时，应予以记录，并应由检测人员作出书面说明，由检测机构技术负责人批准，方可进行更改。

5.4.6　检测完成后应及时进行数据整理和出具检测报告，并应做好设备使用记录及环境、检测设备的清洁保养工作。对已检试件的留置处理除应符合本规范第3.0.10条的规定外尚应符合下列规定：

1　已检试件留置应与其他试件有明显的隔离和标识；

2　已检试件留置应有唯一性标识，其封存和保管应由专人负责；

3　已检试件留置应有完整的封存试件记录，并分类、分品种有序摆放，以便于查找。

5.4.7　见证人员对现场工程实体检测进行见证时，应对检测的关键环节进行旁站见证，现场工程实体检测见证记录内容应包括下列主要内容：

1　检测机构名称、检测内容、部位及数量；

2　检测日期、检测开始、结束时间及检测期间天气情况；

3　检测人员姓名及证书编号；

4　主要检测设备的种类、数量及编号；

5　检测中异常情况的描述记录；

6　现场工程检测的影像资料；

7　见证人员、检测人员签名。

5.4.8　现场工程实体检测活动应遵守现场的安全制度，必要时应采取相应的安全措施。

5.4.9　现场工程实体检测时应有环保措施，对环境有污染的试剂、试材等应有预防撒漏措施，检测完成后应及时清理现场并将有关用后的残剩试剂、试材、垃圾等带走。

5.5　检测报告

5.5.1　检测项目的检测周期应对外公示，检测工作完成后，应及时出具检测报告。

5.5.2　检测报告宜采用统一的格式；检测管理信息系统管理的检测项目，应通过系统出具检测报告。检测报告内容应符合检测委托的要求，并宜符合本规范附录 E 第 E.0.3、第 E.0.4 条的规定。

5.5.3　检测报告编号应按年度编号，编号应连续，不得重复和空号。

5.5.4　检测报告至少应由检测操作人签字、检测报告审核人签字、检测报告批准人签发，并加盖检测专用章，多页检测报告还应加盖骑缝章。

5.5.5　检测报告应登记后发放。登记应记录报告编号、份数、领取日期及领取人等。

5.5.6　检测报告结论应符合下列规定：

1　材料的试验报告结论应按相关材料、质量标准给出明确的判定；

2　当仅有材料试验方法而无质量标准，材料的试验报告结论应按设计要求或委托方要求给出明确的判定；

3　现场工程实体的检测报告结论应根据设计及鉴定委托要求给出明确的判定。

5.5.7　检测机构应建立检测结果不合格项目台账，并应对涉及结构安全、重要使用功能的不合格项目按规定报送时间报告工程项目所在地建设主管部门。

5.6　检测数据的积累利用

5.6.1　检测机构应对日常检测取得的数据进行积累整理。

5.6.2　检测机构应定期对检测数据统计分析。

5.6.3　检测机构应按规定向工程建设主管部门提供有关检测数据。

6 检测档案

6.0.1 检测机构应建立检测资料档案管理制度，并做好检测档案的收集、整理、归档、分类编目和利用工作。

6.0.2 检测机构应建立检测资料档案室，档案室的条件应能满足纸质文件和电子文件的长期存放。

6.0.3 检测资料档案应包含检测委托合同、委托单、检测原始记录、检测报告和检测台账、检测结果不合格项目台账、检测设备档案、检测方案、其他与检测相关的重要文件等。

6.0.4 检测机构检测档案管理应由技术负责人负责，并由专（兼）职档案员管理。

6.0.5 检测资料档案保管期限，检测机构自身的资料保管期限应分为 5 年和 20 年两种。涉及结构安全的试块、试件及结构建筑材料的检测资料汇总表和有关地基基础、主体结构、钢结构、市政基础设施主体结构的检测档案等宜为 20 年；其他检测资料档案保管期限宜为 5 年。

6.0.6 检测档案可是纸质文件或电子文件。电子文件应与相应的纸质文件材料一并归档保存。

6.0.7 保管期限到期的检测资料档案销毁应进行登记、造册后经技术负责人批准。销毁登记册保管期限不应少于 5 年。

附录 A 检测项目、检测设备及技术人员配备表

序号	专业	检测项目（参数）	主要设备	检测人员
1	建筑材料	①水泥、粉煤灰的物理力学性能和化学分析	①水泥检验设备。含胶砂搅拌机、净浆搅拌机、胶砂振实台、胶砂跳桌、稠度测定仪、安定性沸煮箱、雷氏夹测定仪、细度负压筛、抗折试验机、恒应力压力试验机和标准养护设备、凝结时间测定仪等	
		②建筑钢材、钢绞线锚夹具力学工艺性能和化学分析	②300kN、600kN、1000kN 拉力试验机（或液压式万能试验机）、弯曲试验机、钢绞线专用夹具、洛氏硬度仪、钢材化学成分分析设备	
		③混凝土用骨料物理性能和有害物质检测	③砂、石试验用电热鼓风干燥箱、砂石筛、振筛机、压碎指标测定仪、针片状规准仪、天平、台秤、量瓶、量桶等	

（续表）

序号	专业	检测项目(参数)	主要设备	检测人员
1	建筑材料	④砂浆、混凝土及外加剂的物理力学性能和耐久性检测	④混凝土搅拌机、振动台、坍落度筒、混凝土拌合物凝结时间测定仪、含气量测定仪、压力泌水率测定仪、混凝土收缩测长仪、砂浆搅拌机、混凝土抗渗仪、砂浆抗渗仪、混凝土标准养护室(湿度95%以上)、混凝土收缩养护室(湿度60±5%)、1000kN、2000kN、3000kN压力试验机、分析天平、可见光光度计、火焰光度计、酸度计、高温炉、碳硫联合分析仪、化学实验室用通风橱、洗眼器、常用玻璃器皿试剂、化学标准物质等	建筑材料专业或相关专业，大专及以上学历，达到规定的检测工作经历及检测工作经验的工程师及以上人员不少于1人；化学专业，大专及以上学历，达到规定的化学分析工作经验的工程师及以上人员不少于1人；经考核持有效上岗证的检测人员不少于8人；检测项目(参数)较少的，可适当降低检测人员的数量，但不应少于5人
		⑤砖、砌块的物理力学性能检测	⑤带大变形检测的电子万能试验机、低温试验箱、低温弯折仪、抗穿孔仪、动态抗干不透水仪、邵氏硬度计、天平、大烘箱、实验室温湿度监控设备	
		⑥沥青及沥青混合料的物理力学性能及有害物含量检测；防水卷材、涂料物理力学性能检测	⑥沥青延度仪、针入度仪、软化点仪、旋转薄膜烘箱、闪点仪、蜡含量测定仪、马歇尔测定仪、马歇尔电动击实仪、沥青混合搅拌机、恒温水浴箱、天平、卡尺、离心抽提仪(四流抽提仪)或燃烧炉、车辙试样成型机、自动车辙试验仪、鼓风干燥箱、100kN压力机、游标卡尺、钢直尺等	
2	地基基础	①土工试验	电子秤、烘箱、环刀、标准击实仪、千斤顶、300kN压力机、密度测量器等	注册岩土工程师1人；达到规定检测工作经历及检测工作经验的工程师不少于2人；每个检测项目经考核持有效上岗证的人员不少于3人
		②土工布、土工膜、排水板(带)等土工合成材料的物理力学性能检测	分析天平、游标卡尺、土工布厚度仪、等效孔经试验仪、动态穿孔试验仪、电子万能试验机、CBR顶破装置、土工合成材料渗透仪、低温试验箱、空气热老化试验箱、排水板通水量仪等	
		③桩(完整性、承载力、强度)、地基、成孔、基础施工监测	静载反力系统(钢梁、千斤顶、配重等)，加载能力均不低于10000kN，100t、200t、300t、500t千斤顶； 高应变动测仪、不低于8t的重锤和锤架、精密水准仪、拟合法软件；低应变动测仪、不同锤重的激振锤；具有波列储存功能的非金属超声仪、两种频率的换能器；高速液压钻机、测斜仪、标准贯入试验设备及地基承载力试验设备、复合地基检测设备；张拉千斤顶；精密水准仪、经纬仪、全站仪、测斜仪、钢弦频率仪、静态电阻应变仪、孔压计、水位计等	注册岩土工程师1人；达到规定检测工作经历及检测工作经验的工程师不少于2人；每个检测项目经考核持有效上岗证的人员不少于3人

（续表）

序号	专业	检测项目(参数)	主要设备	检测人员
3	混凝土结构	回弹法检测强度、钻芯法检测强度、超声法检测缺陷、钢筋保护层厚度检测、后锚固件拉拔试验、碳纤维片正拉粘结强度试验	回弹仪、钻芯机、钢筋位置测试仪、600kN拉力试验机、1000kN压力试验机、后锚固件拉拔仪、碳纤维片拉拔仪、结构构件变形测量仪等	达到规定检测工作经历及检测工作经验的工程师及以上技术人员不少于4人，其中1人应当具备一级注册结构工程师；每个检测项目经考核持有效上岗证的检测人员不少于3人； 报告审核人、批准人为工程类相关专业工程师及以上技术人员。经考核持有效钢结构无损探伤资质证书的检测人员不少于2人
4	砌体结构	回弹法检测砌筑砂浆强度、贯入法检测砌筑砂浆强度、回弹法检测烧结普通砖强度	砂浆回弹仪、砂浆贯入仪、砖回弹仪等	
5	钢结构	无损检测(超声、射线、磁粉)、防火和防腐涂层厚度检测、节点、螺栓等连接件力学性能检测、钢结构变形测量、化学成分分析	超声探伤仪、射线探伤仪、磁粉探伤仪、600kN、1000kN拉力试验机、涡流测厚仪、电磁测厚仪、结构变形测量仪器、钢材化学成分分析设备等。	
6	室内环境	空气中氡、甲醛、苯、TVOC、氨的检测、装饰有害物质含量的检测、土壤中氡浓度检测	气相色谱仪(其中应有直接进样)、空气采样器、空气流量计、气压计、土壤测氡仪、紫外可见分光光度计、粒料粉磨机、低本底能谱仪，具备化学实验室的设施环境，常用器皿，常用试剂等	化学专业、本科及以上学历，工程师及以上技术人员不少于1人，经考核持有效上岗证的检测人员不少于3人
7	结构鉴定	各种结构、地基基础检测项目、建筑物变形测量、结构荷载试验	各种结构、地基基础检测项目仪器、建筑变形测量仪器、位移计、万能试验机、结构计算软件等	检测人员经考核持有效上岗证每一检测项目不少于3人；报告编写人员具备工程师及以上技术职称； 报告审核、批准人均具备高级工程师，其中1人具备一级注册结构工程师
8	建筑节能	①保温材料导热系数、密度、抗压强度或压缩强度、燃烧性能(限有机保温材料)，保温绝热材料的检测	量程不小于20kN电子万能试验机、导热分散测定仪、分析天平、砂浆搅拌机、分层度仪、收缩仪、标准养护箱、300kN压力试验机、低温试验箱、高温炉、漆膜冲击仪、吸水率检测用真空装置、电位滴定仪、围护结构稳态热传递检测系统、导热系数测定仪、钻芯机、电线电缆导体电阻测试仪、含(0～3300)mm全波段分光光度仪、(2500～25000)mm红外光谱仪、燃烧性能试验室等	工程师及以上技术人员1人； 经考核持有效上岗证的检测人员不少于3人
		②外墙外保温系统及其构造材料的物理力学性能检测；墙体砌块(砖)材料密度、抗压强度、构造的热阻或传热系数测定；墙体、屋面的浅色饰面材料的太阳辐射吸收系数，遮阳材料太阳光透射比、太阳光反射比检测		
		③围护结构实体构造的现场检测		

（续表）

序号	专业	检测项目(参数)	主要设备	检测人员
9	建筑幕墙、门窗及外墙面砖	①幕墙门窗的“三性”检测、现场抽样玻璃的遮阳系数、可见光透射比、传热系数、中空玻璃露点检测、门窗保温性能检测、隔热型材的抗拉强度、抗剪强度检测等 ②幕墙门窗用型材的镀(涂)层厚度检测 ③塑料门窗的焊角(可焊性)检测 ④硅酮结构胶的相容性试验 ⑤饰面砖粘结强度检测	幕墙“三性”测试系统（箱体高度≥16m，宽度≥10m，压力≥12kPa）、门窗“三性”测试系统（压力≥5.0kPa）、型材镀(涂)测厚仪、焊角测试仪、幕墙门窗玻璃光学性能测试设备[含（0～3300）mm 全波段分光光度计、红外分光光度计、中空玻璃露点测试仪]、电子万能试验机（附一60℃和 300℃下的拉伸附件）、硅酮结构胶相容性试验箱等、饰面砖粘结强度检测仪等	工程师及以上技术人员 1 人； 经考核持有效上岗证的检测人员不少于 3 人
10	建筑电气	①电线电缆的电性能、机械性能、结构尺寸和燃烧性能的检测、电线电缆截面、芯导体电阻值 ②变配电室的电源质量分析 ③典型功能区的平均照度、接地电阻值、防雷检测和功率密度检测	电子万能试验机、导体电阻测试仪、绝缘电阻测试仪、闪络击穿试验装置、燃烧试验装置、低倍投影仪、电能质量分析仪、照度计、接地电阻测量仪、防雷检测设备等	电气专业大专及以上学历，达到规定检测工作经历及检测工作经验的工程师及以上技术人员 1 人，经考核持有效上岗证的检测人员不少于 3 人
11	建筑给排水及采暖	管道、管件强度及严密性检测、管道保温、焊缝检测、水温、水压	水泵、各式压力表、温度仪、焊缝检测设备等	焊接专业工程师 1 人，经考核持有效上岗证的检测人员不少于 3 人
12	通风与空调	①风管和风管系统的漏风量、系统总风量和风口风量、空调机组水流量、系统冷热水、冷却水流量的检测；制冷机性能系数，水泵能效		

（续表）

序号	专业	检测项目(参数)	主要设备	检测人员
12	通风与空调	①系数检测，室内空气温湿度检测、全空气空调系统送、排风风机的风量、风压及单位风量耗功率、风量平衡、空调机组冷冻水供回温差、冷冻水系统水力平衡、冷却塔效率、循环水泵流量、杨程、电机功率及输送能效(ER)，冷却塔热力性能、流量、电机功率、冷热源设备的制冷、制风量、输入功率性能系数(COP)现场检测 ②空调系统风机盘管机组的供冷量、供热量、风量、出口静压和噪声检测	风管漏风量测装置、风量罩、超声波流量计、电力质量分析仪、数字温湿度计，温湿度自动采集仪、压力传感器、数据采集仪、皮托管、温湿度传感器压计；风机盘管机组焓差试验装置、噪声测试系统等	暖通专业大专及以上学历，达到规定检测工作经历及检测工作经验的工程师及以上技术人员1人，经考核持有效上岗证的检测人员不少于3人
13	建筑电梯运行	各种电梯性能检测	电梯性能检测系统设备、电气检测设备及有关材料性能检测设备等	电气专业、机械专业工程师及以上技术人员各1人，经考核持有效上岗证的检测人员不少于3人
14	建筑智能	各系统性能测试	各系统性能的各种测试设备，能形成综合调试检测成果，电气检测设备等	计算机专业工程师及以上技术人员2人，经考核持有效上岗证的检测人员不少于3人
15	燃气管道工程	管道强度严密性等项目； 燃气器具检测	项目相应的设备、仪器等。同管道专业	同建筑给排水及采暖
16	市政道路	厚度、压实度、承载能力(弯沉试验)、抗滑性能	路面回弹弯沉值测定仪、多功能电动击实仪、标准土壤筛、标准振筛机、摩擦系数测定仪、含水率测定仪等	达到规定检测工作经历及检测工作经验的工程师及以上技术人员1人；经考核持有效上岗证的检测人员不少于3人
17	市政桥梁	桥梁动载试验、桥梁静载试验。桥体及基础结构性能	桥梁挠度检测仪1套、静态电阻应变测试系统1套、动态应变采集系统1套、钢弦频率仪2台、震动测试仪2套、激光测距仪2台。桥体及基础结构性能检测同结构鉴定	达到规定检测工作经历及检测工作经验的道桥专业高级工程师1人；达到规定检测工作经历及检测工作经验的工程师2人；经考核持有效上岗证的检测人员不少于3人

（续表）

序号	专业	检测项目(参数)	主要设备	检测人员
18	其他	①施工升降机及作业平台 ②建筑机械检测 ③安全器具及设备检测	建筑机械检测设备、建筑电梯检测设备、脚手架扣件测定仪、安全帽检测设备、安全带及安全网检测设备等	机械专业大专及以上学历，达到规定检测工作经历及检测工作经验的工程师及以上技术人员1人；经考核持有效上岗证的检测人员不少于3人

注：1　本表列出的各专业检测项目(参数)是检测机构应具备的最基本的检测项目(参数)。

2　为保证检测项目(参数)的结果正确，规定了检测项目应配备的设备、技术人员。

3　拥有建筑材料，施工过程的有关检测项目及其他专项检测中的五项及以上检测项目(参数)的检测机构，多项目综合检测机构的人员、设备配备可适当调整。

附录B　检测机构技术能力、基本岗位及职责

B.0.1　技术负责人。应具有相应专业的中级、高级技术职称，连续从事工程检测工作的年限符合相关规定，全面负责检测机构的技术工作，其岗位职责如下：

1　确定技术管理层的人员及其职责，确定各检测项目的负责人；

2　主持制定并签发检测人员培训计划，并监督培训计划的实施；

3　主持对检测质量有影响的产品供应方的评价，并签发合格供应方名单；

4　主持收集使用标准的最新有效版本，组织检测方法的确认及检测资源的配置；

5　主持检测结果不确定度的评定；

6　主持检测信息及检测档案管理工作；

7　按照技术管理层的分工批准或授权有相应资格的人批准和审核相应的检测报告；

8　主持合同评审，对检测合作单位进行能力确认；

9　检查和监督安全作业和环境保护工作；

10　批准作业指导书、检测方案等技术文件；

11　批准检测设备的分类，批准检测设备的周期校准或周期检测计划并监督执行；

12　批准实验比对计划和参加本地区组织的能力验证，并对其结果的有效性组织评价。

B.0.2　质量负责人。应具有相应专业的中级或高级技术职称，连续从事工程检测工作的年限符合相关规定，负责检测机构的质量体系管理，其岗位职责如下：

1　主持管理(质量)手册和程序文件的编写、修订，并组织实施；

2　对管理体系的运行进行全面监督，主持制定预防措施、纠正措施，对纠正措施执行情况组织跟踪验证，持续改进管理体系；

3　主持对检测的申诉和投诉的处理，代表检测机构参与检测争议的处理；

4　编制内部质量体系审核计划，主持内部审核工作的实施，签发内部审核报告；

5　编制管理评审计划，协助最高管理者做好管理评审工作，组织起草管理评审报告；

6　负责检测人员培训计划的落实工作；

7　主持检测质量事故的调查和处理，组织编写并签发事故调查报告。

B.0.3　检测项目负责人。应具有相应专业的中级技术职称，从事工程检测工作的年限符合相关规定，负责本检测项目的日常技术、质量管理工作，其岗位职责如下：

1　编制本项目作业指导书、检测方案等技术文件；

2　负责本项目检测工作的具体实施，组织、指导、检查和监督本项目检测人员的工作；

3　负责做好本项目环境设施、检测设备的维护、保养工作；

4　负责本项目检测设备的校准或检测工作，负责确定本项目检测设备的计量特性、分类、校准或检测周期，并对校准结果进行适用性判定；

5　组织编写本项目的检测报告，并对检测报告进行审核；

6　负责本项目检测资料的收集、汇总及整理。

B.0.4　设备管理员。应具有检测设备管理的基本知识和工程检测工作的基本知识，从事工程检测工作的年限符合相关规定，负责检测设备的日常管理工作，其职责如下：

1　协助检测项目负责人确定检测设备计量特性、规格型号，参与检测设备的采购安装；

2　协助检测项目负责人对检测设备进行分类；

3　建立和维护检测设备管理台账和档案；

4　对检测设备进行标识，对标识进行维护更新；

5　协助检测项目负责人确定检测设备的校准或检测周期，编制检测设备的周期校准或检测计划；

6　提出校准或检测单位，执行周期校准或检测计划；

7　对设备的状况进行定期、不定期的检查，督促检测人员按操作规程操作，并做好维护保养工作；

8　指导、检查法定计量单位的使用。

B.0.5　检测信息管理员。具有一级及以上计算机证书，负责本机构信息化工作、局域网及信息上传工作，其职责如下：

1　建立和维护计算机本系统、局域网，作好网络设备、计算机系统软、硬件的维护管理；

2　负责本系统、局域网与本地区信息管理系统控制中心连接的管理工作，确保网络正常连接，准确、及时地上传检测信息；

3　作好检测数据的积累整理；

4　作好检测信息统计及上报工作。

B.0.6　档案管理员。应具有相应的文秘基本知识，负责档案管理的具体工作，其职责如下：

1　指导、督促有关部门或人员作好检测资料的填写、收集、整理、保管，保质保量按期移交档案资料；

2　负责档案资料的收集、整理、立卷、编目、归档、借阅等工作；

3　负责有效文件的发放和登记，并及时回收失效文件；

4　负责档案的保管工作，维护档案的完整与安全；

5　负责电子文件档案的内容应与纸质文件一致，一起归档；

6　参与对已超过保管期限档案的鉴定，提出档案存毁建议，编制销毁清单。

B.0.7　检测操作人员岗位。应经过相应各种检测项目的技术培训，经考核合格，取得岗位证书，其职责如下：

1　掌握所用仪器设备性能、维护知识和正确保管使用；

2　掌握所在检测项目的检测规程和操作程序；

3　按规定的检测方法进行检测，坚持检测程序；

4　作好检测原始记录；

5　对检测结果在检测报告上签字确认；

6　负责所用仪器、设备的日常保管及维护清洁工作；

7　负责所用仪器、设备使用登记台账；

8　负责检测项目工作区的环境卫生工作等。

附录C　常用检测设备管理分类

C.0.1　A类检测设备主要设备宜符合表C.0.1的规定：

表C.0.1　A类检测设备主要设备表

设备名称 / 分类	主要检测设备名称
A类	*压力试验机、*拉力试验机、*抗折试验机、*万能材料试验机、*非金属超声波检测仪、台称、案称、混凝土含气量测定仪、混凝土凝结时间测定仪、砝码、游标卡尺、恒温恒湿箱(室)、干湿温度计、冷冻箱、试验筛(金属丝)、*全站仪、*测距仪、*经纬仪、*水准仪、天平、热变形仪、*测厚仪、千分表、百分表、*分光光度计、*原子吸收分光光度计、*气相色谱仪、酸度计(室内环境检测用)、低本底多道γ能谱仪、氡气测定仪、*各类冲击试验机、兆欧表、*塑料管材耐压测试仪、*声级校准器、火焰光度计、*耐压测试仪、声级计、光谱分析仪、引伸仪、力传感器、工作测力环、碳硫分析仪、*螺栓轴向力测试仪、扭矩校准仪、*X射线探伤仪、射线黑白密度计、基桩动测仪、基桩静载仪、*回弹仪、预应力张拉设备、钢筋保护层厚度测定仪、拉拔仪、贯入式砂浆强度检测仪、沥青针入度仪、沥青延度仪、沥青混合料马歇尔试验仪、粘结强度检测仪、贝克曼梁路面弯沉仪、平整度仪、摆式摩擦系数测定仪、沥青软化点测试仪、弹性模量测试仪、保护热平板导热仪、*单平板高温导热仪、*双平板导热仪、抗拉拔/抗剪试验装置、轴力试验装置、各类硬度计、测斜仪、频率计、应变计。

注：带“*”的设备为应编制使用操作规程和做好使用记录的设备。

C.0.2　B类检测设备主要设备宜符合表C.0.2的规定：

表 C.0.2　B 类检测设备主要设备表

设备名称 / 分类	主要检测设备名称
B 类	抗渗仪、振实台、雷氏夹、液塑限测定仪、环境测试舱、磁粉探伤仪、透气法比表面积仪、砝码、游标卡尺、高精密玻璃水银温度计、电导率仪、自动电位滴定仪、酸度计(非环境检测用)、旋转式黏度计、氧指数测定仪、白度仪、水平仪、角度仪、数显光泽度仪、巡回数字温度记录仪(包括传感器)、表面张力仪、漆膜附着力测定仪、漆膜冲击试验器、电位差计、数字式木材测湿仪、初期干燥抗裂性试验仪、刮板细度计、*幕墙空气流量测试系统、*门窗空气流量测试系统、拉力计、物镜测微尺、*砂石碱活性快速测定仪、扭转试验机、比重计、测量显微镜、土壤密度计、钢直尺、泥浆比重计、分层沉降仪、水位计、盐雾试验箱、耐磨试验机、紫外老化箱、维勃稠度仪、低温试验箱。 水泥净浆标准稠度与凝结时间测定仪、水泥净浆搅拌机、水泥胶砂搅拌机、水泥流动度仪、砂浆稠度仪、混凝土标准振动台、水泥抗压夹具、胶砂试体成型、击实仪、干燥箱、试模、连续式钢筋标点机。 水泥细度负压筛析仪、压力泌水仪、贯入阻力仪、(穿孔板)试验筛、高温炉测温系统

注:带“*”的设备为应编制使用操作规程和做好使用记录的设备。

C.0.3　C 类检测设备主要设备宜符合表 C.0.3 的规定:

表 C.0.3　C 类检测设备主要设备表

设备名称 / 分类	主要检测设备名称
C 类	钢卷尺、寒暑表、低准确度玻璃量器、普通水银温度计、水平尺、环刀、金属容量筒、雷氏夹膨胀值测定仪、沸煮箱、针片状规准仪、跌落试验架、憎水测定仪、折弯试验机、振筛机、砂浆搅拌机、混凝土搅拌机、压碎指标值测定仪、砂浆分层度仪、坍落度筒、弯芯、反复弯曲试验机、路面渗水试验仪、路面构造深度试验仪

附录 D　检测合同的主要内容

D.0.1　检测合同可包括检测合同、检测委托单、检测协议书等委托文件。

D.0.2　检测合同应明确如下主要内容:

1　合同委托双方单位名称、地址、联系人及联系方式。

2　工程概况。

3　检测项目及检测结论。接受委托的工程检测项目应逐项填写,提出实验室检测、现场工程实体检测项目及要求,并附委托检测项目标准名称及收费一览表。

4　检测标准,并附标准名称表。

5　检测费用的核算与支付:

1)确定各检测项目单价清单，并附表；

2)明确结算付款方式；

3)规定检测项目费用有异议时的解决方式。

6　检测报告的交付：

1)乙方交付检测报告时间的约定，各项目应附表，检测报告份数；

2)双方约定检测报告交付方式。

7　检测样品的取样、制样、包装、运输：

1)双方约定检测试件的交付方式，双方的工作内容及责任。乙方按有关规定对检测后的试件进行留样及特殊要求。有特殊要求的应在合同中说明；

2)检测样品运输费用的承担。

8　甲方的权利义务。

9　乙方的权利义务。

10　对检测结论异议的处理。甲方对检测结论有异议的，可由双方共同认可的检测机构复检。复检结论与原检测结论相同，由甲方支付复检费用；反之，则由乙方承担复检费用。若对复检结论仍有异议的，可向建设主管部门申请专家论证解决。

11　违约责任。

12　其他约定事项。

13　争议的解决方式。

14　合同生效、双方签约及双方基本信息。

15　其他事项。

附录 E　检测原始记录、检测报告的主要内容

E.0.1　试验室检测原始记录应包括下列内容：

1　试样名称、试样编号、委托合同编号；

2　检测日期、检测开始及结束的时间；

3　使用的主要检测设备名称和编号；

4　试样状态描述；

5　检测的依据；

6　检测环境记录数据(如有要求)；

7　检测数据或观察结果；

8　计算公式、图表、计算结果(如有要求)；

9　检测方法要求记录的其他内容；

10　检测人、复核人签名。

E.0.2　现场工程实体检测原始记录应包括下列内容：

1　委托单位名称、工程名称、工程地点；

2　检测工程概况，检测鉴定种类及检测要求；

3　委托合同编号；

4 检测地点、检测部位；
5 检测日期、检测开始及结束的时间；
6 使用的主要检测设备名称和编号；
7 检测的依据；
8 检测对象的状态描述；
9 检测环境数据(如有要求)；
10 检测数据或观察结果；
11 计算公式、图表、计算结果(如有要求)；
12 检测中异常情况的描述记录；
13 检测、复核人员签名，有见证要求的见证人员签名。

E.0.3 试验室检测报告应包括下列内容：

1 检测报告名称；
2 委托单位名称、工程名称、工程地点；
3 报告的编号和每页及总页数的标识；
4 试样接收日期、检测日期及报告日期；
5 试样名称、生产单位、规格型号、代表批量；
6 试样的说明和标识等；
7 试样的特性和状态描述；
8 检测依据及执行标准；
9 检测数据及结论；
10 必要的检测说明和声明等；
11 检测、审核、批准人(授权签字人)不少于三级人员的签名；
12 取样单位的名称和取样人员的姓名、证书编号；
13 对见证试验，见证单位和见证人员的姓名、证书编号；
14 检测机构的名称、地址及通信信息。

E.0.4 现场工程实体检测报告应包括下列内容：

1 委托单位名称；
2 委托单位委托检测的主要目的及要求；
3 工程概况，包括工程名称、结构类型、规模、施工日期、竣工日期及现状等；
4 工程的设计单位、施工单位及监理单位名称；
5 被检工程以往检测情况概述；
6 检测项目、检测方法及依据的标准；
7 抽样方案及数量(附测点图)；
8 检测日期，报告完成日期；
9 检测项目的主要分类检测数据和汇总结果；检测结果、检测结论；
10 主要检测人、审核和批准人的签名；
11 对见证检测项目，应有见证单位、见证人员姓名、证书编号；
12 检测机构的名称、地址和通信信息；
13 报告的编号和每页及总页数的标识。

本规范用词说明

1　为便于在执行本规范条文区别对待，对要求严格程度不同的用词说明如下：

1)表示很严格，非这样做不可的用词：

正面词采用“必须”，反面词采用“严禁”；

2)表示严格，在正常情况下均应这样做的用词：

正面词采用“应”，反面词采用“不应”或“不得”；

3)表示允许稍有选择，在条件许可时首先这样做的词：

正面词采用“宜”，反面词采用“不宜”；

4)表示有选择，在一定条件下可以这样做的，采用“可”。

2　本规范中指明应按其他有关标准、规范执行的，写法为“应符合……的规定”或“应按……执行”。

房屋建筑和市政基础设施工程质量检测技术管理规范
GB 50618—2011
条文说明

制定说明

《房屋建筑和市政基础设施工程质量检测技术管理规范》GB 50618—2011 经住房和城乡建设部 2010 年 4 月 2 日以第 973 号公告批准、发布。

本规范制定过程中，编制组对国内建筑工程和市政基础设施工程建设过程工程质量控制检测及其使用过程管理检测的情况进行了广泛的调查研究，总结了多年来的实践经验，为保证工程检测的客观性和科学性，将工程全过程质量检测的技术管理提出了要求。

为便于广大建设、监理、设计、施工、房屋业主和市政基础设计管理部门有关人员在使用本规范时，能正确理解和执行条文规定。《房屋建筑和市政基础设施工程质量检测技术管理规范》编制组按章、节、条顺序编制了本规范的条文说明，对条文规定的目的、依据以及执行中需注意的有关事项进行了说明。但是，本条文说明不具备与标准正文同等的效力，仅供使用者作为理解和把握规范规定的参考。

1　总　则

1.0.1　本条是本规范编制的依据、宗旨、目的。本规范依据国家《建设工程质量管理条例》及有关国家现行的工程建设管理法规编制，编制目的是为了保证房屋建筑工程和市政基础设施工程的质量，突出检测工作的重要性，工程检测活动是工程建设过程质量控制、竣工验收和建成后房屋建筑工程、市政基础设施的使用过程管理的主要手段。

1.0.2　本规范适用于建设工程施工过程及使用过程的有关建筑材料、工程实体质量(功能质量、结构性能、结构构件)等检测。本规范是规范工程检测工作及检测成果、数据的依据,也可作为考核检测机构及其技术管理工作的依据。

1.0.3　工程检测技术管理除执行本规范外,还应遵守国家现行有关标准的规定。

2　术语

本章列出9个常用术语,以简化和规范本规范条文,使用更方便、精练、表达意思更一致。这些术语是针对本规范定义的,其他地方使用仅供参考。

3　基本规定

3.0.1　本条对检测工作提出基本原则要求,应正确执行国家现行有关检测的技术标准。主要有工程质量验收规范、建筑材料标准、试验方法标准,以及工程结构检测鉴定、危险房屋检测鉴定等标准。

3.0.2　本条规定了检测机构应具备的资质。因为检测数据直接关系工程质量、安全。强调检测机构的资质应是建设主管部门考核认定发给相应的资质证书。

3.0.3　本条为强制性条文。因检测的数据和结论是判定工程质量的重要依据,为保证工程安全和人民生命安全,规定了检测机构应在其认定的技术能力和资质规定的工作范围内开展检测工作,是保证检测质量的重要措施。

3.0.4　本条为强制性条文。规定了检测机构对出具的检测报告负责,明确了检测机构的法律责任。强调了检测报告的重要性,必须达到真实、准确、科学、规范。

3.0.5　本条规定了检测机构应认真执行见证取样、送检和现场工程实体见证检测的规定,实行见证取样送检的试件,无见证人员或无见证封样措施的不得接受检测;对要求现场实体检测的见证检测项目,无见证人员到场不得进行检测。

3.0.6　本条规定检测机构应建立技术管理体系,在检测过程中,当检测工作出现不符合规范的问题时,能自行发现改正,这是一个单位管理制度完善的体现,也是及时纠正不足和持续改进完善技术管理的体现。

3.0.7　本条规定检测机构的检测技术能力应有一个基本的技术要求,开展检测项目应具备的基本仪器设备和人员配备等基本技术要素,即附录A中列出的项目,这样才能有利检测的技术管理。

3.0.8　本条要求检测机构应采用计算机、网络技术等手段,建立工程检测管理信息系统,实施检测数据自动采集、整理、分析、传输及信息共享等,提高检测工作科学性、规范性及工作效率。

3.0.9　本条要求检测机构建立检测档案管理制度及日常检测资料管理制度,包括检测原始资料台账,特别是检测不合格项目的处理记录等,以便不断改进检测管理水平。

3.0.10　本条是强制性条文，要求检测单位作好已检试件的留置和保管，这样做是便于做到检测数据有可追溯性，当检测报告发现问题时，便于检查和验证。经过多方征求意见，留置时间不宜过长，不然场地占用太多，太短又起不到追溯的作用，权衡之后定为72h。

3.0.11　本条规定了工程检测的委托，明确提出应委托有相应资质的检测单位。通常施工期间由建设单位或施工单位来委托；使用期间由既有房屋业主、市政基础设施管理单位来委托。由于检测报告、检测的数据、结论是工程质量责任主体范围，由其委托更有可靠性。

另外，见证检测、鉴定检测等宜委托主管部门指定或授权的检测机构。

3.0.12　本条规定了施工单位要按工程项目施工进度编制检测计划，配备相应的人员作好检测取样、试件制备、试件现场养护及现场检测的抽取检测部位及检测点的工作，而且应满足施工质量验收规范、有关规范和检测标准的规定。

3.0.13　本条为强制性条文。工程检测是确保工程质量和安全重要的环节，而检测试样的真实性又是检测的关键前提，任何弄虚作假的行为都会给工程质量和人民群众生命财产的安全留下巨大隐患，是不能容忍的。提供试样的相关机构和人员应为试样的真实性、规范性承担法律责任，包括送样及取样。

4　检测机构能力

4.1　检测人员

4.1.1　本条是强制性条文。强调检测人员是检测工作的基本技术能力要素之一，没有符合要求的技术人员，就做不好相应的检测工作。所以要求检测机构按照所开展的检测项目配备相应数量、符合技术能力要求的检测人员。

4.1.2　本条规定了每个检测项目中检测人员具体配备的要求，其配备在本规范附录A中作了规定，可以参照执行；并提出检测机构应设置的技术岗位，可以参照本规范附录B执行，这是检测技术管理的一个重点。

4.1.3　本条对检测机构的技术负责人、质量负责人、检测报告批准人提出了要求。要具有工程技术专业类工程师及以上技术职称，包括一级注册结构工程师，有规定的检测工作经历及检测工作经验。检测报告批准人由检测机构最高管理者授权。同时，对检测报告审核人也作出了规定，应由检测机构技术负责人授权，掌握相关领域知识，有规定的检测工作经历及检测工作经验。这是因为他们是检测机构的技术力量、核心力量，技术把关人员，不然检测工作就很难做好。

4.1.4　本条规定检测机构持证检测操作人员的人数，室内检测项目每个项目持证操作人员不少于2人；现场检测项目每个项目持证操作人员不少于3人。同时，在附录A的说明中注明在综合检测机构检测项目多时，每个检测操作人员可以适当兼职，但兼职不宜过多。

4.1.5　本条规定了检测操作人员应经技术培训，通过省级住房和城乡建设主管部门或委托有关机构考核合格才能从事检测工作，给人员配备设置了门槛。本条是保证检测操作质量的重要措施。

4.1.6　本条要求检测机构的检测人员每年应进行脱产继续教育学习，以保证检测技术知识及时更新，每个检测人员每年学习时间应按当地及行业要求执行。有些地方及部门规定专业技术岗位的每年的继续教育时间不少于72学时，可参考。

4.1.7 本条规定了检测人员的岗位证书应定期进行确认，一般每3年审核一次，以保证检测工作跟上科技进步。

4.2 检测设备

4.2.1 本条是强制性条文。强调检测设备是检测工作的基本技术能力要素之一，没有符合要求的检测设备，就做不好检测工作。所以，规定检测机构应根据所开展检测项目范围，配备相应的、符合规范要求性能的、必要数量的、相应规格、品种及精度的检测设备，来满足检测工作的开展。同时，检测设备要经常保持其在有效期内及良好状态，检测的数据才有科学性、规范性和可比性，才能正确反映工程的质量状况。检测机构应有所开展检测项目需要的全部检测设备，并保持其精确度及有效性，才能发挥其应有作用。每项检测项目的检测设备配置本规范附录A作出了规定，可参照执行。这也是检测技术管理的一个重点方面。

4.2.2 本条为加强检测设备的配备及管理，检测设备配备应符合本规范附录A的规定；其管理宜分为A、B、C三类来分别管理，三类设备仪器的划分可根据检测机构的具体情况，参照本规范附录C的要求。这样分别管理可突出重点，提高效率。重要的严格管理，比较重要的一般管理，一般的能保证使用精度就可由技术负责人批准的办法管理就行了。

4.2.3 本条列出了A类检测设备的主要设备及条件。

4.2.4 本条列出了B类检测设备的主要设备及条件。

4.2.5 本条列出了C类检测设备的主要设备及条件。

4.2.6 本条规定A类、B类为重点管理的检测设备。按规定开展检测使用前应进行首次校准或检测。放置在规定的环境内，保持其精度。维修后使用，或搁置时间较长时间后使用，应重新进行校准或检测。

目前国家对检测设备有检定、校准、检测或测试的要求。检定主要是对精密计量器具。工程检测机构的检测设备绝大多数是校准、检测或测试级别的，所以没列出检定档次的，如有的检测机构有精密计量器具应按规定进行检定。

4.2.7 本条规定检测设备的校准或检测应到有资格的单位进行。

4.2.8 本条规定A类检测设备除首次校准或检测外，还应定期校准或检测，其校准或检测周期应按有关标准规定、检测设备出厂技术说明或校准单位建议周期来校准或检测。其检测设备范围见本规范附录C第C.0.1条的规定。

4.2.9 本条规定B类检测设备校准或检测周期，根据其设备的性能特点，结合实际使用情况，在能保证其检测量值准确可靠的原则下，来确定B类设备的校准或检测周期。其检测设备范围见本规范附录C第C.0.2条的规定。

4.2.10 本条规定A类、B类检测设备应有周期校准或检测计划，并按计划进行管理。

4.2.11 C类检测设备主要是一些常用的精度要求不高的检测设备，设备的校准或检测周期，通常是在设备首次使用前校准或检测一次，直到报废或可由技术负责人根据本单位及工程的实际情况来确定。

4.2.12 本条规定检测设备的校准或检测结果由检测项目负责人负责管理，确认校准或检测结果后才能投入使用；并进行动态管理。要求在每个项目检测前应核对设备的状态，符合检测项目要求才能正式开展检测工作，以便达到预期的检测效果。

4.2.13 本条对检测机构自制的、改装的检测设备提出要求，首先应经过检测验收符合研制目标，然后应委托校准单位对设备进行校准，精度达到要求才能投入检测工作。

4.2.14 本条规定放置在检测场所的所有检测设备都应有统一的编号管理。在用的检测设备还必须标出设备校准或检测的有效期，符合精度要求的状态标识，才能使用，这是设备管理基本内容之一。

4.2.15 本条要求检测机构应建立检测设备的校准或检测周期台账。建立设备台账，记录和保存检测设备的信息，包括设备进场登记、各次校准或检测记录，保养、维护记录，使用记录等。

4.2.16 本条要求检测机构对大型的、复杂的、精密的检测设备，主要是在本规范附录C中用*号标出的设备，应逐项根据其技术条件和工作环境等编制操作规程，并按规程操作。

4.2.17 本条规定每次检测时使用的主要检测设备，主要是在本规范附录C中用*号标出的设备，使用时应有使用记录，并记入检测设备档案。使用记录主要对使用频次、时间及检测结果等情况进行记录，以了解该设备的使用情况。对现场工程实体检测使用的主要设备还应记录领用、归还情况。使用记录主要应包括下列内容：

1 设备的名称、管理编号；

2 试样名称、编号、数量；每组试验开始和结束时间；

3 操作过程中设备的异常情况及处理措施；

4 现场工程实体检测设备应有领用日期、归还日期、领用人、检测项目及归还设备的检查情况等；

5 使用人签名。

4.2.18 本条规定了检测设备的日常维护、保养是设备保持良好技术状态的保证。检测机构应制订检测设备的维护保养制度，并按规定进行维护保养，并作好相应记录。

4.2.19 本条规定为保证检测数据的正确，当出现有可能影响检测数据正确的情况时，检测设备应及时进行校准或检测，并列出应及时进行校准或检测的四种情况。

4.2.20 本条规定当检测设备出现不正常情况时，为保证检测数据的正确，应停止使用，并列出了常见的四种不得继续使用的情况。

4.3 检测场所

4.3.1 本条规定检测场所也是保证检测工作正常开展的必要的基本技术能力之一，包括房屋、场地条件等；而且房屋、工作场地还要满足检测设备合理布局及检测流程的要求，才能保证检测数据的正确。

4.3.2 本条规定了检测场所的环境条件要求，要求保证满足检测工作正常开展和工作人员正常工作的条件，以免对检测结果造成影响；并在检测过程记录环境条件，以证明对检测结果的正确、规范。

4.3.3 本条列出了检测场所的环境条件，除客观条件还包括检测场所本身的环境条件，如检测使用的化学试剂等；检测场所在检测过程中产生的有害废弃物；各项目的互相影响、工作安全以及振动、温度、湿度、噪声、洁净度等环境因素。所有这些都应采取有效的防治措施，以证明检测环境符合有关规定，并有防止上述因素造成影响的应急处置措施。

4.3.4 本条规定为保证检测工作区域的环境，应设置标识。无关人员及物品不得进入检测区。

4.3.5 本条规定了检测区应建立安全工作制度，保证人员、设备及被检试件的安全；并应有安全预案，一旦出了情况，可以有准备的应对。

4.3.6 本条规定了消防的要求。检测场所应配备必要的消防器材，合理放置，以备使用，并应有专人管理。

4.4 检测管理

4.4.1 本条规定了检测机构具备了相应专业检测机构的检测技术能力的硬件条件，还应执行国家有关管理制度和技术标准，建立检测技术管理体系，并能有效运行，才能保证技术能力发挥作用。做到方法正确、操作规范、记录真实、数据结论准确，保证提供正确的检测结果。

4.4.2 本条规定检测机构要有自身的监督检查审核制度，保证制度的执行落实，凭自身能力能发现问题并及时纠正，不断改进完善管理制度和保证能力。

4.4.3 本条规定检测机构建立建设工程检测管理信息系统，是保证检测工作的科学管理的重要手段。检测机构建立有效的、完善的管理制度是保证检测工作有效正确开展的基本条件。包括检测全部过程中产生的信息采集、传递、储存、加工、维护等，以及人员、设备的管理制度、工作制度、岗位责任制度，工作程序、检测数据的管理，信息档案的管理等。这些工作使用管理信息系统管理就能提高管理水平和工作效率。

4.4.4 本条规定检测机构要充分利用检测管理信息系统的科学管理手段，有条件的检测机构要使系统覆盖到检测业务的全部流程及各检测项目上，在网络环境下运行。用管理程序来保证检测工作质量及检测数据的质量，提高检测工作的科学化管理。

4.4.5 本条规定管理信息系统应采用数据库管理系统，以保证系统管理的规范化，保证数据的传输安全、可靠，设置必要的数据接口，使系统与检测设备、设备与有关信息网络系统的互联互通。

4.4.6 本条规定信息系统软件的要求，应用软件要符合软件工程的基本要求，要通过相关部门的评审鉴定，满足功能要求，并定期进行论证。建设工程检测管理信息系统要尽可能包括检测管理的全部内容，如：合同管理、收样管理、试验管理、试验报告管理、检测数据分析管理及收费、人员、档案管理，以及系统维护管理等内容。

4.4.7 本条规定检测机构要有专人负责信息化管理工作，使管理信息系统随时符合有关技术规范要求。当技术规范更新时，系统应及时更新应用软件。管理信息系统要达到三级安全保护能力要求，并保证正常有效运行，作好运行记录。

4.4.8 本条规定检测机构宜按规定定期报告主要技术工作。

4.4.9 本条规定检测机构为提高检测的规范性和科学性，应定期进行比对试验，并应积极参与当地组织的能力验证活动。

4.4.10 本条是强制性条文。规定检测机构出具的检测报告要科学、规范、真实，严禁出具虚假报告，这是保证检测报告有效的重要措施；并列出了虚假报告的主要情形。

5　检测程序

5.1　检测委托

5.1.1　本条规定检测委托的情况。施工过程的检测应以工程项目施工进度的情况来委托；工程实体检测应根据实际情况来委托；并委托有相应资质的检测机构，目的是保证检测数据和结果的客观、真实、规范等。

5.1.2　本条规定委托应签订书面检测合同。检测合同中要明确检测项目等要求，并注明见证检测项目。检测合同主要内容宜参照本规范附录D的规定。

5.1.3　本条规定检测项目的检测方法应遵守有关的检测方法标准。这些在材料、设备产品标准中和工程质量验收规范、设计文件中及专门的工程检测方法标准中都作了规定。检测机构应根据规定的方法进行检测。当检测项目无标准的检测方法或需要采用非标准检测方法时，委托合同中要给予说明。检测机构应事先编制检测作业指导书或非标准方法检测方案，并征得委托方的同意。

5.1.4　本条规定检测机构对现场工程实体检测的检测均要事前编制检测方案，经技术负责人批准。对鉴定检测、危房检测及重大、重要检测项目，以及为有争议事项提供检测数据的检测方案，还应取得委托方的同意。

5.2　取样送检

5.2.1　本条规定了建筑材料的检测取样，要建立取样人、见证人和供应商代表三方共同取样制度，这是为了保证取样的规范和真实，以防弄虚作假。取样要按有关标准规定选取。供应商参加见证的情况：一是采购合同中及有关标准中规定了的，供应商应参加。二是供应商要求参加的。否则供应商可以不参加，在采购合同中就要明确。取样人员按规定取样，做好试件标识，并记录有关情况，见证人、取样人及供应单位确认人签字，以示负责。

5.2.2　本条对取样作了规定。检测取样是正确检测的关键，先决条件，取样一定要正确规范，符合产品标准、施工质量验收规范以及相关标准规定的方法或设计要求的方法。建筑材料、制品本身带有标识的，应在有标识的部分取样，目的是为保证取样有代表性。如这些标准、规定都不适合取样时，可按照现行国家标准《随机数的产生及其在产品质量抽样检验中的应用程序》GB/T 10111 的规定随机取样。

5.2.3　本条规定了取样试件的标识，要有唯一性。制备的试件除符合取样制备规定外，还应将试件的制作日期、代表工程部位、组的编号，以及设计要求等信息标在试件上，不得产生异议，并保证在养护、试验的流转过程中，不得脱落、变得模糊不清等。

5.2.4　本条规定施工过程中，建筑材料、工程实体等的抽样方法、检测程序等要依据有关建筑材料的产品标准，施工现场工程实体的检测要依据工程质量验收规范以及相应检测标准的规定。

5.2.5　本条规定了既有房屋、市政基础设施实体检测的抽样方法、检测程序及要求要按有关国家现行的规范、标准进行。包括桩基、现场工程实体检测、鉴定检测等。

建筑基桩承载力和桩身完整性检测的技术要求。基桩检测虽是施工过程工程实体检测，但其有很大的独立性，施工多数由专业队伍进行，故单独列出。其方法、程序、抽样方法及数量、评价方法等应符合建筑基桩检测的有关标准。检测结果应给出基桩检测报告，给出单桩承载力能否满足设计要求、桩身完整性类别。

现场工程实体检测的技术要求。主要包括结构可靠性鉴定检测、危险房屋鉴定检测以及为有质量争议提供判定依据的检测等。包括既有房屋、市政基础设施在设计寿命使用期内，以及超过设计寿命使用期的检测。使用过程中的检测，以保证既有房屋、市政基础设施使用过程安全管理，这是工程质量管理重要阶段。

现场工程实体检测，在《民用建筑可靠性鉴定标准》GB 50292、《建筑结构检测技术标准》GB/T 50344 中，对检查、鉴定已作了规定。这些检查、鉴定的检测是工程检测必不可少的部分，而且越来越重要。这些包括安全鉴定(包括危险房屋鉴定及其他应急鉴定)、使用功能鉴定及日常维护检查、改变用途、改变使用条件和改造前的专门鉴定等；也可分为可靠性鉴定、安全性鉴定和正常使用鉴定。工程检测都是为其安全、合理使用提供可靠的技术管理。

现场工程实体检测进行鉴定取样选点时，通常应优先考虑下列部位为检测重点：

1 出现渗漏水部位的构件；

2 受到较大反复荷载或重力荷载作用的构件；

3 暴露在环境外的构件；

4 受到腐蚀的构件；

5 受到环境等污染的构件；

6 受到冻害的构件；

7 常年接触土壤、水的构件；

8 委托方提出的怀疑构件；

9 容易受到磨损、损伤的构件等。

危险房屋鉴定检测通常分三个层次进行，构件危险性鉴定、结构危险性鉴定和房屋、设施危险性鉴定。

5.2.6 本条规定现场工程实体检测的检测点选定后，应绘制检测点图，并经技术负责人批准。

5.2.7 本条规定了实行见证取样的检测项目，建设单位或监理单位应确定取样见证人员，每个工程项目应不少于 2 人，并事前通知检测机构。如果见证人员变动，应重新通知。

5.2.8 本条规定了对见证人员见证的要求，并列出了见证记录的主要内容。

5.2.9 本条规定了检测机构的收样员接受“送检”试件时，应对检测委托单位填写的内容进行详细检查外，还应对“取样试件”的状况详细检查，确认无误后，在检测委托单上签收。检测委托单应由送样单位填写好，检测机构接收试件检查情况应作出记录，并标明试件状态。

5.2.10 本条规定了试件接受时，要按年度建立收样台账、建立收样管理制度，并开具检测流转单。流转单上不得有委托方信息，以便保证检测的公正性。流转单可采用盲样、条形码技术等。

5.2.11 本条规定了检测机构自行取样时应做好试件抽取记录。取样记录主要内容：抽样方法、抽样人、环境条件、抽样位置，及样品的状态，包括正常规定条件下的偏离情况等。

如有情况应告知相关人员，并在检测报告中说明。

5.2.12　本条规定了检测机构接受试件后，应将试件存放在符合条件的地点，确保试件正确存放、养护。

5.2.13　本条规定了对现场取样、制样需养护的试件，提出施工单位要建立现场试验管理制度。根据需要配备相应的取样、制样人员，制样设备及养护设施等，包括混凝土试件、砂浆试件、保温材料试件以及制样设备、标准养护室(箱)等。

5.3　检测准备

5.3.1　本条规定了检测机构在检测工作开始前的工作要求，首先是要落实试件的管理，除了制样、收样要按相关规定进行外，还应落实检测的保密工作。对作为质量证明的检测试件，检测收样人员、制样人员不得同时进行检测工作，并不得将委托方及试件的情况透露给检测人员，以防试件的数据等出现不公正。

5.3.2　本条规定检测前检测人员应核对试件编号与检测流转单一致，以保证与委托单、原始记录、检测报告相联系。

5.3.3　本条规定检测前应对所用设备的状态进行全面了解，以保证检测工作的正确进行。设备状态应符合使用规定，处于归零状态；自动采集数据的检测项目对设备及传感系统的配合进行检查，确认无误，再开始检测。

5.3.4　本条规定检测前要检查试件的贮存的环境条件、外观等情况，符合要求再进行检测。

5.3.5　本条规定首次使用的检测设备，首次开展检测项目及检测依据、环境条件发生变化时的检测项目，要对检测人员的资格、检测设备、环境条件等进行确认。

5.3.6　本条规定各项检测设备应由经考核取得上岗证书的专人使用。检查使用设备人员的上岗证书，检测操作人员应熟识有关设备的使用技术手册、操作规程和维护技术手册等。

5.3.7　本条规定检测工作开展前要列出检测依据的相关规范标准条文，进行熟识；并于检测前将检测环境按相关规范的要求，调整到其要求的状态。

5.3.8　本条规定现场工程实体检测前要制订有关安全措施；危险房屋检测还要先进行勘察，必要时按规定进行加固处理，以保证检测安全。

5.3.9　本条规定检测前要再次熟悉异常情况处理预案，以保证出现异常情况时，及时有针对性的采取措施。

5.3.10　本条规定检测前应核对各项检测所选用的检测方法、标准，能满足检测的要求。并列出了两项主要原则。

5.3.11　本条规定检测委托方应为检测工作正常进行提供必要的条件。如提供试件、试件正确；检测时间合理、充裕；现场工程实体检测还得提供相应条件进行配合等。

5.4　检测操作

5.4.1　本条为强制性条文。规定了检测采用的方法标准要是经双方确认的和检测方案中明确的。因为检测方法标准是检测结果的重要保证。

5.4.2　本条规定室内检测、现场工程实体检测都应由 2 名及其以上持证操作人员进行。目的是保证检测工作操作规范和防止出现差错。

5.4.3　本条规定检测原始记录应在检测过程中及时记录，试验室检测原始记录主要内容可参照本规范附录E第E.0.1条的规定。现场工程实体检测原始记录主要内容可参照本规范附录E第E.0.2条的规定。

5.4.4　本条规定原始记录更正用杠改，在原数据、文字处画杠，画杠后原数据等应清晰可见，并在杠改处旁边写上改后的数字、文字。应由原记录人签名或加盖原记录人印章，这样做便于追查。

5.4.5　本条规定对自动采集数据因检测设备故障引起的更改，规定了更改程序。

5.4.6　本条规定了检测工作完成后的后续工作，包括检测报告自动生成的或手工生成的工作内容。有检测报告、检测数据的整理、检测设备的使用记录、检测环境记录，并作好检测设备清洁保养，检测环境的清洁工作。本条还规定了已检试件留置处理的补充要求。

5.4.7　本条规定了现场工程实体检测过程的见证工作要求，并列出了见证记录的主要内容。

5.4.8　本条规定了要做好工程现场检测安全工作，应遵守现场的安全制度，必要时应采取相应的安全措施。

5.4.9　本条规定工程实体检测场所检测后的环境保护工作。

5.5　检测报告

5.5.1　本条规定检测机构应公示检测项目的检测周期，检测完成后应及时出具检测报告。

5.5.2　本条规定出具的检测报告应统一格式。A4纸打印，检测报告纸张不宜小于70g，页边距宜为上、下为25mm、左30mm、右20mm，多页的应有封面和封底。室内检测报告的内容可参照本规范附录E第E.0.3条的规定。现场工程实体检测报告的内容可参照本规范附录E第E.0.4条的规定。

5.5.3　本条规定检测报告应按规定编号，按年度、工程项目连续编号，每年中不得空号、重号，不得有改动等。

5.5.4　本条规定了检测报告出报告的程序。要有检测人签字、检测审核人签字、检测报告批准人签字，加盖检测专用章、“CMA”等标识章。多页报告还应加盖骑缝章，表示检测报告的严肃性和规范性。

5.5.5　本条规定了检测报告的发放登记、份数、领取人签名的事项，表示检测报告工作的严密性。

5.5.6　本条规定了检测报告结论的具体要求。

5.5.7　本条规定了检测不合格项的处理要求。

5.6　检测数据的积累利用

5.6.1　本条规定了检测机构应将日常检测得到的数据分别进行积累整理。

5.6.2　本条规定了检测机构定期分析已得到的检测数据，以改进自身检测管理工作等。

5.6.3　本条规定检测数据是宝贵的资源，检测机构应按规定向相关部门提供检测数据，以便充分利用。

检测数据的积累利用主要有两个方面。一是利用现有的检测数据，分析研究一些质量发展趋势和标准规范的执行情况，及了解工程质量，建筑材料等质量趋势；二是在此基础上再有计划地增测一些数据，进行分析比较，来验证和建立本地区的一些工程技术参数。

目前，在已有检测数据基础上的分析项目有：

1　工程质量合格率、优良率升降的对比分析；

2　有关材料、产品质量情况的对比分析，合格率及其分布情况；

3　施工控制有效性的对比分析；

4　有关工程质量、控制措施、效果等对比分析；

5　一些试件检测值的平均值、离散性、均方差的统计分析；

6　一些技术标准、规范执行情况的对比分析；

7　其他变化趋势、性能变化原因分析等。

目前检测项目再适当做些补充检测数据，完成一些本地方的工程技术参数修订值的项目有：

1　混凝土强度配合比试配的均方差值的调整值；包括地区、施工单位、混凝土生产单位的混凝土强度配合比试配均方差值等；

2　混凝土结构同条件养护试块判定参数，600 度天及 1.1 系数的本地区调整值；

3　回弹法推定混凝土强度值参数本地区调整值；

4　其他。

6　检测档案

6.0.1　本条规定检测机构应建立检测资料档案管理制度，做好检测档案的收集、整理。这是研究改进检测工作的重要依据，也是保证检测结果追溯的重要措施。本条还对资料管理提出了具体要求。

6.0.2　本条规定检测机构应建立档案室，并提出档案室的环境要求。

6.0.3　本条规定检测档案管理的主要内容。

6.0.4　本条规定检测机构档案管理的主要负责人，是与检测技术管理工作一致的，并应有专人具体管理。

6.0.5　本条规定资料档案保管期限，工程资料保管期限，工程完工后，由建设单位交城建档案馆的检测资料应按城建档案的要求备送。检测机构自身的检测资料保管期限分别为 5 年和 20 年。并作了具体划分。

6.0.6　本条规定检测资料可为纸质文档和电子文档，提倡电子文档，保管期限一致。

6.0.7　本条规定达到保管期限文件的销毁规定，销毁文件要登记造册，技术负责人批准后销毁。销毁登记册保留期限不应少于 5 年。

住房和城乡建设部关于印发《建设工程质量检测机构资质标准》的通知

（建质规〔2023〕1 号）

各省、自治区住房和城乡建设厅，直辖市住房和城乡建设（管）委及有关部门，新疆生产建设兵团住房和城乡建设局：

现将《建设工程质量检测机构资质标准》印发给你们，请遵照执行。

住房和城乡建设部

2023 年 3 月 31 日

建设工程质量检测机构资质标准

为加强建设工程质量检测（以下简称质量检测）管理，根据《建设工程质量管理条例》、《建设工程质量检测管理办法》，制定建设工程质量检测机构（以下简称检测机构）资质标准。

一、总　则

（一）本标准包括检测机构资历及信誉、主要人员、检测设备及场所、管理水平等内容（见附件 1：主要人员配备表；附件 2：检测专项及检测能力表）。

（二）检测机构资质分为二个类别：

1. 综合资质

综合资质是指包括全部专项资质的检测机构资质。

2. 专项资质

专项资质包括：建筑材料及构配件、主体结构及装饰装修、钢结构、地基基础、建筑节能、建筑幕墙、市政工程材料、道路工程、桥梁及地下工程等 9 个检测机构专项资质。

（三）检测机构资质不分等级。

二、标　准

（四）综合资质

1. 资历及信誉

（1）有独立法人资格的企业、事业单位，或依法设立的合伙企业，且均具有 15 年以上质量检测经历。

(2)具有建筑材料及构配件(或市政工程材料)、主体结构及装饰装修、建筑节能、钢结构、地基基础 5 个专项资质和其它 2 个专项资质。

(3)具备 9 个专项资质全部必备检测参数。

(4)社会信誉良好,近 3 年未发生过一般及以上工程质量安全责任事故。

2. 主要人员

(1)技术负责人应具有工程类专业正高级技术职称,质量负责人应具有工程类专业高级及以上技术职称,且均具有 8 年以上质量检测工作经历。

(2)注册结构工程师不少于 4 名(其中,一级注册结构工程师不少于 2 名),注册土木工程师(岩土)不少于 2 名,且均具有 2 年以上质量检测工作经历。

(3)技术人员不少于 150 人,其中具有 3 年以上质量检测工作经历的工程类专业中级及以上技术职称人员不少于 60 人、工程类专业高级及以上技术职称人员不少于 30 人。

3. 检测设备及场所

(1)质量检测设备设施齐全,检测仪器设备功能、量程、精度,配套设备设施满足 9 个专项资质全部必备检测参数要求。

(2)有满足工作需要的固定工作场所及质量检测场所。

4. 管理水平

(1)有完善的组织机构和质量管理体系,并满足《检测和校准实验室能力的通用要求》GB/T 27025—2019 要求。

(2)有完善的信息化管理系统,检测业务受理、检测数据采集、检测信息上传、检测报告出具、检测档案管理等质量检测活动全过程可追溯。

(五)专项资质

1. 资历及信誉

(1)有独立法人资格的企业、事业单位,或依法设立的合伙企业。

(2)主体结构及装饰装修、钢结构、地基基础、建筑幕墙、道路工程、桥梁及地下工程等 6 项专项资质,应当具有 3 年以上质量检测经历。

(3)具备所申请专项资质的全部必备检测参数。

(4)社会信誉良好,近 3 年未发生过一般及以上工程质量安全责任事故。

2. 主要人员

(1)技术负责人应具有工程类专业高级及以上技术职称,质量负责人应具有工程类专业中级及以上技术职称,且均具有 5 年以上质量检测工作经历。

(2)主要人员数量不少于《主要人员配备表》规定要求。

3. 检测设备及场所

(1)质量检测设备设施基本齐全,检测设备仪器功能、量程、精度,配套设备设施满足所申请专项资质的全部必备检测参数要求。

(2)有满足工作需要的固定工作场所及质量检测场所。

4. 管理水平

(1)有完善的组织机构和质量管理体系,有健全的技术、档案等管理制度。

(2)有信息化管理系统,质量检测活动全过程可追溯。

三、业务范围

（六）综合资质

承担全部专项资质中已取得检测参数的检测业务。

（七）专项资质

承担所取得专项资质范围内已取得检测参数的检测业务。

四、附 则

（八）本标准规定的技术人员是指从事检测试验、检测数据处理、检测报告出具和检测活动技术管理的人员。

（九）本标准规定的人员应不超过法定退休年龄。

（十）本标准中的“以上”、“不少于”均含本数。

（十一）本标准自发布之日起施行。

（十二）本标准由住房和城乡建设部负责解释。

附件 1

主要人员配备表

序号	专项资质类别	主要人员	
		注册人员	技术人员
1	建筑材料及构配件	无	不少于 20 人，其中具有 3 年以上质量检测工作经历的工程类专业中级及以上技术职称人员不少于 4 人。
2	主体结构及装饰装修	不少于 1 名二级注册结构工程师，且具有 2 年以上质量检测工作经历。	不少于 15 人，其中具有 3 年以上质量检测工作经历的工程类专业中级及以上技术职称人员不少于 4 人、工程类专业高级及以上技术职称人员不少于 2 人。
3	钢结构	不少于 1 名二级注册结构工程师，且具有 2 年以上质量检测工作经历。	不少于 15 人，其中具有 3 年以上质量检测工作经历的工程类专业中级及以上技术职称人员不少于 4 人、工程类专业高级及以上技术职称人员不少于 2 人。
4	地基基础	不少于 1 名注册土木工程师（岩土），且具有 2 年以上质量检测工作经历。	不少于 15 人，其中具有 3 年以上质量检测工作经历的工程类专业中级及以上技术职称人员不少于 4 人、工程类专业高级及以上技术职称人员不少于 2 人。
5	建筑节能	无	不少于 20 人，其中具有 3 年以上质量检测工作经历的工程类专业中级及以上技术职称人员不少于 4 人。
6	建筑幕墙	无	不少于 15 人，其中具有 3 年以上质量检测工作经历的工程类专业中级及以上技术职称人员不少于 4 人、工程类专业高级及以上技术职称人员不少于 2 人。
7	市政工程材料	无	不少于 20 人，其中具有 3 年以上质量检测工作经历的工程类专业中级及以上技术职称人员不少于 4 人。
8	道路工程	无	不少于 15 人，其中具有 3 年以上质量检测工作经历的工程类专业中级及以上技术职称人员不少于 4 人、工程类专业高级及以上技术职称人员不少于 2 人。
9	桥梁及地下工程	不少于 1 名一级注册结构工程师、1 名注册土木工程师（岩土），且具有 2 年以上质量检测工作经历。	不少于 15 人，其中具有 3 年以上质量检测工作经历的工程类专业中级及以上技术职称人员不少于 4 人、工程类专业高级及以上技术职称人员不少于 2 人。

附件 2

检测专项及检测能力表

序号	检测专项	编号	检测项目	必备检测参数	可选检测参数
一	建筑材料及构配件	1	水泥	凝结时间、安定性、胶砂强度、氯离子含量	保水率、氧化镁含量、碱含量、三氧化硫含量
		2	钢筋(含焊接与机械连接)	屈服强度、抗拉强度、断后伸长率、最大力下总延伸率、反向弯曲、重量偏差、残余变形	弯曲性能
		3	骨料/集料	细骨料:颗粒级配、含泥量、泥块含量、亚甲蓝值与石粉含量(人工砂)、压碎指标(人工砂)、氯离子含量	表观密度、吸水率、坚固性、碱活性、硫化物和硫酸盐含量、轻物质含量、有机物含量、贝壳含量
				粗骨料:颗粒级配、含泥量、泥块含量、压碎值指标、针片状颗粒含量	坚固性、碱活性、表观密度、堆积密度、空隙率
				轻集料:/	筒压强度、堆积密度、吸水率、粒型系数、筛分析
		4	砖、砌块、瓦、墙板	抗压强度、抗折强度	干密度、吸水率、抗渗性能、抗弯曲性能(或承载力)、耐急冷急热性、抗冲击性能、抗弯破坏荷载、吊挂力、抗冻性能
		5	混凝土及拌合用水	抗压强度、抗渗等级、坍落度、氯离子含量、拌合用水(氯离子含量)	限制膨胀率、抗冻性能、表观密度、含气量、凝结时间、抗折强度、劈裂抗拉强度、静力受压弹性模量、抑制碱一骨料反应有效性、碱含量、配合比设计、拌合用水(pH 值、硫酸根离子含量、不溶物含量、可溶物含量)

（续表）

序号	检测专项	编号	检测项目	必备检测参数	可选检测参数
一	建筑材料及构配件	6	混凝土外加剂	减水率、pH值、密度（或细度）、抗压强度比、凝结时间（差）、含气量、固体含量（或含水率）、限制膨胀率、泌水率比、氯离子含量	相对耐久性指标、含气量1h经时变化量（坍落度、含气量）、硫酸钠含量、收缩率比、碱含量
		7	混凝土掺合料	细度、烧失量、需水量比、比表面积、活性指数、流动度比、氯离子含量	含水率、三氧化硫含量、放射性
		8	砂浆	抗压强度、稠度、保水率、拉伸粘结强度（抹灰、砌筑）	分层度、配合比设计、凝结时间、抗渗性能
		9	土	最大干密度、最优含水率、压实系数	/
		10	防水材料及防水密封材料	防水卷材：可溶物含量、拉力、延伸率（或最大力时延伸率）、低温柔度、热老化后低温柔度、不透水性、耐热度、断裂拉伸强度、断裂伸长率、撕裂强度	接缝剥离强度、搭接缝不透水性
				防水涂料：固体含量、拉伸强度、耐热性、低温柔性、不透水性、断裂伸长率	涂膜抗渗性、浸水168h后拉伸强度、浸水168h后断裂伸长率、耐水性、抗压强度、抗折强度、粘结强度、抗渗性
				防水密封材料及其他防水材料：/	耐热性、低温柔性、拉伸粘结性、施工度、表干时间、挤出性、弹性恢复率、浸水后定伸粘结性、流动性、单位面积质量、膨润土膨胀指数、渗透系数、滤失量、拉伸强度、撕裂强度、硬度、7d膨胀率、最终膨胀率、耐水性、体积膨胀倍率、压缩永久变形、低温弯折、剥离强度、浸水168h后的剥离强度保持率、拉力、延伸率、固体含量、7d粘结强度、7d抗渗性、拉伸模量、定伸粘结性、断裂伸长率、剪切性能、剥离性能

（续表）

序号	检测专项	编号	检测项目	必备检测参数	可选检测参数
一	建筑材料及构配件	11	瓷砖及石材	吸水率、弯曲强度	抗冻性(耐冻融性)、放射性
		12	塑料及金属管材 *	塑料管材:/	静液压强度、落锤冲击试验、外观质量、截面尺寸、纵向回缩率、交联度、熔融温度、简支梁冲击、炭黑分散度、炭黑含量、拉伸屈服应力、密度、爆破压力、管环剥离力、熔体质量流动速率、氧化诱导时间、维卡软化温度、热变形温度、拉伸断裂伸长率、拉伸弹性模量、拉伸强度、灰分、烘箱试验、坠落试验
				金属管材:/	屈服强度、抗拉强度、伸长率、厚度偏差、截面尺寸
		13	预制混凝土构件 *	/	承载力、挠度、裂缝宽度、抗裂检验、外观质量、构件尺寸、保护层厚度
		14	预应力钢绞线 *	/	整根钢绞线最大力、最大力总伸长率、抗拉强度、0.2%屈服力、弹性模量、松弛率
		15	预应力混凝土用锚具夹具及连接器 *	/	外观质量、尺寸、静载锚固性能、疲劳荷载性能、硬度
		16	预应力混凝土用波纹管 *	金属波纹管:/	外观质量、尺寸、局部横向荷载、弯曲后抗渗漏性能
				塑料波纹管:/	环刚度、局部横向载荷、纵向载荷、柔韧性、抗冲击性能、拉伸性能、拉拔力、密封性
		17	材料中的有害物质 *	/	放射性、游离甲醛、VOC、苯、甲苯、二甲苯、乙苯、游离甲苯二异氰酸酯(TDI)、氨
		18	建筑消能减震装置 *	位移相关型阻尼器:/	屈服承载力、弹性刚度、设计承载力、延性系数、滞回曲线面积、极限位移、极限承载力
				速度相关型阻尼器:/	最大阻尼力、阻尼力与速度相关规律、滞回曲线、极限位移

（续表）

序号	检测专项	编号	检测项目	必备检测参数	可选检测参数
一	建筑材料及构配件	19	建筑隔震装置＊	叠层橡胶隔震支座：/	竖向压缩刚度、竖向变形性能、竖向极限压应力、当水平位移为支座内部橡胶直径 0.55 倍状态时的极限压应力、竖向极限拉应力、竖向拉伸刚度、侧向不均匀变形、水平等效刚度、屈服后水平刚度、等效阻尼比、屈服力、水平极限变形能力
				建筑摩擦摆隔震支座：/	竖向压缩变形、竖向承载力、静摩擦系数、动摩擦系数、屈服后刚度、极限剪切变形
		20	铝塑复合板＊	/	剥离强度
		21	木材料及构配件＊	/	含水率、弹性模量、静曲强度、钉抗弯强度
		22	加固材料＊	/	抗拉强度、抗剪强度、正拉粘结强度、抗拉强度标准值（纤维复合材）、弹性模量（纤维复合材）、极限伸长率（纤维复合材）、不挥发物含量（结构胶粘剂）、耐湿热老化性能（结构胶粘剂）、单位面积质量（纤维织物）、纤维体积含量（预成型板）、K 数（碳纤维织物）
		23	焊接材料＊	/	抗拉强度、屈服强度、断后伸长率、化学成分
二	主体结构及装饰装修	1	混凝土结构构件强度、砌体结构构件强度	混凝土强度（回弹法/钻芯法/回弹—钻芯综合法/超声回弹综合法等）、砂浆强度（推出法/筒压法/砂浆片剪切法/回弹法/点荷法/贯入法等）、砖强度（回弹法）	砌体抗压强度（原位轴压法/扁顶法）、砌体抗剪强度（原位单剪法/原位单砖双剪法）
		2	钢筋及保护层厚度检测	钢筋保护层厚度	钢筋数量、间距、直径、锈蚀状况
		3	植筋锚固力检验	锚固承载力	/
		4	构件位置和尺寸＊（涵盖砌体、混凝土、木结构）	/	轴线位置、标高、截面尺寸、预埋件位置、预留插筋位置及外露长度、垂直度、平整度、构件挠度、平面外变形

（续表）

序号	检测专项	编号	检测项目	必备检测参数	可选检测参数
二	主体结构及装饰装修	5	外观质量及内部缺陷 *	/	外观质量、内部缺陷
		6	装配式混凝土结构节点 *	/	钢筋套筒灌浆连接灌浆饱满性、钢筋浆锚搭接连接灌浆饱满性、外墙板接缝防水性能
		7	结构构件性能 *（涵盖砌体、混凝土、木结构）	/	静载试验、动力测试
		8	装饰装修工程 *	/	后置埋件现场拉拔力、饰面砖粘结强度、抹灰砂浆拉伸粘接强度
		9	室内环境污染物 *	/	甲醛、氨、TVOC、苯、氡、甲苯、二甲苯、土壤中的氡
三	钢结构	1	钢材及焊接材料	屈服强度、抗拉强度、伸长率、厚度偏差	断面收缩率、硬度、冲击韧性、冷弯性能、钢材元素含量（钢材化学分析 C、S、P）
		2	焊缝	外观质量、内部缺陷探伤（超声法/射线法）	尺寸
		3	钢结构防腐及防火涂装	涂层厚度	涂料粘结强度、涂料抗压强度、涂层附着力
		4	高强度螺栓及普通紧固件	抗滑移系数、硬度	紧固轴力、扭矩系数、最小拉力载荷（普通紧固件）
		5	构件位置及尺寸 *	/	垂直度、弯曲矢高、侧向弯曲、结构挠度、轴线位置、标高、截面尺寸
		6	结构构件性能 *	/	静载试验、动力测试
		7	金属屋面 *	/	静态压力抗风掀、动态压力抗风掀

（续表）

序号	检测专项	编号	检测项目	必备检测参数	可选检测参数
四	地基基础	1	地基及复合地基	承载力（静载试验/动力触探试验等）	压实系数（环刀法/灌砂法等）、地基土强度、密实度（动力触探试验/标准贯入试验）、变形模量（原位测试）、增强体强度（钻芯法）
		2	桩的承载力	水平承载力（静载试验）、竖向抗压承载力（静载试验/自平衡/高应变法等）、竖向抗拔承载力（抗拔静载试验）	/
		3	桩身完整性	桩身完整性（低应变法/声波透射法/钻芯法等）	/
		4	锚杆抗拔承载力	拉拔试验	/
		5	地下连续墙＊	/	墙身完整性（声波透射法/钻芯法等）、墙身混凝土强度（钻芯法）
五	建筑节能	1	保温、绝热材料	导热系数或热阻、密度、压缩强度或抗压强度、垂直于板面方向的抗拉强度、吸水率、传热系数及热阻、单位面积质量、拉伸粘结强度	燃烧性能
		2	粘接材料	拉伸粘接强度	/
		3	增强加固材料	力学性能、抗腐蚀性能	网孔中心距偏差、钢丝网丝径、单位面积质量、断裂伸长率
		4	保温砂浆	抗压强度、干密度、导热系数	剪切强度、拉伸粘结强度
		5	抹面材料	拉伸粘结强度、压折比（或柔韧性）	/
		6	隔热型材	抗拉强度、抗剪强度	/
		7	建筑外窗	气密性能、水密性能、抗风压性能	传热系数、玻璃的太阳得热系数、可见光透射比、中空玻璃密封性能

（续表）

序号	检测专项	编号	检测项目	必备检测参数	可选检测参数
五	建筑节能	8	节能工程	外墙节能构造及保温层厚度（钻芯法）、保温板与基层的拉伸粘结强度、锚固件的锚固力、外窗气密性能	室内平均温度、风口风量、通风与空调系统总风量、风道系统单位风量耗功率空调机组水流量、空调系统冷热水、冷却水循环流量、室外供热管网水力平衡度、室外供热管网热损失率、照度与照明功率密度、外墙传热系数或热阻
		9	电线电缆	导体电阻值	燃烧性能
		10	反射隔热材料 *	/	半球发射率、太阳光反射比
		11	供暖通风空调节能工程用材料、构件和设备 *	风机盘管机组：/	供冷量、供热量、风量、水阻力、噪声及输入功率
				采暖散热器：/	单位散热量、金属热强度
				绝热材料：/	导热系数或热阻、密度、吸水率
		12	配电与照明节能工程用的材料、构件和设备 *	/	照明光源初始光效
				照明灯具：/	镇流器能效值、效率或能效
				照明设备：/	功率、功率因数、谐波含量值
		13	可再生能源应用系统 *	太阳能集热器：/	安全性能、热性能
				太阳能热利用系统的太阳能集热系统：/	得热量、集热效率、太阳能保证率
				太阳能光伏组件：/	发电功率、发电效率
				太阳能光伏发电系统：/	年发电量、组件背板最高工作温度
六	建筑幕墙	1	密封胶	邵氏硬度、结构胶标准条件下的拉伸粘结强度、相容性、剥离粘结性、石材用密封胶的污染性	耐候胶标准状态下的拉伸模量、石材用密封胶的拉伸模量
		2	幕墙玻璃	传热系数、可见光透射比、太阳得热系数、中空玻璃的密封性能	/
		3	幕墙	气密性能、水密性能、抗风压性能、层间变形性能、后置埋件抗拔承载力	保温隔热性能、隔声性能、采光性能、耐撞击性能、防火性能

（续表）

序号	检测专项	编号	检测项目	必备检测参数	可选检测参数
七	市政工程材料	1	土、无机结合稳定材料	含水率、液限、塑限、击实、粗粒土和巨粒土最大干密度、承载比(CBR)试验、无侧限抗压强度、水泥或石灰剂量	塑性指数、不均匀系数、0.6mm以下颗粒含量、颗粒分析、有机质含量、易溶盐含量
		2	土工合成材料	拉伸强度、延伸率、梯形撕裂强度、CBR顶破强力、厚度、单位面积质量	垂直渗透系数、刺破强力
		3	掺合料(粉煤灰、钢渣)	SiO_2含量、Al_2O_3含量、Fe_2O_3含量、烧失量、细度、比表面积	游离氧化钙、粉化率、压碎值、颗粒组成
		4	沥青及乳化沥青	针入度、软化点、延度、质量变化、残留针入度比、残留延度、破乳速度、标准黏度、蒸发残留物、弹性恢复	运动黏度、布氏旋转黏度、针入度指数、蜡含量、闪点、动力黏度、溶解度、密度、粒子电荷、1.18mm筛筛上残留物、恩格拉黏度、与粗集料的粘附性
		5	沥青混合料用粗集料、细集料、矿粉、木质素纤维	粗集料：压碎值、洛杉矶磨耗损失、表观相对密度、吸水率、沥青黏附性、颗粒级配	坚固性、软弱颗粒或软石含量、磨光值、针片状颗粒含量、<0.075mm颗粒含量
				细集料：表观相对密度、砂当量、颗粒级配	棱角性、坚固性、含泥量、亚甲蓝值
				矿粉：表观相对密度、亲水系数、塑性指数、加热安定性、筛分、含水率	/
				木质素纤维：长度、灰分含量、吸油率	pH值、含水率
		6	沥青混合料	马歇尔稳定度、流值、矿料级配、油石比、密度	动稳定度、残留稳定度、冻融劈裂强度比、配合比设计
		7	路面砖及路缘石	抗压强度、抗折强度、防滑性能、耐磨性	抗冻性、透水系数、吸水率、抗盐冻性
		8	检查井盖、水篦、混凝土模块、防撞墩、隔离墩	抗压强度、试验荷载、残余变形	/
		9	水泥	凝结时间、安定性、胶砂强度、氯离子含量	保水率、氧化镁含量、碱含量、三氧化硫含量

（续表）

序号	检测专项	编号	检测项目	必备检测参数	可选检测参数
七	市政工程材料	10	骨料、集料	细骨料：颗粒级配、含泥量、泥块含量、亚甲蓝值与石粉含量(人工砂)、压碎指标(人工砂)、氯离子含量	表观密度、吸水率、坚固性、碱活性、硫化物和硫酸盐含量、轻物质含量、有机物含量、贝壳含量
				粗骨料：颗粒级配、含泥量、泥块含量、压碎值指标、针片状颗粒含量	坚固性、碱活性、表观密度、堆积密度、空隙率
				轻集料：/	筒压强度、堆积密度、吸水率、粒型系数、筛分析
		11	钢筋（含焊接与机械连接）	屈服强度、抗拉强度、断后伸长率、最大力下总延伸率、反向弯曲、重量偏差、残余变形	弯曲性能
		12	外加剂	减水率、pH 值、密度（或细度）、抗压强度比、凝结时间（差）、含气量、固体含量（或含水率）、限制膨胀率、泌水率比、氯离子含量	相对耐久性指标、含气量 1h 经时变化量（坍落度、含气量）、硫酸钠含量、收缩率比、碱含量
		13	砂浆	抗压强度、稠度、保水率、拉伸粘接强度（抹灰、砌筑）	分层度、配合比设计、凝结时间、抗渗性能
		14	混凝土	抗压强度、抗渗等级、坍落度、氯离子含量	限制膨胀率、抗冻性能、表观密度、含气量、凝结时间、抗折强度、劈裂抗拉强度、静力受压弹性模量、抑制碱一骨料反应有效性、碱含量、配合比设计
		15	防水材料及防水密封材料	防水卷材：可溶物含量、拉力、延伸率（或最大力时延伸率）、低温柔度、热老化后低温柔度、不透水性、耐热度、断裂拉伸强度、断裂伸长率、撕裂强度	胶粘剂：剪切性能、剥离性能 胶粘带：剪切性能、剥离性能 防水卷材：接缝剥离强度、搭接缝不透水性
				防水涂料：固体含量、拉伸强度、耐热性、低温柔性、不透水性、断裂伸长率	涂膜抗渗性、浸水 168h 后拉伸强度、浸水 168h 后断裂伸长率、耐水性、抗压强度、抗折强度、粘结强度、抗渗性
				防水密封材料及其他防水材料：/	耐热性、低温柔性、拉伸粘结性、施工度、表干时间、挤出性、弹性恢复率、浸水后定伸粘结性、流动性、单位面积质量、膨润土膨胀指数、渗透系数、滤失量、拉伸强度、撕裂强度、硬度、7d 膨胀率、最终膨胀率、耐水性、体积膨胀倍率、压缩永久变形、低温弯折、剥离强度、浸水 168h 后的剥离强度保持率、拉力、延伸率、固体含量、7d 粘结强度、7d 抗渗性、拉伸模量、定伸粘结性、断裂伸长率

（续表）

序号	检测专项	编号	检测项目	必备检测参数	可选检测参数
七	市政工程材料	16	水	氯离子含量	pH 值、硫酸根离子含量、不溶物含量、可溶物含量、凝结时间差、抗压强度比、碱含量
		17	石灰 *	/	有效氧化钙和氧化镁含量、氧化镁含量、未消化残渣含量、含水率、细度
		18	石材 *	/	干燥压缩强度、水饱和压缩强度、干燥弯曲强度、水饱和弯曲强度、体积密度、吸水率
		19	螺栓、锚具夹具及连接器 *	/	抗滑移系数、外观质量、尺寸、静载锚固性能、疲劳荷载性能、硬度、紧固轴力、扭矩系数、最小拉力载荷(普通紧固件)
八	道路工程	1	沥青混合料路面	厚度、压实度、弯沉值	平整度、渗水系数、抗滑性能
		2	基层及底基层	厚度、压实度、弯沉值	平整度、无侧限抗压强度
		3	土路基	弯沉值、压实度	土基回弹模量
		4	排水管道工程 *	/	地基承载力、回填土压实度、背后土体密实性、严密性试验
		5	水泥混凝土路面 *	/	平整度、构造深度、厚度
九	桥梁与地下工程	1	桥梁结构与构件	静态应变(应力)、动态应变(应力)、位移、模态参数(频率、振型、阻尼比)、索力、承载能力、桥梁线形、动态挠度、静态挠度、结构尺寸、轴线偏位、竖直度、混凝土强度(回弹法/钻芯法/回弹一钻芯综合法/超声回弹综合法等)、混凝土碳化深度、钢筋位置及保护层厚度、氯离子含量	外观质量、内部缺陷、预应力孔道摩阻损失、有效预应力、孔道压浆密实性、风速、温度、加速度、速度、冲击性能、混凝土电阻率、钢筋锈蚀状况
		2	隧道主体结构	断面尺寸、锚杆拉拔力、衬砌厚度、衬砌及背后密实状况、墙面平整度、钢筋网格尺寸、锚杆长度、锚杆锚固密实度、管片几何尺寸、错台、椭圆度、混凝土强度(回弹法/钻芯法/回弹一钻芯综合法/超声回弹综合法等)、钢筋位置及保护层厚度	外观质量、内部缺陷、衬砌内钢筋间距、仰拱厚度、渗漏水、钢筋锈蚀状况

（续表）

序号	检测专项	编号	检测项目	必备检测参数	可选检测参数
九	桥梁与地下工程	3	桥梁及附属物 *	/	桥面系外观质量、桥梁上部外观质量、桥梁下部外观质量、桥梁附属设施外观质量
		4	桥梁支座 *	/	外观质量、内在质量、竖向压缩变形、抗压弹性模量、极限抗压强度、盆环径向变形、抗剪弹性模量、抗剪粘结性能、抗剪老化、承载力、摩擦系数、转动性能、尺寸偏差、转角试验
		5	桥梁伸缩装置 *	/	外观质量、尺寸偏差、焊缝尺寸、焊缝探伤、涂层附着力、涂层厚度、橡胶密封带夹持性能、装配公差、变形性能、防水性能、承载性能
		6	隧道环境 *	/	照度、噪声、风速、一氧化碳浓度、二氧化碳浓度、二氧化硫浓度、氧浓度、一氧化氮浓度、二氧化氮浓度、瓦斯浓度、硫化氢浓度、烟尘浓度
		7	人行天桥及地下通道 *	/	自振频率、桥面线形、地基承载力、变形缝质量、防水层的缝宽和搭接长度、尺寸、栏杆水平推力
		8	综合管廊主体结构 *	/	断面尺寸、衬砌厚度、衬砌密实性、墙面平整度、衬砌内钢筋间距、混凝土强度(回弹法/钻芯法/回弹一钻芯综合法/超声回弹综合法等)、钢筋保护层厚度、钢筋锈蚀状况
		9	涵洞主体结构 *	/	外观质量、地基承载力、回填土压实度、混凝土强度(回弹法/钻芯法/回弹一钻芯综合法/超声回弹综合法等)、钢筋保护层厚度、断面尺寸、接缝宽度、错台、钢筋锈蚀状况

备注：带“ * ”的检测项目为本专项资质的可选检测项目。

市场监管总局关于发布《检验检测机构资质认定评审准则》的公告

2023 年第 21 号

为落实《质量强国建设纲要》关于深化检验检测机构资质审批制度改革、全面实施告知承诺和优化审批服务的要求，市场监管总局修订了《检验检测机构资质认定评审准则》，已经 2023 年 5 月 15 日总局第 9 次局务会议通过，现予公告，自 2023 年 12 月 1 日起施行。《检验检测机构资质认定评审准则》（国认实〔2016〕33 号）同时废止。

市场监管总局

2023 年 5 月 30 日

检验检测机构资质认定评审准则

第一章　总　则

第一条　依照《中华人民共和国计量法》及其实施细则、《中华人民共和国认证认可条例》等法律、行政法规的规定，为依法实施《检验检测机构资质认定管理办法》相关资质认定技术评审要求，制定本准则。

第二条　在中华人民共和国境内开展检验检测机构资质认定技术评审（含告知承诺核查，下同）工作，应当遵守本准则。

第三条　本准则所称检验检测机构，是指依照《检验检测机构资质认定管理办法》的相关规定，依法成立，依据相关标准或者技术规范，利用仪器设备、环境设施等技术条件和专业技能，对产品或者法律法规规定的特定对象进行检验检测的专业技术组织。

本准则所称资质认定，是指依照《检验检测机构资质认定管理办法》的相关规定，由市场监督管理部门依照法律、行政法规规定，对向社会出具具有证明作用的数据、结果的检验检测机构的基本条件和技术能力是否符合法定要求实施的评价许可。

本准则所称资质认定技术评审，是指依照《检验检测机构资质认定管理办法》的相关规定，由市场监管总局或者省级市场监督管理部门（以下统称资质认定部门）自行或者委托专业技术评价机构组织相关专业评审人员，对检验检测机构申请的资质认定事项是否符合资质认定条件以及相关要求所进行的技术性审查。

第四条　针对不同行业或者领域的特殊性，市场监管总局、国务院有关主管部门，依照有关法律法规的规定，制定和发布相关技术评审补充要求，评审补充要求与本准则一并作为技术评审依据。

第五条　依照《检验检测机构资质认定管理办法》《检验检测机构资质认定告知承诺实施办法(试行)》等的相关规定,对于采用告知承诺程序实施资质认定的,对检验检测机构承诺内容是否属实进行现场核查的内容与程序,应当符合本准则的相关规定。

第六条　资质认定技术评审工作应当坚持统一规范、客观公正、科学准确、公平公开、便利高效的原则。

第二章　评审内容与要求

第七条　资质认定技术评审内容包括:对检验检测机构主体、人员、场所环境、设备设施和管理体系等方面是否符合资质认定要求的审查。

第八条　检验检测机构应当是依法成立并能够承担相应法律责任的法人或者其他组织。

(一)检验检测机构或者其所在的组织应当有明确的法律地位,对其出具的检验检测数据、结果负责,并承担法律责任。不具备独立法人资格的检验检测机构应当经所在法人单位授权。

(二)检验检测机构应当以公开方式对其遵守法定要求、独立公正从业、履行社会责任、严守诚实信用等情况进行自我承诺。

(三)检验检测机构应当独立于其出具的检验检测数据、结果所涉及的利益相关方,不受任何可能干扰其技术判断的因素影响,保证检验检测数据、结果公正准确、可追溯。

(四)检验检测机构及其人员应当对其在检验检测活动中所知悉的国家秘密、商业秘密负有保密义务,并制定实施相应的保密措施。

第九条　检验检测机构应当具有与其从事检验检测活动相适应的检验检测技术人员和管理人员。

(一)检验检测机构与其人员建立劳动关系应当符合《中华人民共和国劳动法》《中华人民共和国劳动合同法》的有关规定,法律、行政法规对检验检测人员执业资格或者禁止从业另有规定的,依照其规定。

(二)检验检测机构人员的受教育程度、专业技术背景和工作经历、资质资格、技术能力应当符合工作需要。

(三)检验检测报告授权签字人应当具有中级及以上相关专业技术职称或者同等能力,并符合相关技术能力要求。

第十条　检验检测机构应当具有固定的工作场所,工作环境符合检验检测要求。

(一)检验检测机构具有符合标准或者技术规范要求的检验检测场所,包括固定的、临时的、可移动的或者多个地点的场所。

(二)检验检测工作环境及安全条件符合检验检测活动要求。

第十一条　检验检测机构应当具备从事检验检测活动所必需的检验检测设备设施。

(一)检验检测机构应当配备具有独立支配使用权、性能符合工作要求的设备和设施。

(二)检验检测机构应当对检验检测数据、结果的准确性或者有效性有影响的设备(包括用于测量环境条件等辅助测量设备)实施检定、校准或核查,保证数据、结果满足计量溯源性要求。

(三)检验检测机构如使用标准物质,应当满足计量溯源性要求。

第十二条　检验检测机构应当建立保证其检验检测活动独立、公正、科学、诚信的管理体系，并确保该管理体系能够得到有效、可控、稳定实施，持续符合检验检测机构资质认定条件以及相关要求。

（一）检验检测机构应当依据法律法规、标准（包括但不限于国家标准、行业标准、国际标准）的规定制定完善的管理体系文件，包括政策、制度、计划、程序和作业指导书等。检验检测机构建立的管理体系应当符合自身实际情况并有效运行。

（二）检验检测机构应当依法开展有效的合同审查。对相关要求、标书、合同的偏离、变更应当征得客户同意并通知相关人员。

（三）检验检测机构选择和购买的服务、供应品应当符合检验检测工作需求。

（四）检验检测机构能正确使用有效的方法开展检验检测活动。检验检测方法包括标准方法和非标准方法，应当优先使用标准方法。使用标准方法前应当进行验证；使用非标准方法前，应当先对方法进行确认，再验证。

（五）当检验检测标准、技术规范或者声明与规定要求的符合性有测量不确定度要求时，检验检测机构应当报告测量不确定度。

（六）检验检测机构出具的检验检测报告，应当客观真实、方法有效、数据完整、信息齐全、结论明确、表述清晰并使用法定计量单位。

（七）检验检测机构应当对质量记录和技术记录的管理作出规定，包括记录的标识、贮存、保护、归档留存和处置等内容。记录信息应当充分、清晰、完整。检验检测原始记录和报告保存期限不少于 6 年。

（八）检验检测机构在运用计算机信息系统实施检验检测、数据传输或者对检验检测数据和相关信息进行管理时，应当具有保障安全性、完整性、正确性措施。

（九）检验检测机构应当实施有效的数据、结果质量控制活动，质量控制活动与检验检测工作相适应。数据、结果质量控制活动包括内部质量控制活动和外部质量控制活动。内部质量控制活动包括但不限于人员比对、设备比对、留样再测、盲样考核等。外部质量控制活动包括但不限于能力验证、实验室间比对等。

第十三条　有关法律法规及标准、技术规范对检验检测机构的主体、人员、场所环境、设备设施和管理体系等条件有特殊规定的，检验检测机构还应当符合相关特殊要求。

第三章　评审方式与程序

第十四条　检验检测机构资质认定一般程序的技术评审方式包括：现场评审（现场评审工作程序见附件 1）、书面审查（书面审查工作程序见附件 2）和远程评审（远程评审工作程序见附件 3）。根据机构申请的具体情况，采取不同技术评审方式对机构申请的资质认定事项进行审查。（一般程序审查〔告知承诺核查〕表见附件 4）。

第十五条　现场评审适用于首次评审、扩项评审、复查换证（有实际能力变化时）评审、发生变更事项影响其符合资质认定条件和要求的变更评审。现场评审应当对检验检测机构申请相关资质认定事项的技术能力进行逐项确认，根据申请范围安排现场试验。安排现场试验时应当覆盖所有申请类别的主要或关键项目/参数、仪器设备、检测方法、试验人员、试验材料等，并覆盖所有检验检测场所。现场评审结论分为"符合""基本符合""不符合"三种情形。

第十六条　书面审查方式适用于已获资质认定技术能力内的少量参数扩项或变更(不影响其符合资质认定条件和要求)和上一许可周期内无违法违规行为、未列入失信名单且申请事项无实质性变化的检验检测机构的复查换证评审。书面审查结论分为"符合""不符合"两种情形。

第十七条　远程评审是指使用信息和通信技术对检验检测机构实施的技术评审。采用方式可以为(但不限于):利用远程电信会议设施等对远程场所(包括潜在危险场所)实施评审,包括音频、视频和数据共享以及其他技术手段;通过远程接入方式对文件和记录审核,同步的(即实时的)或者是异步的(在适用时)通过静止影像、视频或者音频录制的手段记录信息和证据。下列情形可选择远程评审:

(一)由于不可抗力(疫情、安全、旅途限制等)无法前往现场评审;

(二)检验检测机构从事完全相同的检测活动有多个地点,各地点均运行相同的管理体系,且可以在任何一个地点查阅所有其他地点的电子记录及数据的;

(三)已获资质认定技术能力内的少量参数变更及扩项;

(四)现场评审后仍需要进行复核,但复核无法在规定时间内完成。

远程评审结论分为"符合""基本符合""不符合"三种情形。

第十八条　检验检测机构资质认定告知承诺依据《检验检测机构资质认定告知承诺实施办法(试行)》和有关规定实施。应当对检验检测机构承诺的真实性进行现场核查(告知承诺程序核查表见附件 4)。告知承诺的现场核查程序参照一般程序的现场评审方式进行。

第十九条　告知承诺现场核查应当由资质认定部门组织实施,现场核查人员应当在规定的时限内进行核查并出具现场核查结论。核查结论分为:"承诺属实""承诺基本属实""承诺严重不实/虚假承诺"三种情形。并根据相应结论,由核查组通知申请人整改,或者向资质认定部门作出撤销相应许可事项的建议。

第四章　附　则

第二十条　专业技术评价机构以及相关评审人员在技术评审活动中的违法违规行为,依照《检验检测机构资质认定管理办法》及《检验检测机构资质认定评审员管理办法(试行)》的相关规定予以处理。

第二十一条　本准则自 2023 年 12 月 1 日起施行。《检验检测机构资质认定评审准则》(国认实〔2016〕33 号)同时废止。

附件 1

检验检测机构资质认定现场评审工作程序

1　目的

本程序依照《检验检测机构资质认定管理办法》的相关资质认定技术评审要求制定,目的是规范检验检测机构资质认定现场技术评审工作。

2　适用范围

本程序适用于对检验检测机构开展的资质认定现场评审工作，包括材料审查、现场评审实施、跟踪验证及评审材料上报等全过程。告知承诺的现场核查程序参照现场评审工作程序进行。

现场评审适用于首次评审、扩项评审、复查换证(有实际能力变化时)评审、发生变更事项影响其符合资质认定条件和要求的变更评审。

首次评审：对未获得资质认定的检验检测机构，在其建立和运行管理体系 3 个月后提出申请，资质认定部门对其机构主体、人员、场所环境、设备设施、管理体系等方面是否符合资质认定要求的审查。

扩项评审：对已获得资质认定的检验检测机构，申请增加资质认定检验检测项目，资质认定部门对其机构主体、人员、场所环境、设备设施、管理体系等方面是否符合资质认定要求的审查。

复查换证评审：对已获得资质认定的检验检测机构，在资质认定证书有效期届满 3 个月前申请办理证书延续，资质认定部门对其机构主体、人员、场所环境、设备设施、管理体系等方面是否符合资质认定要求的审查。

变更评审：对已获得资质认定的检验检测机构，其工作场所、技术能力等依法需要办理变更的事项发生变化，资质认定部门对其机构主体、人员、场所环境、设备设施、管理体系等方面是否符合资质认定要求的审查。

3　实施部门

3.1　资质认定部门受理检验检测机构的资质认定事项申请后，依照《检验检测机构资质认定管理办法》的相关规定，根据技术评审需要和专业要求，自行或者委托专业技术评价机构组织相关专业评审人员实施资质认定技术评审。

3.2　组建评审组

3.2.1　评审组组成

资质认定部门或者其委托的专业技术评价机构，应当根据检验检测机构申请资质认定事项的检验检测项目和专业类别，按照专业覆盖、随机选派的原则组建评审组。评审组由 1 名组长、1 名及以上评审员或者技术专家组成。评审组成员应当在组长的组织下，按照资质认定部门或者其委托的专业技术评价机构下达的评审任务，独立开展资质认定评审活动，并对评审结论负责。

3.2.2　职责

1)评审组长职责

a. 带头遵守评审纪律和行为准则，对评审组成员行为规范提出要求，对评审组成员进行必要的指导，对评审组成员的现场评审表现作出评价；

b. 带领评审组开展现场评审工作，并对现场评审活动的合法性、规范性及评审结论的准确性、真实性、完整性负责；

c. 代表评审组与检验检测机构沟通，协调、控制现场评审过程，裁决评审工作中的分歧和其他事宜；

d. 协调评审组与资质认定部门派出的监督人员的联系；

e. 负责现场评审前的策划，包括：审查文件、安排评审日程、向评审组成员分配任务、明确分工要求、提供评审背景信息、策划现场试验项目、准备现场评审记录表单、填写评审的前期准备记录以及评审前应当准备的其他事项等；

f. 现场评审首次会议前，向评审组介绍评审的有关工作内容和要求；

g. 根据检验检测机构实际情况，组织实施现场评审工作，重点关注检验检测机构管理体系运行的有效性，结合评审组成员的意见，形成评审报告，提出现场评审结论；

h. 组织对检验检测机构整改情况的跟踪验证；

i. 负责评审资料的汇总和整理，及时向资质认定部门或者其委托的专业技术评价机构报告评审情况和结论以及报送评审资料。

2)评审员职责

a. 遵守评审纪律和行为准则，服从评审组长的安排和调度，按照评审日程和评审任务分工完成评审工作，对其评审内容结论的准确性、真实性、完整性负责；

b. 按照评审组的分工，做好评审前的信息收集，协助评审组长组织现场试验考核，开展检验检测能力确认工作，及时记录评审活动信息，完成评审报告中相关记录的填写；

c. 及时与评审组长沟通，处理评审中发现的疑难问题；

d. 协助评审组长完成对检验检测报告授权签字人的评审考核；

e. 完成评审组长安排的其他任务。

3)技术专家职责

a. 遵守评审纪律和行为准则，服从评审组长的安排和调度，按照评审日程和评审任务分工完成评审工作，对其评审内容结论的准确性、真实性、完整性负责；

b. 按照评审组的分工，协助评审组长或者评审员组织现场试验考核、开展检验检测能力确认工作，及时记录评审活动信息，完成评审报告中相关记录的填写；

c. 及时与评审组长沟通，处理评审中发现的疑难问题；

d. 协助评审组长完成对检验检测报告授权签字人的评审考核；

e. 完成评审组长安排的其他任务。

4 工作流程

4.1 材料审查

评审组长应当在评审员或者技术专家的配合下对检验检测机构提交的申请材料进行审查。通过审查《检验检测机构资质认定申请书》及其他相关资料，对检验检测机构的机构主体、人员、检验检测技术能力、场所环境、设备设施、管理体系等方面进行了解，并依据《检验检测机构资质认定评审准则》及相应的技术标准，对申请人的申报材料进行文件符合性审查，并予以初步评价。

4.1.1 审查要点

1)《检验检测机构资质认定申请书》及附件的审查要点

a. 检验检测机构的法人地位证明材料，其经营范围是否包含检验检测的相关表述，并符合公正性要求；非独立法人检验检测机构是否提供了所在法人单位的授权文件；

b. 检验检测机构是否有固定的工作场所，是否具有产权证明或者租借合同；

c. 检验检测能力申请表中的项目/参数及所依据的标准是否正确，是否属于资质认定范围；

d. 仪器设备(标准物质)配置的填写是否正确，所列仪器设备是否符合其申请项目/参数的检验检测能力要求，并可独立支配使用；

e. 检验检测报告授权签字人职称和工作经历是否符合规定；

f. 申请项目类别涉及的典型报告是否符合要求。

2)管理体系文件的审查要点

a. 管理体系文件是否包括《检验检测机构资质认定管理办法》《检验检测机构资质认定评审准则》及相关行业特殊要求等相关规定；

b. 管理体系是否描述清楚，要素阐述是否简明、切实，文件之间接口关系是否明确；

c. 质量活动是否处于受控状态，管理体系是否能有效运行并进行自我改进；

d. 需要有管理体系文件描述的要素，是否均被恰当地编制成了文件；

e. 管理体系文件结合检验检测机构的特点，是否具有可操作性；

f. 审查多场所检验检测机构的管理体系文件时，应当注意管理体系文件是否覆盖检验检测机构申请资质认定的所有场所，各场所与总部的隶属关系及工作接口是否描述清晰，沟通渠道是否通畅，各分场所内部的组织机构(适用时)及人员职责是否明确。

4.1.2　审查结果

评审组长应当在收到申请材料5个工作日内完成材料审查，并将审查结果反馈资质认定部门或者其委托的专业技术评价机构。

材料审查的结果主要有以下几种情况：

1)实施现场评审

当材料审查符合要求，或者材料中虽然存在问题，但不影响现场评审的实施时，评审组长可建议实施现场评审。

2)暂缓实施现场评审

当材料审查不符合要求，或者材料中存在的问题影响现场评审的实施时，评审组长可建议暂缓实施现场评审，由资质认定部门或者其委托的专业技术评价机构通知检验检测机构进行材料补正。

3)不实施现场评审

当材料审查不符合要求，或者材料中存在的问题影响现场评审的实施且经补正仍不符合要求，或者经确认不具备申请资质认定的技术能力时，可作出“不实施现场评审”的结论，建议不予资质认定。

材料审查的结果由资质认定部门或者其委托的专业技术评价机构通知检验检测机构。

4.2　下发现场评审通知

材料审查合格后，资质认定部门或者其委托的专业技术评价机构向检验检测机构下发《检验检测机构资质认定现场评审通知书》，同时告知评审组按计划实施现场评审。

4.3　现场评审前准备

4.3.1　评审组长应当保持与资质认定部门或者其委托的专业技术评价机构的良好沟通，获得检验检测机构的相关信息和资料。

4.3.2　评审组长应当与检验检测机构进行良好沟通，了解其基本状况以及可能对评审过程产生影响的特殊情况等。

4.3.3 评审组长应当编制《检验检测机构资质认定现场评审日程表》，明确评审的日期、时间、评审范围（要素、技术能力）、评审组分工等。

4.3.4 评审组长应当与评审组成员联系，并组织策划现场评审方案；组织评审组成员对申请的检验检测能力的表述规范性进行初步审核，拟定现场考核项目。

4.4 实施现场评审

4.4.1 预备会议

评审组长在现场评审前应当召开预备会，全体评审组成员应当参加，会议内容包括：

1）说明本次评审的目的、范围和依据；

2）声明评审工作的公正、客观、保密、廉洁要求；

3）介绍检验检测机构文件审查情况；

4）明确现场评审要求，统一有关判定原则；

5）听取评审组成员有关工作建议，解答评审组成员提出的疑问；

6）确定评审组成员分工，明确评审组成员职责，并向评审组成员提供相关评审文件及现场评审表格；

7）确定现场评审日程表；

8）必要时，要求检验检测机构提供与评审相关的补充材料；

9）必要时，对新获证评审员和技术专家进行必要的培训及评审经验交流。

4.4.2 首次会议

首次会议由评审组长主持召开，评审组全体成员、检验检测机构管理层、技术负责人、质量负责人和评审组认为有必要参加的所申请检验检测项目相关人员应当参加首次会议，会议内容如下：

1）宣布开会，介绍评审组成员；检验检测机构介绍与会人员；

2）评审组长说明评审的任务来源、目的、依据、范围、原则，明确评审将涉及的部门、人员；确认评审日程表；

3）宣布评审组成员分工；

4）强调公正客观原则、保密承诺和廉洁自律要求，向检验检测机构作出评审人员行为规范承诺，并公开资质认定部门监督电话和邮箱；

5）澄清有关问题，明确限制要求和安全防护措施（如洁净区、危险区、限制交谈人员等）；

6）确定检验检测机构为评审组配备的陪同人员，确定评审组的工作场所及评审工作所需资源。

4.4.3 检验检测机构场所考察

首次会议结束，由陪同人员引领评审组进行现场考察，考察检验检测机构相关的办公及检验检测场所。现场考察的过程是观察、考核的过程。有的场所通过一次性的参观之后可能不再重复检查，评审组应当利用有限的时间收集最大量的信息，在现场考察的同时及时进行有关的提问，有目的地观察环境条件、设备设施是否符合检验检测的要求，并做好记录。

4.4.4 现场考核

1）考核项目的选择

首次评审或者扩项评审的现场考核项目需覆盖申请能力的所有类别、参数或设备。复查换证评审和地址变更时可根据具体情况酌情减少。考核方式有报告验证和现场试验。

2)报告验证

积极采信申请参数的能力验证结果及有效的外部质量控制结果。

3)现场试验

a. 现场试验考核的方式

对检验检测机构的现场试验考核,可采取见证试验、盲样考核、操作演示;也可采取人员比对、仪器比对、留样再测等方式。样品来源包括评审组提供和检验检测机构自备。

b. 现场试验考核结果的应用

原则上现场试验除操作演示外须提供全部原始记录及必要的检验检测报告;当采用电子记录时,应当关注电子数据的准确性、完整性、安全性。在现场考核中,如结果数据不满意,应当要求检验检测机构分析原因;如属偶然原因,可安排检验检测机构重新试验;如属于系统偏差,则应当认为检验检测机构不具备该项检验检测能力。

c. 现场试验的评价

现场试验结束后,评审组应当对试验的结果进行评价,评价内容包括采用的检验检测方法是否正确;检验检测数据、结果的表述是否规范、清晰;检验检测人员是否有相应的检验检测能力;环境设施的适宜程度;样品的采集、标识、分发、流转、制备、保存、处置是否规范;检验检测设备、测试系统的调试、使用是否正确;检验检测记录是否规范等;并在现场考核项目表中给出总体评价结论。

4.4.5　现场提问

现场提问是现场评审的一部分,是评价检验检测机构工作人员是否经过相应的教育、培训,是否具有相应的经验和技能而进行资格确认的一种形式。检验检测机构管理层、技术负责人、质量负责人、检验检测报告授权签字人、各管理岗位人员以及评审组认为有必要提问的所申请检验检测项目相关人员均应当接受现场提问。

现场提问可与现场考察、现场试验考核、查阅记录等活动结合进行,也可以在座谈等场合进行。

现场提问的内容可以是基础性的问题,如对法律法规、评审准则、管理体系文件、检验检测方法、检验检测技术等方面的提问,也可对评审中发现的问题、尚不清楚的问题作跟踪性或者澄清性提问。

4.4.6　记录查证

管理体系运行过程中产生的质量记录,以及检验检测过程中产生的技术记录是复现管理过程和检验检测过程的有力证据。评审组应当通过对检验检测机构记录的查证,评价管理体系运行的有效性,以及技术活动的正确性。对记录的查阅应当注重以下问题:

1)文件资料的控制以及档案管理是否适用、有效、符合受控的要求,并有相应的资源保证;

2)管理体系运行记录是否齐全、科学,能否有效反映管理体系运行状况;

3)原始记录、检验检测报告格式内容是否合理,并包含足够的信息;

4)记录是否清晰、准确,是否包括影响检验检测数据、结果的全部信息;

5)记录的形成、修改、保管是否符合管理体系文件的有关规定。

4.4.7　现场评审记录的填写

对检验检测机构现场评审的过程应当记录在《检验检测机构资质认定评审报告》的评审

表中。评审组在依据《检验检测机构资质认定评审准则》对检验检测机构进行评审的同时，应当详细记录基本符合和不符合条款及事实。

4.4.8 现场座谈

通过现场座谈考核检验检测机构技术人员和管理人员基础知识、了解检验检测机构人员对管理体系文件的理解、交流现场观察中的一些问题、统一认识。检验检测机构的以下人员应当参加座谈会：各级管理人员、检验检测人员、新增员工及评审组认为有必要参加的相关人员。座谈中应当针对以下问题进行提问和讨论：

1)对《检验检测机构资质认定评审准则》的理解；

2)对管理体系文件的理解；

3)《检验检测机构资质认定评审准则》和管理体系文件在实际工作中的应用情况；

4)各岗位人员对其职责的理解；

5)对应当具备的专业知识的掌握情况；

6)评审过程中发现的一些问题，以及需要与检验检测机构澄清的问题。

4.4.9 检验检测能力的确定

确认检验检测机构的检验检测能力是评审组进行现场评审的核心环节，每一名评审组成员都应当严肃认真地核查检验检测机构的能力，为资质认定行政许可提供真实可靠的评审结论。

1)建议批准的检验检测能力应符合以下条件：

a. 人员具备正确开展相关检验检测活动的能力；

b. 检验检测活动全过程所需要的全部设备的量程、准确度必须符合预期使用要求；对检验检测结果有影响的设备(包括用于测量环境条件等辅助测量设备)应当实施检定、校准或核查，保证数据、结果满足计量溯源性要求。对溯源结果进行确认，确认内容包括溯源性证明文件(溯源证书)的有效性，及其提供的溯源性结果是否符合检验检测要求。溯源产生的修正信息(修正值、修正因子等)应当有效正确利用；

c. 检验检测方法应当使用有效版本。应当优先使用标准方法，使用标准方法前应当进行验证；使用非标准方法前应当先进行确认，再验证，以确保该非标准方法的科学、准确、可靠，符合预期用途；

d. 设施和环境符合检验检测活动要求；

e. 能够通过现场试验或者报告验证有效证明相应的检验检测能力。

2)确定检验检测能力时应当注意以下问题：

a. 检验检测能力是以现有的条件为依据，不能以许诺、推测作为依据；

b. 检验检测项目按申请的范围进行确认，评审组不得擅自增加项目，特殊情况须报资质认定部门同意后，方可调整；

c. 检验检测机构不能提供检验检测方法、检验检测人员不具备相应的技能、无检验检测设备或者检验检测设备配置不正确、环境条件不符合检验检测要求的，均按不具备检验检测能力处理；

d. 同一检验检测项目中只有部分符合方法要求的，应当在“限制范围”栏内予以注明；

e. 检验检测能力中的非标准方法，应当在“限制范围”栏内予以注明：仅限特定合同约定的委托检验检测。

4.4.10　评审组确认的检验检测能力的填写

评审报告中的检验检测机构能力表，应当按检验检测机构能力分类规范表述。

4.4.11　评审组内部会

在现场评审期间，每天应当安排时间召开评审组内部会，主要内容有：交流当天评审情况，讨论评审发现的问题，确定是否构成不符合项；评审组长了解评审工作进度，及时调整评审组成员的工作任务，组织、调控评审过程；对评审组成员的一些疑难问题提出处理意见。

最后一次评审组内部会，由评审组长主持，对评审情况进行汇总，确定建议批准的检验检测能力，提出存在的问题和整改要求，形成评审结论并做好评审记录。

4.4.12　与检验检测机构的沟通

形成评审组意见后，评审组长应当与检验检测机构最高管理层进行沟通，通报评审中发现的基本符合情况、不符合情况和评审结论意见，听取检验检测机构的意见。

4.4.13　评审结论

评审结论分为"符合""基本符合""不符合"三种。

4.4.14　评审报告

评审组长负责撰写评审组意见，意见主要内容包括：

1)现场评审的依据；

2)评审组人数；

3)现场评审时间；

4)评审范围；

5)评审的基本过程；

6)对检验检测机构管理体系运行有效性和承担第三方公正检验检测的评价；

7)人员素质；

8)仪器设备设施；

9)场所环境条件；

10)检验检测报告的评价；

11)对现场试验考核的评价；

12)建议批准通过资质认定的项目数量；

13)基本符合、不符合情况；

14)需要说明的其他事项。

以上评审内容完成后形成评审报告，评审组成员和检验检测机构有关人员分别在评审报告相应栏目内签字确认。

4.4.15　末次会议

末次会议由评审组长主持召开，评审组成员全部参加，检验检测机构的主要负责人必须参加。末次会议内容包括：

1)评审情况和评审中发现的问题；

2)宣读评审意见和评审结论；

3)提出整改要求；

4)检验检测机构对评审结论发表意见；

5)宣布现场评审工作结束。

4.5 整改的跟踪验证

现场评审结束后，评审结论为“基本符合”的检验检测机构对评审组提出的整改项进行整改，整改时间不超过30个工作日。

4.5.1 检验检测机构提交整改报告和相关见证材料，报评审组长确认。

4.5.2 评审组长在收到检验检测机构的整改材料后，应当在5个工作日内组织评审组成员完成跟踪验证。

4.5.3 整改有效、符合要求的，由评审组长填写《检验检测机构资质认定评审报告》中的整改完成记录及评审组长确认意见，向资质认定部门或者其委托的专业技术评价机构上报评审相关材料。

4.5.4 整改不符合要求或者超过整改期限的，评审结论为“不符合”，上报资质认定部门或者其委托的专业技术评价机构。

4.6 评审材料汇总上报

评审结束，整改材料验证完成后，评审组应当向资质认定部门或者其委托的专业技术评价机构上报评审相关材料，包括评审报告、整改报告、评审中发生的所有记录等。

4.7 终止评审

检验检测机构的以下情况，评审组应当请示资质认定部门或者其委托的专业技术评价机构，经同意后可终止评审：

1)无合法的法律地位；

2)人员严重不足；

3)场所严重不符合检验检测活动的要求；

4)缺乏必备的设备设施；

5)管理体系严重失控；

6)存在严重违法违规问题或被列入经营异常名录、严重违法失信名单；

7)不配合致使评审无法进行；

8)申请材料与真实情况严重不符。

附件2

检验检测机构资质认定书面审查工作程序

1 目的

本程序依据《检验检测机构资质认定管理办法》的相关资质认定技术评审要求制定，其目的是规范检验检测机构资质认定书面审查工作。

2 适用范围

本程序适用于对检验检测机构开展的资质认定书面审查工作。

书面审查方式适用于已获资质认定技术能力内的少量参数扩项或变更(不影响其符合资质认定条件和要求)和上一许可周期内无违法违规行为、未列入失信名单且申请事项无实质性变化的检验检测机构的复查换证评审。

3　书面审查程序

3.1　检验检测机构提交的申请资料应当真实可靠，申请人不存在欺诈、隐瞒或者故意违反《检验检测机构资质认定管理办法》及《检验检测机构资质认定评审准则》要求的行为，包括但不限于：

1)申请资料与事实不符；

2)同一材料内或者材料与材料之间多处出现自相矛盾或者逻辑错误；

3)与其他申请人资料雷同。

3.2　变更评审

3.2.1　适用于书面审查的变更评审包括下列情形：

1)检验检测报告授权签字人变更(授权签字人授权范围变更)；

2)检验检测方法发生变更但不涉及技术能力的实质变化；

3.2.2　由资质认定部门核查申请材料的完整性，并审查是否符合《检验检测机构资质认定评审准则》的要求，给出审批意见。

3.3　复查换证评审

3.3.1　适用于书面审查的复查换证评审为上一许可周期内无违法违规行为、未列入失信名单且申请事项无实质性变化的检验检测机构提出的复查申请。

3.3.2　由资质认定部门核查申请材料的完整性，并审查是否符合《检验检测机构资质认定评审准则》的要求，给出审批意见。

3.4　扩项评审

3.4.1　适用于已获资质认定技术能力内的少量参数扩项申请。

3.4.2　由资质认定部门核查申请材料的完整性，并审查是否符合《检验检测机构资质认定评审准则》的要求，给出审批意见。

3.5　当因受书面审查方式限制而导致检验检测机构的基本条件和技术能力确认存在疑点或者不充分的情况时，资质认定部门应当视风险情况，追加现场评审或者远程评审。

附件 3

检验检测机构资质认定远程评审工作程序

1　目的

本程序依据《检验检测机构资质认定管理办法》的相关资质认定技术评审要求制定，其目的是规范检验检测机构资质认定远程评审工作。

2　适用范围

本程序适用于对检验检测机构开展的资质认定远程评审工作。

远程评审方式适用于涉及实际技术能力变化的变更、扩项申请，以下情形可选择远程评审：由于不可抗力（疫情、安全、旅途限制等）无法前往现场评审；检验检测机构实验室从事完全相同的检测活动有多个地点，各地点均运行相同的管理体系，且可以在任何一个地点查阅所有其他地点的电子记录及数据的；已获资质认定技术领域能力内的少量参数变更及扩项；现场评审后需要进行跟踪评审，但跟踪评审无法在规定时间内完成。

3　实施部门

确定实施部门，组建评审组的程序与现场评审工作程序一致。

4　工作流程

4.1　材料审查

与现场评审工作程序一致。

4.2　评审通知的下发

材料审查合格后，资质认定部门或者其委托的专业技术评价机构向检验检测机构下发《检验检测机构资质认定远程评审通知书》，同时告知评审组按计划实施评审。

4.3　远程评审前准备

4.3.1　评审组长应当保持与资质认定部门或者其委托的专业技术评价机构的良好沟通，获得检验检测机构的相关信息和资料。

4.3.2　评审组长应当与检验检测机构进行良好沟通，了解其基本状况以及可能对评审过程产生影响的特殊情况等。

4.3.3　评审组长应当编制《检验检测机构资质认定远程评审日程表》，明确评审的日期、时间、评审范围（要素、技术能力）、评审组分工等。

4.3.4　评审组长应当与评审组成员联系，并组织策划远程评审方案；组织评审组成员对《检验检测能力申请表》的表述规范性进行初步审核，拟定现场考核项目。

4.3.5　远程评审前，评审双方应当对远程评审所需的信息和通信技术的软硬件配置的适宜性、相关人员的信息和通信技术能力、信息和通信技术的安全性和保密性等是否符合实施远程评审条件进行确认，若不符合，则不能实施远程评审。

4.4　远程评审的实施

4.4.1　预备会议

评审组长在评审前以视频会议方式召开评审组预备会，会议内容和要求与现场评审工作程序一致。评审组成员可在各自办公场所通过视频会议参加远程评审预备会。

4.4.2　首次会议

首次会议以视频会议方式由评审组长主持召开，评审组全体成员，检验检测机构管理层、技术负责人、质量负责人及评审组认为有必要参加的所申请检验检测项目相关人员应当参加首次会议，会议内容与现场评审工作程序一致，首次会议的音频、视频等文件应当存档。

4.4.3　检验检测机构场所考察

首次会议结束，由陪同人员携带图像采集设备依照评审组指示对检验检测机构相关的办公及检验检测场所进行图像采集。评审人员可及时进行有关的提问，有目的地观察环境条件、设备设施是否符合检验检测的要求。考察检验检测机构场所的音频、视频等文件应当存档。

4.4.4 现场考核

1)考核项目的选择、报告验证和现场试验的要求与现场评审工作程序一致。

2)评审组应当对需要进行现场试验的检验检测能力进行实时视频评审，视频采集设备应当覆盖试验场所，检验检测人员在开始试验操作前应当向视频采集设备出示上岗证并声明即将开展的检验检测活动。

现场操作时应当有额外的视频采集设备近距离采集试验过程，评审员或者技术专家应当与被见证的检验检测人员保持顺畅的沟通，必要时检验检测机构应当调整摄像设备或者多角度拍摄以便评审员或者技术专家能完整地观摩。

当检验检测机构实际情况不适合进行实时视频考核时(如网络问题、检验检测机构屏蔽问题等)，检验检测机构应当根据与评审组事先商定的要求预录制现场试验视频，预录制的影像应当清晰包含检验检测人员、检验检测用关键设备、环境设施、检验检测对象及检验检测全部流程。评审组通过观察现场试验的视频来确认检验检测能力。

3)报告验证所需相关材料可通过网络文件传输方式向评审组提供。视频采集等装置覆盖文件存放场所。配备实验室信息管理系统的检验检测机构，评审组可通过系统授权以远程调阅的方式查阅资料。

现场考核的音频、视频等文件应当存档。

4.4.5 现场提问

现场提问的要求与现场评审工作程序一致。

现场提问可与现场考察、现场试验考核、记录查阅等活动结合进行，也可在座谈会等场合进行。现场试验考核、记录查阅活动中的现场提问通过视频采集设备同步音频采集完成，座谈会现场提问通过会议音频、视频采集完成。现场提问相关音频、视频等文件应当存档。

4.4.6 记录查阅

查阅文件、记录时，存放文件和记录的场所应当有音频、视频采集设备覆盖，机构人员携带额外的音频、视频采集设备遵照评审组指示取出需要查阅的文件。通过网络文件传输方式向评审组提供文件和记录。配备实验室信息管理系统的检验检测机构，评审组可通过系统授权以远程调阅的方式查阅相关文件及记录。查阅的文件、记录及相关音频、视频等文件应当存档。

4.4.7 评审记录的填写

评审记录的填写要求与现场评审工作程序一致，评审记录由评审组通过网络文件传递方式完成。

4.4.8 现场座谈

现场座谈以视频会议的方式完成，会议内容与现场评审工作程序一致。座谈会音频、视频等文件应当存档。

4.4.9 检验检测能力的确定

检验检测能力的确定与现场评审工作程序一致。

4.4.10 评审组确认的检验检测能力的填写

由评审组成员根据自身分工完成，通过网络文件传输方式提交评审组长汇总。

4.4.11 评审组内部会

评审组内部会以视频会议的方式完成，会议内容与现场评审工作程序一致。内部会音频、视频等文件应当存档。

4.4.12 与检验检测机构的沟通

与检验检测机构的沟通以视频会议的方式完成,沟通内容与现场评审工作程序一致。沟通会音频、视频等文件应当存档。

4.4.13 评审结论

评审结论分为"符合""基本符合""不符合"三种。

4.4.14 评审报告

评审报告中应当清晰注明本次评审方式是远程评审,评审报告内容和要求与现场评审工作程序一致。评审组成员的签字可通过文件传递或者符合法律法规要求的电子签名的方式完成。

4.4.15 末次会议

末次会议以视频会议的方式完成,会议内容与现场评审工作程序一致。末次会音频、视频等文件应当存档。

4.5 整改的跟踪验证

整改的跟踪验证要求和程序与现场评审工作程序一致。

4.6 评审材料汇总上报

汇总上报的评审材料除附件1第4.6条款要求的材料以外,还应当包括所有远程评审过程中相关的音频、视频、照片等文件。

4.7 终止评审

检验检测机构的以下情况,评审组应当请示资质认定部门或者其委托的专业技术评价机构,经同意后可终止评审。

1)无合法的法律地位;

2)人员严重不足;

3)场所严重不符合检验检测活动的要求;

4)缺乏必备的设备设施;

5)管理体系严重失控;

6)存在严重违法违规问题或被列入经营异常名录、严重违法失信名单;

7)用于远程沟通的设备出现异常情况且短期内无法恢复;

8)远程评审准备不充分,严重影响评审进度,如不能按照评审计划及时提供评审组所需要的证据资料,接受评审的人员不能熟练操作远程通信软件,提供的文件、记录等资料模糊、不清晰等导致影响评审进度的情况;

9)在远程评审中存在刻意误导隐瞒等情况;

10)不配合致使评审无法进行;

11)申请资质认定材料与真实情况严重不符。

附件 4

《检验检测机构资质认定评审准则》一般程序审查(告知承诺核查)表

条款	序号	具体审查(核查)内容	审查(核查)结论(在□中打√) 符合	基本符合	不符合
2	评审内容与要求				
2.8	检验检测机构应当是依法成立并能够承担相应法律责任的法人或者其他组织。				
2.8.1*	检验检测机构或者其所在的组织应当有明确的法律地位,对其出具的检验检测数据、结果负责,并承担法律责任。不具备独立法人资格的检验检测机构应当经所在法人单位授权。		□	□	□
	1)	检验检测机构是法人机构的应当依法进行登记。企业法人注册经营范围不得包含生产、销售等影响公正性的内容。			
	2)	检验检测机构是其他组织(包括法人分支机构)的应当依法进行登记。			
	3)	法人、其他组织登记、注册的机构名称、地址应当与资质认定申请书一致,且登记、注册证书在有效期内。			
	4)	法定代表人不担任检验检测机构最高管理者的,应当对检验检测机构的最高管理者进行授权,并明确法律责任。			
2.8.2	检验检测机构应当以公开方式对其遵守法定要求、独立公正从业、履行社会责任、严守诚实信用等情况进行自我承诺。		□	□	□
	5)	检验检测机构应当真实、全面、准确地自我承诺其遵守法定要求、独立公正从业、履行社会责任、严守诚实信用等情况。			
2.8.3	检验检测机构应当独立于其出具的检验检测数据、结果所涉及的利益相关方,不受任何可能干扰其技术判断的因素影响,保证检验检测数据、结果公正准确、可追溯。		□	□	□
	6)	检验检测机构或其所在法人组织还从事检验检测以外的活动的,检验检测机构应当独立运作,并识别、消除与其他部门或岗位可能存在影响其判断的独立性和诚实性的风险。			
2.8.4	检验检测机构及其人员应当对其在检验检测活动中所知悉的国家秘密、商业秘密负有保密义务,并制定实施相应的保密措施。		□	□	□
	7)	检验检测机构制定并实施必要的保密制度和措施,使其人员对其在检验检测活动中所知悉的国家秘密、商业秘密履行保密义务。			
2.9	检验检测机构应当具有与其从事检验检测活动相适应的检验检测技术人员和管理人员。				

（续表）

<table>
<tr><th rowspan="2">条款</th><th rowspan="2">序号</th><th rowspan="2">具体审查(核查)内容</th><th colspan="3">审查(核查)结论
(在□中打√)</th></tr>
<tr><th>符合</th><th>基本符合</th><th>不符合</th></tr>
<tr><td>2.9.1 *</td><td colspan="2">检验检测机构与其人员建立劳动关系应当符合《中华人民共和国劳动法》《中华人民共和国劳动合同法》的有关规定，法律、行政法规对检验检测人员执业资格或者禁止从业另有规定的，依照其规定。</td><td>□</td><td>□</td><td>□</td></tr>
<tr><td></td><td>8)</td><td colspan="4">检验检测机构人员均应当签订劳动、聘用合同，且符合相关法律法规的规定。</td></tr>
<tr><td>2.9.2</td><td colspan="2">检验检测机构人员的受教育程度、专业技术背景和工作经历、资质资格、技术能力应当符合工作需要。</td><td>□</td><td>□</td><td>□</td></tr>
<tr><td rowspan="5"></td><td>9)</td><td colspan="4">检验检测机构具有为保证管理体系的有效运行、出具正确检验检测数据、结果所需的技术人员和管理人员(包括最高管理者、技术负责人、质量负责人、授权签字人等)。</td></tr>
<tr><td>10)</td><td colspan="4">检验检测机构技术人员和管理人员的结构、数量、受教育程度、理论基础、技术背景和经历、实际操作能力、职业素养等符合工作类型、工作范围和工作量的需要。</td></tr>
<tr><td>11)</td><td colspan="4">检验检测机构的技术负责人负责检验检测机构的全部技术活动范围。</td></tr>
<tr><td>12)</td><td colspan="4">技术负责人具有中级及以上相关专业技术职称或者同等能力。同等能力是指博士研究生毕业，从事相关专业检验检测活动1年及以上；硕士研究生毕业，从事相关专业检验检测活动3年及以上；大学本科毕业，从事相关专业检验检测活动5年及以上；大学专科毕业，从事相关专业检验检测活动8年及以上。</td></tr>
<tr><td>13)</td><td colspan="4">质量负责人、技术负责人、授权签字人符合管理体系任职要求、授权条件，具有任职文件，有充分的证据证明其能力持续符合要求。</td></tr>
<tr><td>2.9.3</td><td colspan="2">检验检测报告授权签字人应当具有中级及以上相关专业技术职称或者同等能力，并符合相关技术能力要求。</td><td>□</td><td>□</td><td>□</td></tr>
<tr><td rowspan="2"></td><td>14)</td><td colspan="4">检验检测报告授权签字人具有中级及以上相关专业技术职称或者同等能力。同等能力是指博士研究生毕业，从事相关专业检验检测活动1年及以上；硕士研究生毕业，从事相关专业检验检测活动3年及以上；大学本科毕业，从事相关专业检验检测活动5年及以上；大学专科毕业，从事相关专业检验检测活动8年及以上。</td></tr>
<tr><td>15)</td><td colspan="4">检验检测报告授权签字人的授权文件明确规定授权签字人签字范围，授权签字人的工作经历和教育背景与授权文件规定的签发报告范围相适应，授权签字人的能力胜任所承担的工作。</td></tr>
<tr><td>2.10</td><td colspan="5">检验检测机构应当具有固定的工作场所，工作环境符合检验检测要求。</td></tr>
<tr><td>2.10.1 *</td><td colspan="2">检验检测机构具有符合标准或者技术规范要求的检验检测场所，包括固定的、临时的、可移动的或者多个地点的场所。</td><td>□</td><td>□</td><td>□</td></tr>
<tr><td rowspan="2"></td><td>16)</td><td colspan="4">检验检测机构的工作场所与《检验检测机构资质认定申请书》填写的工作场所地址一致。</td></tr>
<tr><td>17)</td><td colspan="4">检验检测机构对工作场所具有完全的使用权，并能提供证明文件。如租用、借用场地，期限不少于1年。</td></tr>
<tr><td>2.10.2</td><td colspan="2">检验检测工作环境及安全条件符合检验检测活动要求。</td><td>□</td><td>□</td><td>□</td></tr>
</table>

（续表）

条款	序号	具体审查（核查）内容	审查（核查）结论（在□中打√）		
			符合	基本符合	不符合
	18）	检验检测机构的场所符合开展检验检测相应标准或者技术规范要求。			
	19）	标准或者技术规范对开展检验检测活动的环境条件有要求，或者当环境条件影响检验检测结果质量时，检验检测机构应当对环境条件进行监测、控制和记录，使其持续符合标准或者技术规范要求。			
	20）	检验检测机构应当有效识别检验检测活动所涉及的安全因素（如危险化学品的规范存储和领用、危废处理的合规性、气瓶的安全管理和使用等），并设置必要的防护设施、应急设施，制定相应预案。			
2.11	检验检测机构应当具备从事检验检测活动所必需的检验检测设备设施。				
2.11.1*	检验检测机构应当配备具有独立支配使用权、性能符合工作要求的设备和设施。		□	□	□
	21）	检验检测机构应当配备符合开展检验检测（包括抽样、样品制备、数据处理与分析等）工作要求的设备和设施。			
	22）	检验检测机构使用租用、借用的设备设施申请资质认定的，应当有合法的租用、借用合同，租用、借用期限不少于1年。并对租用、借用的设备设施具有完全的使用权、支配权。同一台设备设施不得共同租用、借用、使用。			
2.11.2	检验检测机构应当对检验检测数据、结果的准确性或者有效性有影响的设备（包括用于测量环境条件等辅助测量设备）实施检定、校准或核查，保证数据、结果满足计量溯源性要求。		□	□	□
	23）	对检验检测数据、结果有影响的设备（包括仪器、软件、测量标准、标准物质、参考数据、试剂、消耗品、辅助设备或相应组合装置），投入使用前应当实施核查、检定或者校准及周期核查、检定或者校准； 设备检定或者校准应当满足计量溯源性要求； 设备的核查、使用、维护、保管、运输等应符合相应的程序以确保其溯源的有效性。			
	24）	对检定、校准或核查的结果进行计量确认，确保其满足预期使用要求。包括溯源文件的有效性、检定、校准或核查的结果与预期使用的计量要求相比较以及所要求的标识。 所有修正信息得到有效利用、更新和备份。 无法溯源到国家或国际测量标准时，检验检测机构应当保留检验检测结果相关性或准确性的证据。 检验检测机构的参考标准及其使用应满足溯源要求。			
2.11.3	检验检测机构如使用标准物质，应当满足计量溯源性要求。		□	□	□
	25）	若使用标准物质，应当满足计量溯源性要求，可能时，溯源到SI单位或者有证标准物质。			
2.12	检验检测机构应当建立保证其检验检测活动独立、公正、科学、诚信的管理体系，并确保该管理体系能够得到有效、可控、稳定实施，持续符合检验检测机构资质认定条件以及相关要求。				

（续表）

条款	序号	具体审查（核查）内容	审查（核查）结论（在□中打√）		
			符合	基本符合	不符合
2.12.1		检验检测机构应当依据法律法规、标准（包括但不限于国家标准、行业标准、国际标准）的规定制定完善的管理体系文件，包括政策、制度、计划、程序和作业指导书等。检验检测机构建立的管理体系应当符合自身实际情况并有效运行。	□	□	□
	26）	检验检测机构建立的管理体系与机构自身实际情况相适应。 检验检测机构应当提供其管理体系有效运行的证据。			
	27）	检验检测机构建立的管理体系文件包含政策、制度、计划、手册、程序和作业指导书，以恰当的文件形式体现。文件形式包括但不限于质量手册、程序文件、作业指导书等。			
	28）	检验检测机构建立的管理体系应当有效运行，具有体系运行相应的记录。 a）管理体系文件标识、批准、发布、变更和废止控制记录； b）客户投诉的接收、确认、调查、处理和服务客户记录； c）检验检测不符合工作的处理记录； d）检验检测机构采取纠正措施、应对风险和机遇的措施和改进记录； e）检验检测样品全过程控制记录； f）检验检测机构管理体系内部审核记录； g）检验检测机构管理评审记录。			
	29）	检验检测机构建立的管理体系应当对机构组织结构、岗位职责、任职要求和能力确认作出规定。 检验检测机构依据管理体系建立的人员技术档案内容包括不限于教育背景、培训经历、资格确认、授权、监督的相关记录。 检验检测机构依据管理体系规定开展人员的管理、技术、安全培训，并保存培训记录。			
2.12.2		检验检测机构应当开展有效的合同评审。对相关要求、标书、合同的偏离、变更应当征得客户同意并通知相关人员。	□	□	□
	30）	检验检测机构建立的管理体系包含对评审客户要求、标书、合同的偏离、变更做出规定的内容。			
	31）	检验检测机构的管理体系包含对分包和使用判定规则的相关规定。			
2.12.3		检验检测机构选择和购买的服务和供应品应当符合检验检测的工作需求。	□	□	□
	32）	检验检测机构应当对选择和购买的服务和供应品符合检验检测工作需求作出规定并有效实施，确保服务和供应品符合检验检测工作需求。			
2.12.4＊		检验检测机构能正确使用有效的方法开展检验检测活动。检验检测方法包括标准方法和非标准方法，应当优先使用标准方法。使用标准方法前应当进行验证；使用非标准方法前，应当先对方法进行确认，再验证。	□	□	□

（续表）

条款	序号	具体审查(核查)内容	审查(核查)结论（在□中打√）符合	基本符合	不符合
	33)	检验检测机构对新引入或者变更的标准方法进行方法验证并保留方法验证记录，方法验证记录可以证明人员、环境条件、设备设施和样品符合相应方法要求，检验检测的数据、结果质量得到有效控制。检验检测机构在使用非标方法前应当进行确认、验证，并保留相关方法确认记录和方法验证记录。			
	34)	检验检测机构根据所开展检验检测活动需要制定作业指导书，如：设备操作规程、样品的制备程序、补充的检验检测细则等。作业指导书与检验检测机构开展的检验检测活动相适应。			
	35)	检验检测机构的管理体系包含对检验检测方法定期查新和保留查新记录作出规定的内容。检验检测机构保留查新记录，证明所用方法正确有效。			
2.12.5	当检验检测标准、技术规范或者声明与规定要求的符合性有测量不确定度要求时，检验检测机构应当报告测量不确定度。		□	□	□
	36)	检验检测机构的管理体系包含对报告检验检测结果测量不确定度作出规定的内容。			
	37)	检验检测机构开展检验检测活动所依据的方法中有不确定度要求或声明与规定要求的符合性有测量不确定度要求时，检验检测机构根据管理体系的规定报告不确定度并保留记录。			
2.12.6	检验检测机构出具的检验检测报告应当客观真实、方法有效、数据完整、信息齐全、结论明确、表述清晰并使用法定计量单位。		□	□	□
	38)	检验检测机构体系文件包含检验检测报告的固定格式。报告应当客观真实、方法有效、数据完整、信息齐全、结论明确、表述清晰、使用法定计量单位并符合检验检测方法的规定。			
	39)	检验检测机构开展检验检测活动的原始记录信息能有效支撑对应出具的报告内容。			
	40)	检验检测机构出具的报告至少应当包括：标题、唯一性标识、资质认定标志、检验检测机构的检验检测专用章或者公章、授权签字人识别、客户的名称和地址、检验检测方法的识别、样品的识别、样品接收时间和检验检测时间、签发时间、存在抽样时的抽样信息和存在分包时的分包信息。			
	41)	检验检测机构如果使用电子签名，符合相关法律法规规定。			
2.12.7	检验检测机构应当对质量记录和技术记录的管理作出规定，包括记录的标识、贮存、保护、归档留存和处置等内容。记录信息应当充分、清晰、完整。检验检测原始记录和报告保存期限不少于6年。		□	□	□
	42)	检验检测机构的管理体系包含对记录管理的规定，记录应当信息充分、清晰、完整。记录管理内容包括记录标识、贮存、保护、归档留存和处置等。检验检测原始记录和报告保存期限不少于6年。			
	43)	检验检测机构具备保存记录和相关文件的场所，该场所的环境设施及环境条件符合保存要求。			

（续表）

条款	序号	具体审查（核查）内容	审查（核查）结论（在□中打√）		
			符合	基本符合	不符合
2.12.8	检验检测机构在运用计算机信息系统实施检验检测、数据传输或者对检验检测数据和相关信息进行管理时，应当具有保障安全性、完整性、正确性措施。		□	□	□
	44)	检验检测机构在利用计算机信息系统对检验检测数据进行采集、处理、记录、报告、存储或者检索时，检验检测机构建立的管理体系文件包含保护数据完整性、安全性和不可伪造篡改的内容，防止未经授权的访问，确保检验检测数据、结果不被篡改、不丢失、可追溯。			
	45)	检验检测机构在运用计算机信息系统实施检验检测、数据传输或者对检验检测数据和相关信息进行管理时，正确有效开展保障安全性、完整性、正确性的措施。			
	46)	检验检测机构应当对所使用的自动化软件，包括信息化管理系统、数据采集系统、数据处理系统的正确性进行验证并保留相关活动记录。			
	47)	检验检测机构建立的管理体系包含对计算机信息系统的数据保护、电子存储和传输结果规定的内容。			
2.12.9	检验检测机构应当实施有效的数据、结果质量控制活动，质量控制活动与检验检测工作相适应。数据、结果质量控制活动包括内部质量控制活动和外部质量控制活动。内部质量控制活动包括但不限于人员比对、设备比对、留样再测、盲样考核等。外部质量控制活动包括但不限于能力验证、实验室间比对等。		□	□	□
	48)	检验检测机构建立的管理体系包含对数据、结果质量控制作出规定的内容。检验检测机构开展的数据、结果质量控制活动与其开展的检验检测工作相适应。			
	49)	检验检测机构具有依据管理体系规定开展数据、结果质量控制活动的相关记录。			
	50)	检验检测机构在开展数据、结果质量控制活动时，数据的记录方式便于发现其发展趋势，若发现偏离了预先目标，应当采取有效的措施纠正，防止出现错误的结果。			
2.13	有关法律法规及标准、技术规范对检验检测机构的主体、人员、场所环境、设备设施和管理体系等条件有特殊规定的，检验检测机构还应当符合相关特殊要求。		□	□	□
结论	一般程序审查	符合 □ 基本符合 □ 不符合 □	备注	带“*”条款出现不符合的，审查结论为“不符合”。	
	告知承诺核查	承诺属实 □ 承诺基本属实 □ 承诺严重不属实/虚假承诺 □		带“*”条款出现不符合的，核查结论为“承诺严重不属实/虚假承诺”。	

国家市场监督管理总局令

第 39 号

《检验检测机构监督管理办法》已经 2021 年 3 月 25 日国家市场监督管理总局第 5 次局务会议审议通过，现予公布，自 2021 年 6 月 1 日起施行。

局长：张工

2021 年 4 月 8 日

检验检测机构监督管理办法

第一条 为了加强检验检测机构监督管理工作，规范检验检测机构从业行为，营造公平有序的检验检测市场环境，依照《中华人民共和国计量法》及其实施细则、《中华人民共和国认证认可条例》等法律、行政法规，制定本办法。

第二条 在中华人民共和国境内检验检测机构从事向社会出具具有证明作用的检验检测数据、结果、报告（以下统称检验检测报告）的活动及其监督管理，适用本办法。

法律、行政法规对检验检测机构的监督管理另有规定的，依照其规定。

第三条 本办法所称检验检测机构，是指依法成立，依据相关标准等规定利用仪器设备、环境设施等技术条件和专业技能，对产品或者其他特定对象进行检验检测的专业技术组织。

第四条 国家市场监督管理总局统一负责、综合协调检验检测机构监督管理工作。

省级市场监督管理部门负责本行政区域内检验检测机构监督管理工作。

地（市）、县级市场监督管理部门负责本行政区域内检验检测机构监督检查工作。

第五条 检验检测机构及其人员应当对其出具的检验检测报告负责，依法承担民事、行政和刑事法律责任。

第六条 检验检测机构及其人员从事检验检测活动应当遵守法律、行政法规、部门规章的规定，遵循客观独立、公平公正、诚实信用原则，恪守职业道德，承担社会责任。

检验检测机构及其人员应当独立于其出具的检验检测报告所涉及的利益相关方，不受任何可能干扰其技术判断的因素影响，保证其出具的检验检测报告真实、客观、准确、完整。

第七条 从事检验检测活动的人员，不得同时在两个以上检验检测机构从业。检验检测授权签字人应当符合相关技术能力要求。

法律、行政法规对检验检测人员或者授权签字人的执业资格或者禁止从业另有规定的，依照其规定。

第八条 检验检测机构应当按照国家有关强制性规定的样品管理、仪器设备管理与使用、检验检测规程或者方法、数据传输与保存等要求进行检验检测。

检验检测机构与委托人可以对不涉及国家有关强制性规定的检验检测规程或者方法等作出约定。

第九条　检验检测机构对委托人送检的样品进行检验的，检验检测报告对样品所检项目的符合性情况负责，送检样品的代表性和真实性由委托人负责。

第十条　需要分包检验检测项目的，检验检测机构应当分包给具备相应条件和能力的检验检测机构，并事先取得委托人对分包的检验检测项目以及拟承担分包项目的检验检测机构的同意。

检验检测机构应当在检验检测报告中注明分包的检验检测项目以及承担分包项目的检验检测机构。

第十一条　检验检测机构应当在其检验检测报告上加盖检验检测机构公章或者检验检测专用章，由授权签字人在其技术能力范围内签发。

检验检测报告用语应当符合相关要求，列明标准等技术依据。检验检测报告存在文字错误，确需更正的，检验检测机构应当按照标准等规定进行更正，并予以标注或者说明。

第十二条　检验检测机构应当对检验检测原始记录和报告进行归档留存。保存期限不少于6年。

第十三条　检验检测机构不得出具不实检验检测报告。

检验检测机构出具的检验检测报告存在下列情形之一，并且数据、结果存在错误或者无法复核的，属于不实检验检测报告：

(一)样品的采集、标识、分发、流转、制备、保存、处置不符合标准等规定，存在样品污染、混淆、损毁、性状异常改变等情形的；

(二)使用未经检定或者校准的仪器、设备、设施的；

(三)违反国家有关强制性规定的检验检测规程或者方法的；

(四)未按照标准等规定传输、保存原始数据和报告的。

第十四条　检验检测机构不得出具虚假检验检测报告。

检验检测机构出具的检验检测报告存在下列情形之一的，属于虚假检验检测报告：

(一)未经检验检测的；

(二)伪造、变造原始数据、记录，或者未按照标准等规定采用原始数据、记录的；

(三)减少、遗漏或者变更标准等规定的应当检验检测的项目，或者改变关键检验检测条件的；

(四)调换检验检测样品或者改变其原有状态进行检验检测的；

(五)伪造检验检测机构公章或者检验检测专用章，或者伪造授权签字人签名或者签发时间的。

第十五条　检验检测机构及其人员应当对其在检验检测工作中所知悉的国家秘密、商业秘密予以保密。

第十六条　检验检测机构应当在其官方网站或者以其他公开方式对其遵守法定要求、独立公正从业、履行社会责任、严守诚实信用等情况进行自我声明，并对声明内容的真实性、全面性、准确性负责。

检验检测机构应当向所在地省级市场监督管理部门报告持续符合相应条件和要求、遵守从业规范、开展检验检测活动以及统计数据等信息。

检验检测机构在检验检测活动中发现普遍存在的产品质量问题的，应当及时向市场监督管理部门报告。

第十七条　县级以上市场监督管理部门应当依据检验检测机构年度监督检查计划，随机抽取检查对象、随机选派执法检查人员开展监督检查工作。

因应对突发事件等需要，县级以上市场监督管理部门可以应急开展相关监督检查工作。

国家市场监督管理总局可以根据工作需要，委托省级市场监督管理部门开展监督检查。

第十八条　省级以上市场监督管理部门可以根据工作需要，定期组织检验检测机构能力验证工作，并公布能力验证结果。

检验检测机构应当按照要求参加前款规定的能力验证工作。

第十九条　省级市场监督管理部门可以结合风险程度、能力验证及监督检查结果、投诉举报情况等，对本行政区域内检验检测机构进行分类监管。

第二十条　市场监督管理部门可以依法行使下列职权：

(一)进入检验检测机构进行现场检查；

(二)向检验检测机构、委托人等有关单位及人员询问、调查有关情况或者验证相关检验检测活动；

(三)查阅、复制有关检验检测原始记录、报告、发票、账簿及其他相关资料；

(四)法律、行政法规规定的其他职权。

检验检测机构应当采取自查自改措施，依法从事检验检测活动，并积极配合市场监督管理部门开展的监督检查工作。

第二十一条　县级以上地方市场监督管理部门应当定期逐级上报年度检验检测机构监督检查结果等信息，并将检验检测机构违法行为查处情况通报实施资质认定的市场监督管理部门和同级有关行业主管部门。

第二十二条　县级以上市场监督管理部门应当依法公开监督检查结果，并将检验检测机构受到的行政处罚等信息纳入国家企业信用信息公示系统等平台。

第二十三条　任何单位和个人有权向县级以上市场监督管理部门举报检验检测机构违反本办法规定的行为。

第二十四条　县级以上市场监督管理部门发现检验检测机构存在不符合本办法规定，但无需追究行政和刑事法律责任的情形的，可以采用说服教育、提醒纠正等非强制性手段予以处理。

第二十五条　检验检测机构有下列情形之一的，由县级以上市场监督管理部门责令限期改正；逾期未改正或者改正后仍不符合要求的，处 3 万元以下罚款：

(一)违反本办法第八条第一款规定，进行检验检测的；

(二)违反本办法第十条规定分包检验检测项目，或者应当注明而未注明的；

(三)违反本办法第十一条第一款规定，未在检验检测报告上加盖检验检测机构公章或者检验检测专用章，或者未经授权签字人签发或者授权签字人超出其技术能力范围签发的。

第二十六条　检验检测机构有下列情形之一的，法律、法规对撤销、吊销、取消检验检测资质或者证书等有行政处罚规定的，依照法律、法规的规定执行；法律、法规未作规定的，由县级以上市场监督管理部门责令限期改正，处 3 万元罚款：

（一）违反本办法第十三条规定，出具不实检验检测报告的；

（二）违反本办法第十四条规定，出具虚假检验检测报告的。

第二十七条　市场监督管理部门工作人员玩忽职守、滥用职权、徇私舞弊的，依法予以处理；涉嫌构成犯罪，依法需要追究刑事责任的，按照有关规定移送公安机关。

第二十八条　本办法自 2021 年 6 月 1 日起施行。

关于印发《安徽省市场监督管理局检验检测机构资质认定行政许可技术评审工作管理办法》的通知

皖市监办发〔2020〕17 号

省局各处室(局、中心),各直属单位:

《安徽省市场监督管理局检验检测机构资质认定行政许可技术评审工作管理办法》已经省局 2020 年第 26 次局长办公会审议通过,请遵照执行。

安徽省市场监督管理局

2020 年 11 月 20 日

安徽省市场监督管理局检验检测机构资质认定行政许可技术评审工作管理办法

第一章　总　则

第一条　为加强检验检测机构资质认定行政许可技术评审工作管理,规范检验检测机构资质认定行政许可(以下统称资质认定)技术评审活动,保证资质认定技术评审工作质量,制定本办法。

第二条　本办法适用于列入安徽省省级政府权责清单目录,由省市场监督管理局实施的检验检测机构资质认定技术评审工作的管理。

第三条　本办法所称资质认定技术评审,是指对申请检验检测机构资质认定的单位(以下统称申请单位),是否符合许可条件所进行的现场或书面等技术性核查、评价活动。

第四条　省市场监督管理局委托具备资质认定技术评审服务能力的机构(以下简称评审机构)承担技术评审工作。

第五条　委托的评审机构应当通过政府采购方式选择确定。省市场监督管理局应当与委托评审机构签订委托评审服务合同,明确双方的权利和义务,合同履行期限最长不超过 3 年。

第六条　资质认定技术评审工作应当遵循公开、公平、公正和便民高效的原则。

第七条　资质认定技术评审费用列入省市场监督管理局年度预算,支出按照规定程序和标准办理。评审机构及其工作人员不得向申请单位收取或变相收取任何费用。

第二章　评审机构和人员

第八条　评审机构应满足以下条件：

（一）是法人单位或法人单位的内设机构；

（二）具有熟悉检验检测机构资质认定法律法规、政策和工作程序的专业技术人员；

（三）具有与开展所委托检验检测资质认定技术评审活动相适应的在编或签有聘期不少于5年的工作人员和评审员；

（四）有固定的工作场所和相应的经费保障。

第九条　评审机构应当建立相应的工作制度，明确组织技术评审的流程、评审关键控制点和相关人员岗位责任。

第十条　评审机构组织现场技术评审时，应当指派两名以上与技术内容相适应的评审员组成评审组，并确定评审组长。必要时，可以聘请相关技术专家参加技术评审。主任评审员可以担任评审组长。

第十一条　评审组应当严格依照资质认定基本规范、评审准则开展技术评审活动，在规定时间内出具技术评审结论。

评审机构、评审组应当对其承担的技术评审活动和技术评审结论的真实性、符合性负责，并承担相应法律责任。

第十二条　评审组成员在组长的领导下，按照评审机构下达的评审任务，独立开展资质认定评审活动，并对评审结论负责。

第十三条　评审机构应健全和完善岗位培训制度，对承担资质认定委托任务的工作人员进行法律法规和业务知识培训，并定期进行知识更新培训。

第十四条　资质认定评审员应当符合以下基本条件，并经确认：

（一）具有国家承认的大学本科及以上相关专业学历，具有相关专业中级及以上技术职称，或具有同等水平的技术能力；

（二）从事检验检测或者相关管理工作5年及以上；

（三）身体健康，适合于本专业评审工作，通常年龄不超过65周岁；

（四）具有良好语言表达和交流能力；

（五）能进行计算机操作，能使用检验检测机构资质认定评审相关的软件系统；

（六）熟悉检验检测机构资质认定相关法律法规，能够依据检验检测机构资质认定的相关规定开展工作；

（七）有足够的时间参加评审工作；

（八）遵守国家法律法规。

第十五条　主任评审员应符合以下条件：

（一）作为评审员至少参加过6次及以上现场评审；

（二）新任主任评审员需经2名及以上主任评审员分别评价合格。

第十六条　评审机构组织的技术评审活动应当接受观察员的监督。观察员由省市场监督管理局指派，由各级市场监督管理局工作人员承担。

第十七条　省市场监督管理局结合此前评审情况、分类监管、诚信档案、投诉信息，对已通过技术评审，但可能存在隐患或疑点的申请机构进行现场复核或文件复核。

第三章　评审工作要求

第十八条　评审机构、评审组在技术评审中发现申请人存在违法行为的，应当及时向省市场监督管理局报告。

第十九条　省市场监督管理局对申请单位提交的申请材料进行初审。省市场监督管理局对自收到之日起5个工作日内作出受理决定的，向评审机构书面下达评审委托通知书。

第二十条　评审机构在收到评审委托通知书后，应根据被评审检验检测机构申请资质认定的检验检测项目和专业类别，按照专业覆盖、就近就便的原则组建评审组，制定评审计划。评审组由1名组长、1名以上评审员或技术专家组成。评审工作计划需报省市场监督管理局审核同意。

第二十一条　评审机构应当及时将评审计划和评审时间书面告知申请单位和评审组长。

第二十二条　申请单位有正当理由认为评审组的组成不利于评审的公正性或者不能保护申请单位的商业秘密时，应当在评审工作开展前书面向评审机构提出，评审机构应当重新安排评审人员。变更评审工作计划需报省市场监督管理局审核同意。

第二十三条　评审机构应当在实施现场评审工作2个工作日前，将现场评审通知抄报设区的市市场监督管理局。由设区的市市场监督管理局负责对评审机构及其组织的技术评审活动进行监督。

第二十四条　技术评审应当在受理申请之日起45个工作日内，依据检验检测机构资质认定基本规范、评审准则的要求，完成对申请单位的技术评审。由于申请人自身原因导致无法在规定时间内完成的情况除外。

第二十五条　现场评审工作一般应当在1至2个工作日内完成，特殊情况下最长不得超过3个工作日。

第二十六条　评审组应当按照有关规定如实、全面地做好评审记录。评审工作结束，评审组应当及时向评审机构提交评审工作报告、评审记录及其相关见证材料，并对其真实性负责。

第二十七条　评审机构行为规范：

（一）应当在规定时限内组织完成技术评审工作；

（二）应当在省市场监督管理局委托的业务范围内开展工作，遵循检验检测机构资质认定基本规范、评审准则的要求，不得擅自增加或者减少技术评审要求；

（三）应当遵守公正性的要求，不得开展向申请单位推销检验检测设备、技术资料、信息化系统、培训咨询服务等影响评审工作公正性的活动；不得推销产品、推荐服务；

（四）应当遵守保密规定，不得泄露技术评审工作中所获悉的国家秘密、商业秘密、技术秘密；

（五）不得无故拒绝省市场监督管理局委托的评审任务；

（六）不得将评审工作转包或再委托给其他机构进行；

（七）不得参与申请单位的生产经营性活动；

第二十八条 评审人员从事评审工作，应当遵守以下规定：

（一）不得接受任何有价证券、礼品和现金；

（二）不得由申请单位承担住宿、交通等费用；

（三）评审工作期间，不得参加任何形式的可能影响评审工作和结论的吃请、旅游、健身、娱乐等活动；

（四）不得泄露评审过程中知晓的国家秘密、商业秘密和个人隐私；

（五）不得参与申请单位的生产、销售等经营性活动；

（六）不得向申请单位提供有偿或变相有偿咨询服务、推销产品或利用评审之便干预申请单位正常的经营活动。

（七）不得与申请单位有利益关联。如有利益关联，应该主动向评审机构申请评审回避。

第二十九条 评审机构应当对技术评审组提交的《检验检测机构资质认定评审报告》和相关评审材料进行审核，审核通过后，以书面形式及时上报省市场监督管理局。

第三十条 省市场监督管理局根据评审机构提交的评审工作报告、评审记录及其相关见证材料，依法作出是否准予许可的书面决定。

第三十一条 评审机构应当依法做好评审记录、评审报告和申请单位提供的相关资料等评审材料的归档和管理。

第三十二条 评审人员签订廉洁自律承诺书，廉洁自律承诺书由评审组长在评审首次会议中宣读后交申请单位留存。申请单位应于现场评审结束后对评审人员廉洁自律情况进行评价，评价意见于5个工作日内反馈给省市场监督管理局。

第三十三条 申请单位对评审工作有异议时，可以书面向评审机构反馈意见或者向省市场监督管理局申诉。评审机构或者省市场监督管理局应当予以调查处理，并将调查处理结果告知申请单位。评审机构调查处理的，应当将调查处理结果报告省市场监督管理局。

第四章 监督管理

第三十四条 评审机构应当主动接受省市场监督管理局的监督检查，并于年底前向省市场监督管理局报告本年度的评审工作总结。

第三十五条 评审机构的名称、法定代表人、技术负责人、办公地址、所有制性质、隶属关系等发生变更的，应当在5个工作日内向省市场监督管理局书面报告。

第三十六条 省市场监督管理局每年对评审机构评审工作质量开展不少于1次的监督抽查。

第三十七条 评审机构有下列情形之一的，省市场监督管理局视情节分别给予约谈、通报批评、暂停委托、永久不予委托的处理。情节严重的，造成重大后果的，移交有关部门依法依规处理：

（一）提供虚假信息的；

（二）出具失实评审报告的；

（三）评审中发现问题未予记录的；

（四）评审机构不再符合规定条件或者监督抽查不合格的；

（五）未按照规定时限实施评审工作的；

（六）增设许可条件或者降低许可条件评审的；

（七）未按照规定报告年度评审工作总结，或者机构、人员发生变化未按规定向省市场监督管理局报告或备案的；

（八）违反本办法二十七条规定的；

（九）评审机构的评审人员违反本办法第二十八条规定的；

（十）被认定存在其他违法违规情形的。

第三十八条　评审人员在评审工作中违反法律、法规、规章和本办法规定的，除依法依规处理外，评审机构应当及时将其从评审人员名录中剔除，并将处理结果报告省市场监督管理局。

第五章　附　则

第三十九条　检验检测机构资质认定行政许可项目分类

（一）检验检测机构资质认定（食品类）

（二）检验检测机构资质认定（环境与环保类）

（三）检验检测机构资质认定（机动车类）

（四）检验检测机构资质认定（公安刑事技术类）

（五）检验检测机构资质认定（司法鉴定类）

（六）检验检测机构资质认定（通用类）

第四十条　本办法所称检验检测机构资质认定技术评审工作分为：现场评审和书面审查。

（一）现场评审

现场评审的类型，包括首次评审、变更评审、复查评审和其他评审。

1. 首次评审：对未获得资质认定的检验检测机构，在其建立和运行管理体系后提出申请，省市场监督管理局对其是否满足资质认定条件进行现场确认的评审。

2. 变更评审：对已获得资质认定的检验检测机构，其组织机构、工作场所、关键人员、技术能力、管理体系等发生变化，省市场监督管理局对其是否满足资质认定条件进行现场确认的评审。

3. 复查评审：对已获得资质认定的检验检测机构，在资质认定证书有效期届满前三个月申请办理证书延续，省市场监督管理局对其资质是否持续满足资质认定条件进行现场确认的评审。

4. 其他评审：对已获得资质认定的检验检测机构，因省市场监督管理局监管、处理申诉投诉等需要，对检验检测机构是否满足资质认定条件进行现场确认的评审。

（二）书面审查

书面审查的类型，包括变更审查和自我声明审查。

1. 变更审查：对已获得资质认定的检验检测机构，其机构名称、法人性质、地址、法定代表人、最高管理者、技术负责人、授权签字人、检验检测标准等发生变更，或自愿取消资质认定项目，省市场监督管理局对其变更情况是否满足资质认定条件进行的书面审核。

2. 自我声明审查：对已获得资质认定的检验检测机构，省市场监督管理局对其自我声明的书面审核。对于作出自我声明的检验检测机构，省市场监督管理局将在后续监督管理中对其声明内容是否属实进行检查，若发现承诺内容不实，省市场监督管理局将撤销审批决定，并将相关情况记入诚信档案。

第四十一条　本办法由省市场监督管理局负责解释。

第四十二条　本办法自印发之日起施行。

住房城乡建设部关于印发工程质量安全手册（试行）的通知

建质〔2018〕95 号

各省、自治区住房城乡建设厅，直辖市建委（规划国土委），新疆生产建设兵团住房城乡建设局：

为深入开展工程质量安全提升行动，保证工程质量安全，提高人民群众满意度，推动建筑业高质量发展，我部制定了《工程质量安全手册（试行）》，现印发你们，请遵照执行。

各地住房城乡建设主管部门可在工程质量安全手册的基础上，结合本地实际，细化有关要求，制定简洁明了、要求明确的实施细则。要督促工程建设各方主体认真执行工程质量安全手册，将工程质量安全要求落实到每个项目、每个员工，落实到工程建设全过程。要以执行工程质量安全手册为切入点，开展质量安全“双随机、一公开”检查，对执行情况良好的企业和项目给予评优评先等政策支持，对不执行或执行不力的企业和个人依法依规严肃查处并曝光。我部将适时组织开展对工程质量安全手册执行情况的督查。

各地在执行中遇到的问题，请及时反馈我部工程质量安全监管司。

住房城乡建设部

2018 年 9 月 21 日

工程质量安全手册

（试行）

住房城乡建设部

2018 年 9 月

1 总　则

1.1　目的

完善企业质量安全管理体系，规范企业质量安全行为，落实企业主体责任，提高质量安全管理水平，保证工程质量安全，提高人民群众满意度，推动建筑业高质量发展。

1.2　编制依据

1.2.1　法律法规。

(1)《中华人民共和国建筑法》；

(2)《中华人民共和国安全生产法》；

(3)《中华人民共和国特种设备安全法》；

(4)《建设工程质量管理条例》；

(5)《建设工程勘察设计管理条例》；

(6)《建设工程安全生产管理条例》；

(7)《特种设备安全监察条例》；

(8)《安全生产许可证条例》；

(9)《生产安全事故报告和调查处理条例》等。

1.2.2　部门规章。

(1)《房屋建筑和市政基础设施工程施工图设计文件审查管理办法》(住房城乡建设部令第 13 号)；

(2)《建筑工程施工许可管理办法》(住房城乡建设部令第 18 号)；

(3)《建设工程质量检测管理办法》(建设部令第 141 号)；

(4)《房屋建筑和市政基础设施工程质量监督管理规定》(住房城乡建设部令第 5 号)；

(5)《房屋建筑和市政基础设施工程竣工验收备案管理办法》(住房城乡建设部令第 2 号)；

(6)《房屋建筑工程质量保修办法》(建设部令第 80 号)；

(7)《建筑施工企业安全生产许可证管理规定》(建设部令第 128 号)；

(8)《建筑起重机械安全监督管理规定》(建设部令第 166 号)；

(9)《建筑施工企业主要负责人、项目负责人和专职安全生产管理人员安全生产管理规定》(住房城乡建设部令第 17 号)；

(10)《危险性较大的分部分项工程安全管理规定》(住房城乡建设部令第 37 号)等。

1.2.3　有关规范性文件，有关工程建设标准、规范。

1.3　适用范围

房屋建筑和市政基础设施工程。

2 行为准则

2.1 基本要求

2.1.1 建设、勘察、设计、施工、监理、检测等单位依法对工程质量安全负责。

2.1.2 勘察、设计、施工、监理、检测等单位应当依法取得资质证书，并在其资质等级许可的范围内从事建设工程活动。施工单位应当取得安全生产许可证。

2.1.3 建设、勘察、设计、施工、监理等单位的法定代表人应当签署授权委托书，明确各自工程项目负责人。

项目负责人应当签署工程质量终身责任承诺书。

法定代表人和项目负责人在工程设计使用年限内对工程质量承担相应责任。

2.1.4 从事工程建设活动的专业技术人员应当在注册许可范围和聘用单位业务范围内从业，对签署技术文件的真实性和准确性负责，依法承担质量安全责任。

2.1.5 施工企业主要负责人、项目负责人及专职安全生产管理人员（以下简称“安管人员”）应当取得安全生产考核合格证书。

2.1.6 工程一线作业人员应当按照相关行业职业标准和规定经培训考核合格，特种作业人员应当取得特种作业操作资格证书。工程建设有关单位应当建立健全一线作业人员的职业教育、培训制度，定期开展职业技能培训。

2.1.7 建设、勘察、设计、施工、监理、监测等单位应当建立完善危险性较大的分部分项工程管理责任制，落实安全管理责任，严格按照相关规定实施危险性较大的分部分项工程清单管理、专项施工方案编制及论证、现场安全管理等制度。

2.1.8 建设、勘察、设计、施工、监理等单位法定代表人和项目负责人应当加强工程项目安全生产管理，依法对安全生产事故和隐患承担相应责任。

2.1.9 工程完工后，建设单位应当组织勘察、设计、施工、监理等有关单位进行竣工验收。工程竣工验收合格，方可交付使用。

2.2 质量行为要求

2.2.1 建设单位。

(1)按规定办理工程质量监督手续。

(2)不得肢解发包工程。

(3)不得任意压缩合理工期。

(4)按规定委托具有相应资质的检测单位进行检测工作。

(5)对施工图设计文件报审图机构审查，审查合格方可使用。

(6)对有重大修改、变动的施工图设计文件应当重新进行报审，审查合格方可使用。

(7)提供给监理单位、施工单位经审查合格的施工图纸。

(8)组织图纸会审、设计交底工作。

(9)按合同约定由建设单位采购的建筑材料、建筑构配件和设备的质量应符合要求。

(10)不得指定应由承包单位采购的建筑材料、建筑构配件和设备,或者指定生产厂、供应商。

(11)按合同约定及时支付工程款。

2.2.2 勘察、设计单位。

(1)在工程施工前,就审查合格的施工图设计文件向施工单位和监理单位作出详细说明。

(2)及时解决施工中发现的勘察、设计问题,参与工程质量事故调查分析,并对因勘察、设计原因造成的质量事故提出相应的技术处理方案。

(3)按规定参与施工验槽。

2.2.3 施工单位。

(1)不得违法分包、转包工程。

(2)项目经理资格符合要求,并到岗履职。

(3)设置项目质量管理机构,配备质量管理人员。

(4)编制并实施施工组织设计。

(5)编制并实施施工方案。

(6)按规定进行技术交底。

(7)配备齐全该项目涉及的设计图集、施工规范及相关标准。

(8)由建设单位委托见证取样检测的建筑材料、建筑构配件和设备等,未经监理单位见证取样并经检验合格的,不得擅自使用。

(9)按规定由施工单位负责进行进场检验的建筑材料、建筑构配件和设备,应报监理单位审查,未经监理单位审查合格的不得擅自使用。

(10)严格按审查合格的施工图设计文件进行施工,不得擅自修改设计文件。

(11)严格按施工技术标准进行施工。

(12)做好各类施工记录,实时记录施工过程质量管理的内容。

(13)按规定做好隐蔽工程质量检查和记录。

(14)按规定做好检验批、分项工程、分部工程的质量报验工作。

(15)按规定及时处理质量问题和质量事故,做好记录。

(16)实施样板引路制度,设置实体样板和工序样板。

(17)按规定处置不合格试验报告。

2.2.4 监理单位。

(1)总监理工程师资格应符合要求,并到岗履职。

(2)配备足够的具备资格的监理人员,并到岗履职。

(3)编制并实施监理规划。

(4)编制并实施监理实施细则。

(5)对施工组织设计、施工方案进行审查。

(6)对建筑材料、建筑构配件和设备投入使用或安装前进行审查。

(7)对分包单位的资质进行审核。

(8)对重点部位、关键工序实施旁站监理,做好旁站记录。

(9)对施工质量进行巡查,做好巡查记录。

(10)对施工质量进行平行检验,做好平行检验记录。

(11)对隐蔽工程进行验收。

(12)对检验批工程进行验收。

(13)对分项、分部(子分部)工程按规定进行质量验收。

(14)签发质量问题通知单,复查质量问题整改结果。

2.2.5　检测单位。

(1)不得转包检测业务。

(2)不得涂改、倒卖、出租、出借或者以其他形式非法转让资质证书。

(3)不得推荐或者监制建筑材料、构配件和设备。

(4)不得与行政机关,法律、法规授权的具有管理公共事务职能的组织以及所检测工程项目相关的设计单位、施工单位、监理单位有隶属关系或者其他利害关系。

(5)应当按照国家有关工程建设强制性标准进行检测。

(6)应当对检测数据和检测报告的真实性和准确性负责。

(7)应当将检测过程中发现的建设单位、监理单位、施工单位违反有关法律、法规和工程建设强制性标准的情况,以及涉及结构安全检测结果的不合格情况,及时报告工程所在地住房城乡建设主管部门。

(8)应当单独建立检测结果不合格项目台账。

(9)应当建立档案管理制度。检测合同、委托单、原始记录、检测报告应当按年度统一编号,编号应当连续,不得随意抽撤、涂改。

2.3　安全行为要求

2.3.1　建设单位。

(1)按规定办理施工安全监督手续。

(2)与参建各方签订的合同中应当明确安全责任,并加强履约管理。

(3)按规定将委托的监理单位、监理的内容及监理权限书面通知被监理的建筑施工企业。

(4)在组织编制工程概算时,按规定单独列支安全生产措施费用,并按规定及时向施工单位支付。

(5)在开工前按规定向施工单位提供施工现场及毗邻区域内相关资料,并保证资料的真实、准确、完整。

2.3.2　勘察、设计单位。

(1)勘察单位按规定进行勘察,提供的勘察文件应当真实、准确。

(2)勘察单位按规定在勘察文件中说明地质条件可能造成的工程风险。

(3)设计单位应当按照法律法规和工程建设强制性标准进行设计,防止因设计不合理导致生产安全事故的发生。

(4)设计单位应当按规定在设计文件中注明施工安全的重点部位和环节,并对防范生产安全事故提出指导意见。

(5)设计单位应当按规定在设计文件中提出特殊情况下保障施工作业人员安全和预防生产安全事故的措施建议。

2.3.3　施工单位。

(1)设立安全生产管理机构,按规定配备专职安全生产管理人员。

(2)项目负责人、专职安全生产管理人员与办理施工安全监督手续资料一致。

(3)建立健全安全生产责任制度,并按要求进行考核。

(4)按规定对从业人员进行安全生产教育和培训。

(5)实施施工总承包的,总承包单位应当与分包单位签订安全生产协议书,明确各自的安全生产职责并加强履约管理。

(6)按规定为作业人员提供劳动防护用品。

(7)在有较大危险因素的场所和有关设施、设备上,设置明显的安全警示标志。

(8)按规定提取和使用安全生产费用。

(9)按规定建立健全生产安全事故隐患排查治理制度。

(10)按规定执行建筑施工企业负责人及项目负责人施工现场带班制度。

(11)按规定制定生产安全事故应急救援预案,并定期组织演练。

(12)按规定及时、如实报告生产安全事故。

2.3.4　监理单位。

(1)按规定编制监理规划和监理实施细则。

(2)按规定审查施工组织设计中的安全技术措施或者专项施工方案。

(3)按规定审核各相关单位资质、安全生产许可证、"安管人员"安全生产考核合格证书和特种作业人员操作资格证书并做好记录。

(4)按规定对现场实施安全监理。发现安全事故隐患严重且施工单位拒不整改或者不停止施工的,应及时向政府主管部门报告。

2.3.5　监测单位。

(1)按规定编制监测方案并进行审核。

(2)按照监测方案开展监测。

3　工程实体质量控制

3.1　地基基础工程

3.1.1　按照设计和规范要求进行基槽验收。

3.1.2　按照设计和规范要求进行轻型动力触探。

3.1.3　地基强度或承载力检验结果符合设计要求。

3.1.4　复合地基的承载力检验结果符合设计要求。

3.1.5　桩基础承载力检验结果符合设计要求。

3.1.6　对于不满足设计要求的地基,应有经设计单位确认的地基处理方案,并有处理记录。

3.1.7　填方工程的施工应满足设计和规范要求。

3.2 钢筋工程

3.2.1 确定细部做法并在技术交底中明确。
3.2.2 清除钢筋上的污染物和施工缝处的浮浆。
3.2.3 对预留钢筋进行纠偏。
3.2.4 钢筋加工符合设计和规范要求。
3.2.5 钢筋的牌号、规格和数量符合设计和规范要求。
3.2.6 钢筋的安装位置符合设计和规范要求。
3.2.7 保证钢筋位置的措施到位。
3.2.8 钢筋连接符合设计和规范要求。
3.2.9 钢筋锚固符合设计和规范要求。
3.2.10 箍筋、拉筋弯钩符合设计和规范要求。
3.2.11 悬挑梁、板的钢筋绑扎符合设计和规范要求。
3.2.12 后浇带预留钢筋的绑扎符合设计和规范要求。
3.2.13 钢筋保护层厚度符合设计和规范要求。

3.3 混凝土工程

3.3.1 模板板面应清理干净并涂刷脱模剂。
3.3.2 模板板面的平整度符合要求。
3.3.3 模板的各连接部位应连接紧密。
3.3.4 竹木模板面不得翘曲、变形、破损。
3.3.5 框架梁的支模顺序不得影响梁筋绑扎。
3.3.6 楼板支撑体系的设计应考虑各种工况的受力情况。
3.3.7 楼板后浇带的模板支撑体系按规定单独设置。
3.3.8 严禁在混凝土中加水。
3.3.9 严禁将洒落的砼浇筑到混凝土结构中。
3.3.10 各部位混凝土强度符合设计和规范要求。
3.3.11 墙和板、梁和柱连接部位的混凝土强度符合设计和规范要求。
3.3.12 混凝土构件的外观质量符合设计和规范要求。
3.3.13 混凝土构件的尺寸符合设计和规范要求。
3.3.14 后浇带、施工缝的接茬处应处理到位。
3.3.15 后浇带的混凝土按设计和规范要求的时间进行浇筑。
3.3.16 按规定设置施工现场试验室。
3.3.17 混凝土试块应及时进行标识。
3.3.18 同条件试块应按规定在施工现场养护。
3.3.19 楼板上的堆载不得超过楼板结构设计承载能力。

3.4 钢结构工程

3.4.1 焊工应当持证上岗，在其合格证规定的范围内施焊。

3.4.2　一、二级焊缝应进行焊缝内部缺陷检验。

3.4.3　高强度螺栓连接副的安装符合设计和规范要求。

3.4.4　钢管混凝土柱与钢筋混凝土梁连接节点核心区的构造应符合设计要求。

3.4.5　钢管内混凝土的强度等级应符合设计要求。

3.4.6　钢结构防火涂料的粘结强度、抗压强度应符合设计和规范要求。

3.4.7　薄涂型、厚涂型防火涂料的涂层厚度符合设计要求。

3.4.8　钢结构防腐涂料涂装的涂料、涂装遍数、涂层厚度均符合设计要求。

3.4.9　多层和高层钢结构主体结构整体垂直度和整体平面弯曲偏差符合设计和规范要求。

3.4.10　钢网架结构总拼完成后及屋面工程完成后，所测挠度值符合设计和规范要求。

3.5　装配式混凝土工程

3.5.1　预制构件的质量、标识符合设计和规范要求。

3.5.2　预制构件的外观质量、尺寸偏差和预留孔、预留洞、预埋件、预留插筋、键槽的位置符合设计和规范要求。

3.5.3　夹芯外墙板内外叶墙板之间的拉结件类别、数量、使用位置及性能符合设计要求。

3.5.4　预制构件表面预贴饰面砖、石材等饰面与混凝土的粘结性能符合设计和规范要求。

3.5.5　后浇混凝土中钢筋安装、钢筋连接、预埋件安装符合设计和规范要求。

3.5.6　预制构件的粗糙面或键槽符合设计要求。

3.5.7　预制构件与预制构件、预制构件与主体结构之间的连接符合设计要求。

3.5.8　后浇筑混凝土强度符合设计要求。

3.5.9　钢筋灌浆套筒、灌浆套筒接头符合设计和规范要求。

3.5.10　钢筋连接套筒、浆锚搭接的灌浆应饱满。

3.5.11　预制构件连接接缝处防水做法符合设计要求。

3.5.12　预制构件的安装尺寸偏差符合设计和规范要求。

3.5.13　后浇混凝土的外观质量和尺寸偏差符合设计和规范要求。

3.6　砌体工程

3.6.1　砌块质量符合设计和规范要求。

3.6.2　砌筑砂浆的强度符合设计和规范要求。

3.6.3　严格按规定留置砂浆试块，做好标识。

3.6.4　墙体转角处、交接处必须同时砌筑，临时间断处留槎符合规范要求。

3.6.5　灰缝厚度及砂浆饱满度符合规范要求。

3.6.6　构造柱、圈梁符合设计和规范要求。

3.7　防水工程

3.7.1　严禁在防水混凝土拌合物中加水。

3.7.2　防水混凝土的节点构造符合设计和规范要求。
3.7.3　中埋式止水带埋设位置符合设计和规范要求。
3.7.4　水泥砂浆防水层各层之间应结合牢固。
3.7.5　地下室卷材防水层的细部做法符合设计要求。
3.7.6　地下室涂料防水层的厚度和细部做法符合设计要求。
3.7.7　地面防水隔离层的厚度符合设计要求。
3.7.8　地面防水隔离层的排水坡度、坡向符合设计要求。
3.7.9　地面防水隔离层的细部做法符合设计和规范要求。
3.7.10　有淋浴设施的墙面的防水高度符合设计要求。
3.7.11　屋面防水层的厚度符合设计要求。
3.7.12　屋面防水层的排水坡度、坡向符合设计要求。
3.7.13　屋面细部的防水构造符合设计和规范要求。
3.7.14　外墙节点构造防水符合设计和规范要求。
3.7.15　外窗与外墙的连接处做法符合设计和规范要求。

3.8　装饰装修工程

3.8.1　外墙外保温与墙体基层的粘结强度符合设计和规范要求。
3.8.2　抹灰层与基层之间及各抹灰层之间应粘结牢固。
3.8.3　外门窗安装牢固。
3.8.4　推拉门窗扇安装牢固,并安装防脱落装置。
3.8.5　幕墙的框架与主体结构连接、立柱与横梁的连接符合设计和规范要求。
3.8.6　幕墙所采用的结构粘结材料符合设计和规范要求。
3.8.7　应按设计和规范要求使用安全玻璃。
3.8.8　重型灯具等重型设备严禁安装在吊顶工程的龙骨上。
3.8.9　饰面砖粘贴牢固。
3.8.10　饰面板安装符合设计和规范要求。
3.8.11　护栏安装符合设计和规范要求。

3.9　给排水及采暖工程

3.9.1　管道安装符合设计和规范要求。
3.9.2　地漏水封深度符合设计和规范要求。
3.9.3　PVC 管道的阻火圈、伸缩节等附件安装符合设计和规范要求。
3.9.4　管道穿越楼板、墙体时的处理符合设计和规范要求。
3.9.5　室内、外消火栓安装符合设计和规范要求。
3.9.6　水泵安装牢固,平整度、垂直度等符合设计和规范要求。
3.9.7　仪表安装符合设计和规范要求。阀门安装应方便操作。
3.9.8　生活水箱安装符合设计和规范要求。
3.9.9　气压给水或稳压系统应设置安全阀。

3.10　通风与空调工程

3.10.1　风管加工的强度和严密性符合设计和规范要求。

3.10.2　防火风管和排烟风管使用的材料应为不燃材料。

3.10.3　风机盘管和管道的绝热材料进场时，应取样复试合格。

3.10.4　风管系统的支架、吊架、抗震支架的安装符合设计和规范要求。

3.10.5　风管穿过墙体或楼板时，应按要求设置套管并封堵密实。

3.10.6　水泵、冷却塔的技术参数和产品性能符合设计和规范要求。

3.10.7　空调水管道系统应进行强度和严密性试验。

3.10.8　空调制冷系统、空调水系统与空调风系统的联合试运转及调试符合设计和规范要求。

3.10.9　防排烟系统联合试运行与调试后的结果符合设计和规范要求。

3.11　建筑电气工程

3.11.1　除临时接地装置外，接地装置应采用热镀锌钢材。

3.11.2　接地(PE)或接零(PEN)支线应单独与接地(PE)或接零(PEN)干线相连接。

3.11.3　接闪器与防雷引下线、防雷引下线与接地装置应可靠连接。

3.11.4　电动机等外露可导电部分应与保护导体可靠连接。

3.11.5　母线槽与分支母线槽应与保护导体可靠连接。

3.11.6　金属梯架、托盘或槽盒本体之间的连接符合设计要求。

3.11.7　交流单芯电缆或分相后的每相电缆不得单根独穿于钢导管内，固定用的夹具和支架不应形成闭合磁路。

3.11.8　灯具的安装符合设计要求。

3.12　智能建筑工程

3.12.1　紧急广播系统应按规定检查防火保护措施。

3.12.2　火灾自动报警系统的主要设备应是通过国家认证(认可)的产品。

3.12.3　火灾探测器不得被其他物体遮挡或掩盖。

3.12.4　消防系统的线槽、导管的防火涂料应涂刷均匀。

3.12.5　当与电气工程共用线槽时，应与电气工程的导线、电缆有隔离措施。

3.13　市政工程

3.13.1　道路路基填料强度满足规范要求。

3.13.2　道路各结构层压实度满足设计和规范要求。

3.13.3　道路基层结构强度满足设计要求。

3.13.4　道路不同种类面层结构满足设计和规范要求。

3.13.5　预应力钢筋安装时，其品种、规格、级别和数量符合设计要求。

3.13.6　垃圾填埋场站防渗材料类型、厚度、外观、铺设及焊接质量符合设计和规范要求。

3.13.7 垃圾填埋场站导气石笼位置、尺寸符合设计和规范要求。

3.13.8 垃圾填埋场站导排层厚度、导排渠位置、导排管规格符合设计和规范要求。

3.13.9 按规定进行水池满水试验，并形成试验记录。

4 安全生产现场控制

4.1 基坑工程

4.1.1 基坑支护及开挖符合规范、设计及专项施工方案的要求。

4.1.2 基坑施工时对主要影响区范围内的建(构)筑物和地下管线保护措施符合规范及专项施工方案的要求。

4.1.3 基坑周围地面排水措施符合规范及专项施工方案的要求。

4.1.4 基坑地下水控制措施符合规范及专项施工方案的要求。

4.1.5 基坑周边荷载符合规范及专项施工方案的要求。

4.1.6 基坑监测项目、监测方法、测点布置、监测频率、监测报警及日常检查符合规范、设计及专项施工方案的要求。

4.1.7 基坑内作业人员上下专用梯道符合规范及专项施工方案的要求。

4.1.8 基坑坡顶地面无明显裂缝，基坑周边建筑物无明显变形。

4.2 脚手架工程

4.2.1 一般规定。

(1)作业脚手架底部立杆上设置的纵向、横向扫地杆符合规范及专项施工方案要求。

(2)连墙件的设置符合规范及专项施工方案要求。

(3)步距、跨距搭设符合规范及专项施工方案要求。

(4)剪刀撑的设置符合规范及专项施工方案要求。

(5)架体基础符合规范及专项施工方案要求。

(6)架体材料和构配件符合规范及专项施工方案要求，扣件按规定进行抽样复试。

(7)脚手架上严禁集中荷载。

(8)架体的封闭符合规范及专项施工方案要求。

(9)脚手架上脚手板的设置符合规范及专项施工方案要求。

4.2.2 附着式升降脚手架。

(1)附着支座设置符合规范及专项施工方案要求。

(2)防坠落、防倾覆安全装置符合规范及专项施工方案要求。

(3)同步升降控制装置符合规范及专项施工方案要求。

(4)构造尺寸符合规范及专项施工方案要求。

4.2.3 悬挑式脚手架。

(1)型钢锚固段长度及锚固型钢的主体结构混凝土强度符合规范及专项施工方案要求。

(2)悬挑钢梁卸荷钢丝绳设置方式符合规范及专项施工方案要求。

(3)悬挑钢梁的固定方式符合规范及专项施工方案要求。

(4)底层封闭符合规范及专项施工方案要求。

(5)悬挑钢梁端立杆定位点符合规范及专项施工方案要求。

4.2.4　高处作业吊篮。

(1)各限位装置齐全有效。

(2)安全锁必须在有效的标定期限内。

(3)吊篮内作业人员不应超过2人。

(4)安全绳的设置和使用符合规范及专项施工方案要求。

(5)吊篮悬挂机构前支架设置符合规范及专项施工方案要求。

(6)吊篮配重件重量和数量符合说明书及专项施工方案要求。

4.2.5　操作平台。

(1)移动式操作平台的设置符合规范及专项施工方案要求。

(2)落地式操作平台的设置符合规范及专项施工方案要求。

(3)悬挑式操作平台的设置符合规范及专项施工方案要求。

4.3　起重机械

4.3.1　一般规定。

(1)起重机械的备案、租赁符合要求。

(2)起重机械安装、拆卸符合要求。

(3)起重机械验收符合要求。

(4)按规定办理使用登记。

(5)起重机械的基础、附着符合使用说明书及专项施工方案要求。

(6)起重机械的安全装置灵敏、可靠;主要承载结构件完好;结构件的连接螺栓、销轴有效;机构、零部件、电气设备线路和元件符合相关要求。

(7)起重机械与架空线路安全距离符合规范要求。

(8)按规定在起重机械安装、拆卸、顶升和使用前向相关作业人员进行安全技术交底。

(9)定期检查和维护保养符合相关要求。

4.3.2　塔式起重机。

(1)作业环境符合规范要求。多塔交叉作业防碰撞安全措施符合规范及专项方案要求。

(2)塔式起重机的起重力矩限制器、起重量限制器、行程限位装置等安全装置符合规范要求。

(3)吊索具的使用及吊装方法符合规范要求。

(4)按规定在顶升(降节)作业前对相关机构、结构进行专项安全检查。

4.3.3　施工升降机。

(1)防坠安全装置在标定期限内,安装符合规范要求。

(2)按规定制定各种载荷情况下齿条和驱动齿轮、安全齿轮的正确啮合保证措施。

(3)附墙架的使用和安装符合使用说明书及专项施工方案要求。

(4)层门的设置符合规范要求。

4.3.4 物料提升机。

(1)安全停层装置齐全、有效。

(2)钢丝绳的规格、使用符合规范要求。

(3)附墙符合要求。缆风绳、地锚的设置符合规范及专项施工方案要求。

4.4 模板支撑体系

4.4.1 按规定对搭设模板支撑体系的材料、构配件进行现场检验,扣件抽样复试。

4.4.2 模板支撑体系的搭设和使用符合规范及专项施工方案要求。

4.4.3 混凝土浇筑时,必须按照专项施工方案规定的顺序进行,并指定专人对模板支撑体系进行监测。

4.4.4 模板支撑体系的拆除符合规范及专项施工方案要求。

4.5 临时用电

4.5.1 按规定编制临时用电施工组织设计,并履行审核、验收手续。

4.5.2 施工现场临时用电管理符合相关要求。

4.5.3 施工现场配电系统符合规范要求。

4.5.4 配电设备、线路防护设施设置符合规范要求。

4.5.5 漏电保护器参数符合规范要求。

4.6 安全防护

4.6.1 洞口防护符合规范要求。

4.6.2 临边防护符合规范要求。

4.6.3 有限空间防护符合规范要求。

4.6.4 大模板作业防护符合规范要求。

4.6.5 人工挖孔桩作业防护符合规范要求。

4.7 其他

4.7.1 建筑幕墙安装作业符合规范及专项施工方案的要求。

4.7.2 钢结构、网架和索膜结构安装作业符合规范及专项施工方案的要求。

4.7.3 装配式建筑预制混凝土构件安装作业符合规范及专项施工方案的要求。

5 质量管理资料

5.1 建筑材料进场检验资料

5.1.1 水泥。

5.1.2 钢筋。

5.1.3 钢筋焊接、机械连接材料。

5.1.4　砖、砌块。
5.1.5　预拌混凝土、预拌砂浆。
5.1.6　钢结构用钢材、焊接材料、连接紧固材料。
5.1.7　预制构件、夹芯外墙板。
5.1.8　灌浆套筒、灌浆料、座浆料。
5.1.9　预应力混凝土钢绞线、锚具、夹具。
5.1.10　防水材料。
5.1.11　门窗。
5.1.12　外墙外保温系统的组成材料。
5.1.13　装饰装修工程材料。
5.1.14　幕墙工程的组成材料。
5.1.15　低压配电系统使用的电缆、电线。
5.1.16　空调与采暖系统冷热源及管网节能工程采用的绝热管道、绝热材料。
5.1.17　采暖通风空调系统节能工程采用的散热器、保温材料、风机盘管。
5.1.18　防烟、排烟系统柔性短管。

5.2　施工试验检测资料

5.2.1　复合地基承载力检验报告及桩身完整性检验报告。
5.2.2　工程桩承载力及桩身完整性检验报告。
5.2.3　混凝土、砂浆抗压强度试验报告及统计评定。
5.2.4　钢筋焊接、机械连接工艺试验报告。
5.2.5　钢筋焊接连接、机械连接试验报告。
5.2.6　钢结构焊接工艺评定报告、焊缝内部缺陷检测报告。
5.2.7　高强度螺栓连接摩擦面的抗滑移系数试验报告。
5.2.8　地基、房心或肥槽回填土回填检验报告。
5.2.9　沉降观测报告。
5.2.10　填充墙砌体植筋锚固力检测报告。
5.2.11　结构实体检验报告。
5.2.12　外墙外保温系统型式检验报告。
5.2.13　外墙外保温粘贴强度、锚固力现场拉拔试验报告。
5.2.14　外窗的性能检测报告。
5.2.15　幕墙的性能检测报告。
5.2.16　饰面板后置埋件的现场拉拔试验报告。
5.2.17　室内环境污染物浓度检测报告。
5.2.18　风管强度及严密性检测报告。
5.2.19　管道系统强度及严密性试验报告。
5.2.20　风管系统漏风量、总风量、风口风量测试报告。
5.2.21　空调水流量、水温、室内环境温度、湿度、噪声检测报告。

5.3 施工记录

5.3.1 水泥进场验收记录及见证取样和送检记录。

5.3.2 钢筋进场验收记录及见证取样和送检记录。

5.3.3 混凝土及砂浆进场验收记录及见证取样和送检记录。

5.3.4 砖、砌块进场验收记录及见证取样和送检记录。

5.3.5 钢结构用钢材、焊接材料、紧固件、涂装材料等进场验收记录及见证取样和送检记录。

5.3.6 防水材料进场验收记录及见证取样和送检记录。

5.3.7 桩基试桩、成桩记录。

5.3.8 混凝土施工记录。

5.3.9 冬期混凝土施工测温记录。

5.3.10 大体积混凝土施工测温记录。

5.3.11 预应力钢筋的张拉、安装和灌浆记录。

5.3.12 预制构件吊装施工记录。

5.3.13 钢结构吊装施工记录。

5.3.14 钢结构整体垂直度和整体平面弯曲度、钢网架挠度检验记录。

5.3.15 工程设备、风管系统、管道系统安装及检验记录。

5.3.16 管道系统压力试验记录。

5.3.17 设备单机试运转记录。

5.3.18 系统非设计满负荷联合试运转与调试记录。

5.4 质量验收记录

5.4.1 地基验槽记录。

5.4.2 桩位偏差和桩顶标高验收记录。

5.4.3 隐蔽工程验收记录。

5.4.4 检验批、分项、子分部、分部工程验收记录。

5.4.5 观感质量综合检查记录。

5.4.6 工程竣工验收记录。

6 安全管理资料

6.1 危险性较大的分部分项工程资料

6.1.1 危险性较大的分部分项工程清单及相应的安全管理措施。

6.1.2 危险性较大的分部分项工程专项施工方案及审批手续。

6.1.3 危险性较大的分部分项工程专项施工方案变更手续。

6.1.4 专家论证相关资料。

6.1.5　危险性较大的分部分项工程方案交底及安全技术交底。

6.1.6　危险性较大的分部分项工程施工作业人员登记记录，项目负责人现场履职记录。

6.1.7　危险性较大的分部分项工程现场监督记录。

6.1.8　危险性较大的分部分项工程施工监测和安全巡视记录。

6.1.9　危险性较大的分部分项工程验收记录。

6.2　基坑工程资料

6.2.1　相关的安全保护措施。

6.2.2　监测方案及审核手续。

6.2.3　第三方监测数据及相关的对比分析报告。

6.2.4　日常检查及整改记录。

6.3　脚手架工程资料

6.3.1　架体配件进场验收记录、合格证及扣件抽样复试报告。

6.3.2　日常检查及整改记录。

6.4　起重机械资料

6.4.1　起重机械特种设备制造许可证、产品合格证、备案证明、租赁合同及安装使用说明书。

6.4.2　起重机械安装单位资质及安全生产许可证、安装与拆卸合同及安全管理协议书、生产安全事故应急救援预案、安装告知、安装与拆卸过程作业人员资格证书及安全技术交底。

6.4.3　起重机械基础验收资料。安装(包括附着顶升)后安装单位自检合格证明、检测报告及验收记录。

6.4.4　使用过程作业人员资格证书及安全技术交底、使用登记标志、生产安全事故应急救援预案、多塔作业防碰撞措施、日常检查(包括吊索具)与整改记录、维护和保养记录、交接班记录。

6.5　模板支撑体系资料

6.5.1　架体配件进场验收记录、合格证及扣件抽样复试报告。

6.5.2　拆除申请及批准手续。

6.5.3　日常检查及整改记录。

6.6　临时用电资料

6.6.1　临时用电施工组织设计及审核、验收手续。

6.6.2　电工特种作业操作资格证书。

6.6.3　总包单位与分包单位的临时用电管理协议。

6.6.4　临时用电安全技术交底资料。

6.6.5　配电设备、设施合格证书。

6.6.6　接地电阻、绝缘电阻测试记录。

6.6.7　日常安全检查、整改记录。

6.7　安全防护资料

6.7.1　安全帽、安全带、安全网等安全防护用品的产品质量合格证。

6.7.2　有限空间作业审批手续。

6.7.3　日常安全检查、整改记录。

7　附　则

7.1　工程质量安全手册是根据法律法规、国家有关规定和工程建设强制性标准制定，用于规范企业及项目质量安全行为、提升质量安全管理水平，工程建设各方主体必须遵照执行。

7.2　除执行本手册外，工程建设各方主体还应执行工程建设法律法规、国家有关规定和相关标准规范。

7.3　各省级住房城乡建设主管部门可在本手册的基础上，制定简洁明了、要求明确的本地区工程质量安全手册实施细则。

7.4　本手册由住房城乡建设部负责解释。

安徽省住房城乡建设厅关于进一步加强工程质量安全管理工作的通知

建质〔2018〕30 号

各市住房城乡建设委(城乡建设委、规划建设委),广德、宿松县住房城乡建设委(局):

为深入贯彻落实党的十九大精神,保证工程质量安全,建成优质放心工程,现就进一步加强房屋建筑和市政工程质量安全管理工作通知如下:

一、充分认识加强工程质量安全管理的重要意义

工程质量安全关系人民生命财产安全。近年来,各地区、各部门结合工程质量专项治理行动和工程质量安全提升行动,普遍加强了工程质量安全管理,我省工程质量安全水平不断提高。但仍有一些包括城市基础设施在内的重大工程项目前期工作准备不足、深度不够,不顾客观条件盲目抢时间、赶进度,质量安全管理不严,责任制未真正落实,造成工程质量下降,安全隐患增加,质量安全形势面临严峻挑战和考验。对此,必须引起高度重视,以对国家和人民高度负责、对历史负责的政治责任感,采取有效措施切实加以解决,切实做好工程建设项目质量安全管理工作。

二、规范建设各方主体行为,明确责任

(一)建设单位的责任。建设单位是工程质量安全的首要责任单位,对工程质量安全负总责。建设单位要严格履行项目用地许可、规划许可、招投标、施工图审查、施工许可、委托监理、质量安全监督、工程竣工验收、工程技术档案移交、工程质量保修等法定职责,依法承担工程质量安全的全面管理责任。建设单位要落实项目法人责任制,要加强对勘察、设计、采购和施工质量安全的过程控制和验收管理,不得将工程发包给不具有相应资质等级的勘察、设计、施工、监理等单位,不得将工程肢解发包,不得违规指定分包单位,不得以任何明示或暗示的方式要求勘察、设计、施工、监理等单位违反法律、法规、工程建设标准和任意更改相关工作的成果及结论;要严格按照基本建设程序进行工程建设,不得以任何名义不履行法定建设程序或擅自简化建设程序;要保证合理的工期和造价,严格执行有关工程建设标准,确保工程质量安全。

(二)勘察单位的责任。勘察单位要严格按照法律法规、项目批准文件、工程建设强制性标准、城乡规划、勘察深度要求进行勘察,对工程的勘察质量依法承担责任。勘察单位要建立健全质量管理体系,全面加强对现场踏勘、勘察纲要编制、现场作业、土工试验和成果资料审核等关键环节的管理,确保勘察工作内容满足国家法律、法规、工程建设标准和工程设计与施工的需要。要强化质量责任制,落实注册土木工程师(岩土)执业制度,加强对钻探描述(记录)员、机长、观测员、试验员等作业人员的岗位培训。要增强勘察从业人员的质量责任意识,及时整理、核对勘察过程中的各类原始记录,不得虚假勘察,不得离开现场进行追记、补记和修改记录,保证地质、测量、水文等勘察成果资料的真实性和准确性。

（三）设计单位的责任。设计单位要严格按照法律法规、项目批准文件、工程建设强制性标准、城乡规划、设计深度要求和勘察成果文件进行设计，对工程的设计质量依法承担责任。设计单位要建立健全质量管理体系，加强设计过程的质量控制，保证设计质量符合工程建设标准和设计深度的要求；要坚持以人为本，依法设计、精心设计。要进一步强化注册建筑师、勘察设计注册工程师等执业人员的责任意识，加强设计文件审查，对不符合要求的设计文件不得签字认可，确保所签章的设计文件能够满足工程对质量、安全、抗震、节能、防火、环保、无障碍设计、公共卫生和居住方便等结构安全和使用功能的需要，并在设计使用年限内有足够的可靠性。

（四）施工单位的责任。施工单位要严格按照经审查合格的施工图设计文件（含勘察文件，以下简称施工图）和施工技术标准进行施工，对工程的施工质量依法承担责任。施工单位要建立健全质量管理体系，强化质量责任制，确定符合规定并满足施工需要的项目管理机构和项目经理、技术负责人等主要管理人员，并到岗履职；施工单位不得转包和违法分包，不得擅自修改设计文件，不得偷工减料；要按照工程设计要求、施工技术标准和合同约定，对建筑材料、建筑构配件、设备和商品混凝土进行检验，未经检验或者检验不合格的，不得使用；要健全施工过程的质量检验检测制度，做好工程重要结构部位和隐蔽工程的质量检查和记录，隐蔽工程在隐蔽前，要按规定通知有关单位验收；要对施工或者竣工验收中出现质量问题的工程负责返修，对已竣工验收合格并交付使用的住宅工程要按规定承担保修责任。

（五）监理单位的责任。监理单位要严格依照法律法规以及有关技术标准、设计文件和建设工程承包合同进行监理，对工程的施工质量依法承担监理责任。监理单位因不按照监理合同约定履行监理职责，给建设单位造成损失的，要承担违约赔偿责任；因监理单位弄虚作假，降低工程质量标准，造成工程质量事故的，要依法承担相应法律责任。监理单位要建立健全质量管理体系，落实项目总监负责制，建立适宜的组织机构，配备足够的、专业配套的合格监理人员，严格按照监理规划和规定的监理程序开展监理工作，不得转让工程监理业务，不得与被监理的工程的施工单位以及建筑材料、建筑构配件和设备供应单位有隶属关系或其他利害关系。监理人员要按规定采取旁站、巡视、平行检验等多种形式，及时到位进行监督检查，对达不到规定要求的材料、设备、工程以及不符合要求的施工组织设计、施工方案不得签字放行，并按规定及时向建设单位和有关部门报告，确保监理工作质量。

（六）工程质量检测机构的责任。工程质量检测机构依法对其检测数据和检测报告的真实性和准确性负责，因违反国家有关规定给他人造成损失的，要依法承担相应赔偿责任及其他法律责任。工程质量检测机构要建立健全质量管理体系，严格依据法律法规、工程建设标准和批准的资质范围实施质量检测，不得转包检测业务，不得与承接工程项目建设的各方有隶属关系或其他利害关系。要加强检测工程的质量监控，保证检测报告真实有效、结论明确，并要将检测过程中发现的建设、监理、施工等单位违反国家有关规定以及涉及结构安全检测结果的不合格情况，及时按规定向有关部门报告。

（七）施工图审查机构的责任。施工图审查机构对施工图审查工作负责，承担审查责任。审查合格的施工图，审查机构应当向建设单位出具审查合格书，并在全套施工图上加盖审查专用章。审查合格书应当有各专业的审查人员签字，经法定代表人签发，并加盖审查机构公章。审查机构对施工图审查工作负责，承担审查责任。施工图经审查合格后，仍有违反法律、法规和工程建设强制性标准的问题，给建设单位造成损失的，审查机构依法承担相应的赔偿责任。

三、强化责任追究，严格落实工程质量安全责任制

（一）强化建设单位法定代表人责任制。建设单位是工程的首要质量安全责任主体，要依法对所建设的工程在设计使用年限内的质量安全负全面责任。建设单位的法定代表人要对所建设的工程质量安全负主要领导责任。工程发生工程质量安全事故的，除依法追究建设单位及有关责任人的法律责任以外，还要追究建设单位法定代表人的领导责任。对政府部门作为建设单位直接负责组织建设的工程发生工程质量安全事故的，除依法追究有关责任人外，还要追究政府部门相关负责人的领导责任。

（二）强化参建单位法定代表人责任制。勘察、设计、施工、监理等单位按照法律规定和合同约定对所承接的工程承担相应法律责任。勘察、设计、施工、监理等单位的法定代表人，对所承接项目的工程质量安全负领导责任。因参建单位责任导致工程质量安全事故的，除追究直接责任人的责任外，还要追究参建单位法定代表人的领导责任。

（三）强化关键岗位执业人员负责制。工程项目要严格执行国家规定的注册执业管理制度。注册建筑师、勘察设计注册工程师、注册监理工程师、注册建造师等注册执业人员应对其法定义务内的工作和签章文件负责。因注册执业人员的过错造成工程质量安全事故的，要依法追究注册执业人员的责任。

（四）强化工程质量安全终身负责制。工程的建设、勘察、设计、施工、监理等单位的法定代表人、工程项目负责人、工程技术负责人、注册执业人员要按各自职责对所承担的工程项目在设计使用年限内的质量安全负终身责任。违反国家有关建设工程质量安全管理规定，造成重大工程质量安全事故的，无论其在何职何岗，身居何处，都要依法追究相应责任。

四、加强施工图的签章签字管理

勘察单位、设计单位和注册执业人员以及相关从业人员必须按规定在施工图上加盖相应的图章和签字，承担工程勘察设计质量安全责任。严禁未经勘察设计单位签章确认、注册执业人员以及相关从业人员签字认可和审查机构加盖审查专用章的施工图用于施工、监理和招投标活动。

五、加强施工图审查管理

建设单位要严格执行施工图审查制度，及时将施工图报审查机构审查。施工图未经审查合格的，不得使用，不得作为施工、监理、招投标的依据。任何单位或者个人不得擅自修改审查合格的施工图；确需修改的，凡涉及《房屋建筑和市政基础设施工程施工图设计文件审查管理办法》（住房城乡建设部令第 13 号）第十一条规定内容的，建设单位应当将修改后的施工图送原审查机构审查。凡出据虚假审查合格书或未尽审查职责的审查机构和审查人员要依法承担相应责任。

六、严格按基本建设程序办事

（一）建设单位必须按照基本建设程序规定，严格履行项目立项、报建、规划、设计文件审

查、施工许可和竣工验收等审批和备案程序。对违反基本建设程序规定从事工程建设活动的单位和个人,各级住房城乡建设行政主管部门要依据国家法律、法规和有关规定,依法追究有关单位和人员的责任。

(二)加强施工许可管理。严格执行施工许可制度,依法必须申请领取施工许可证的工程未取得施工许可手续的,不得开工建设。任何单位和个人不得将应该申请领取施工许可证的工程项目分解为若干限额以下的工程项目,规避申请领取施工许可证。各地要切实加强施工许可证的发放管理,严格依法审查工程用地、规划、设计等前置条件,不符合法定条件的不得颁发施工许可证。对存在违法开工行为的单位和个人,要依法实施行政处罚,并追究建设单位和施工单位法定代表人的责任。对于不按规定颁发施工许可证的有关部门和个人,要依法追究法律责任。

(三)加强质量安全报监管理。建设单位在办理施工许可证前,应按规定办理质量安全监督手续,否则不得开工建设。对未办理质量安全监督手续擅自开工建设的工程,各级住房城乡建设行政主管部门要责令改正,依法追究有关单位和人员的责任。

七、充分做好工程开工前的准备工作

工程开工前的准备工作是保证工程安全质量的基础环节。要充分做好规划、设计、招标投标等项目建设各阶段的准备工作,为有效预防质量安全事故打下坚实基础。

(一)建立工程安全评估管理制度。建设单位要对工程建设过程中可能存在的重大风险进行全面评估,并将评估结论作为确定设计和施工方案的重要依据。实行工程安全风险动态分级管理,要针对重大风险编制专项方案和应急预案。

(二)前期工作各环节都要加强风险管理。规划阶段要不断优化,设计阶段要对涉及工程质量安全的重大问题进行专门分析、评价,提出应对方案,工程设计必须达到规定深度要求,严格执行工程建设强制性标准。

(三)工程招标投标要体现质量安全要求。建设单位应将强制性安全与质量标准等作为招标文件的实质性要求和条件。施工单位要按照国家有关规定将安全生产费用,列入工程造价,在竞标时不得删减。招标投标确定的中标价格要体现合理造价要求,建立防范低于成本价中标的机制,杜绝造价过低带来的质量安全问题。勘察、设计、施工、物资材料和设备供应等环节的招标投标合同要对工程质量以及相应的义务和责任作出明确约定。

八、切实加强工程建设全过程安全质量管理

建设、勘察、设计、施工、监理单位等有关方面应认真贯彻执行《建设工程质量管理条例》和《建设工程安全生产管理条例》,切实提高质量安全意识,强化质量安全管理,确保工程质量安全。

(一)建设单位要全面负起管理职责。建设单位是项目实施管理总牵头单位,要根据事前确定的设计、施工方案,组织设计、施工、监理等单位加强质量安全管理,要定期和不定期地对勘察设计单位、施工单位和监理单位落实质量安全责任情况进行检查,确保工程质量安全。

(二)加强设计服务,降低工程风险。设计单位要加强项目实施过程中的现场服务,了解现场施工情况,对施工单位发现的设计错误、遗漏或对设计文件的疑问,要及时予以解决,同

时对涉及施工安全的重点部位和环节提出防范生产安全事故的指导意见。

（三）加强施工管理，切实保障工程质量安全。施工单位要按照设计图纸和技术标准进行施工，严格执行有关质量安全的要求，认真落实设计文件中提出的防范生产安全事故的指导意见，对列入建设工程概算的质量安全生产费用，不得挪作他用；要加强对施工风险点的监测管理，根据标准规程，科学编制监控量测方案，合理布置监测点。

（四）加强工程监理，减少质量安全隐患。监理单位应认真审查施工组织设计中的质量安全技术措施，确保施工方案符合工程建设强制性标准。要发挥现场监理作用，确保施工的关键部位、关键环节、关键工序监理到位。落实安全监理巡查责任，履行对重大安全隐患和事故的督促整改和报告责任。

（五）强化竣工验收质量管理。要严格按照国家有关规定和技术标准开展竣工验收工作，将工程质量作为工程竣工验收的重要内容。工程质量达到规定要求的，方可通过竣工验收；工程质量未达到要求的，要及时采取补救措施，直至符合工程相关质量验收标准后，方可交付使用。

九、加强政府监管监督，健全工程质量安全监督体系

各级住房城乡建设主管部门要加强对建设、勘察、设计、施工、监理以及质量检测、施工图审查等有关单位执行建设工程质量安全管理规定和工程建设标准情况的监督检查。要充分发挥工程质量安全监督机构的作用，严格按照工程建设标准，依法对工程实行强制性工程质量安全监督检查，对在监督检查中发现的问题，各有关单位要及时处理和整改。要加强质量安全监管队伍建设，充实监管人员，提供必要的工作条件和经费；要严格质量监督机构和人员的考核，进一步加强监管人员培训教育，提高监管机构和监管人员执法能力，保障工程质量安全监管水平。

十、提高工程质量安全的基础保障能力

（一）推动工程质量管理标准化工作。质量管理标准化是一项基础性、长期性工作，对夯实企业质量工作基础、落实企业质量主体责任、促进工程项目和地区质量管理水平提高起着重要作用。各级住房城乡建设主管部门要高度重视，加强组织领导，督促参建各方落实主体责任，扎实推进工程质量管理标准化工作。

（二）通过科技进步促进工程质量安全。加大安全科学技术研究的投入和扶持力度，鼓励和引导企业加大工程安全科技投入。鼓励有利于保障工程质量安全的新技术、新材料、新设备、新工艺的研发和推广应用。

（三）加强人才培养和工程质量安全教育培训。建设行政主管部门要会同有关方面，进一步打破市场分割，完善考试、培训和资格认证等制度，努力增加设计、施工、监理力量的有效供给。建设、施工单位要加强对技术人员和一线操作人员的培训和考核，尤其要做好新入场农民工等非专业人员上岗、转岗前的培训工作。要加强对监理人员的安全技术培训。

各级住房城乡建设主管部门要高度重视工程质量安全工作，切实加强组织领导。要按照《国务院办公厅关于促进建筑业持续健康发展的意见》（国办发〔2017〕19 号）、《安徽省人民政府办公厅关于推进工程建设管理改革促进建筑业持续健康发展的实施意见》（皖

政办〔2017〕97 号）和我厅《安徽省工程质量安全提升行动方案》（建质〔2017〕120 号）等有关加强工程质量与安全工作的要求，按照全省工程质量安全提升行动的工作部署，在日常监督检查和重点环节、重要分部分项工程抽查抽测的基础上，每半年对本地区在建工程项目全面排查一次，排查隐患，堵塞管理漏洞，加大质量和安全事故处理力度，严肃追究有关单位和人员责任，形成工程质量安全保障工作的长效机制，不断提高工程质量，确保工程安全。

安徽省住房和城乡建设厅

2018 年 2 月 25 日

第二篇

建设工程质量检测相关标准规范

第 1 章　建筑材料及构配件

1.1　水　泥

1.1.1　主要检测参数

必备参数:凝结时间、安定性、胶砂强度、氯离子含量

可选参数:保水率、氧化镁含量、碱含量、三氧化硫含量

1.1.2　主要技术标准

(1)GB/T 17671—2021《水泥胶砂强度检验方法(ISO 法)》

(2)GB/T 1346—2011《水泥标准稠度用水量、凝结时间、安定性检验方法》

(3)GB/T 2419—2005《水泥胶砂流动度测定方法》

(4)GB/T 176—2017《水泥化学分析方法》

(5)GB 175—2023《通用硅酸盐水泥》

(6)GB/T 3183—2017《砌筑水泥》

1.2　钢筋(含焊接与机械连接)

1.2.1　主要技术参数

必备参数:屈服强度、抗拉强度、断后伸长率、最大力下总延伸率、反向弯曲、重量偏差、残余变形

可选参数:弯曲性能

1.2.2　主要技术标准

(1)GB/T 1499.2—2018《钢筋混凝土用钢　第 2 部分:热轧带肋钢筋》

(2)GB/T 1499.1—2017《钢筋混凝土用钢　第 1 部分:热轧光圆钢筋》

(3)GB/T 28900—2022《钢筋混凝土用钢材试验方法》

(4)JGJ 107—2016《钢筋机械连接技术规程》

(5)JGJ 18—2012《钢筋焊接及验收规程》

(6)JGJ/T 27—2014《钢筋焊接接头试验方法标准》

(7)GB/T 228.1—2021《金属材料 拉伸试验 第1部分:室温试验方法》

1.3 骨料、集料

1.3.1 主要技术参数

细骨料

必备参数:颗粒级配、含泥量、泥块含量、亚甲蓝值与石粉含量(人工砂)、压碎指标(人工砂)、氯离子含量

可选参数:表观密度、吸水率、坚固性、碱活性、硫化物和硫酸盐含量、轻物质含量、有机物含量、贝壳含量

粗骨料

必备参数:粗骨料:颗粒级配、含泥量、泥块含量、压碎值指标、针片状颗粒含量

可选参数:坚固性、碱活性、表观密度、堆积密度、空隙率

轻骨料

必备参数:/

可选参数:筒压强度、堆积密度、吸水率、粒型系数、筛分析

1.3.2 主要技术标准

(1)GB/T 14684—2022《建设用砂》

(2)GB/T 14685—2022《建设用卵石、碎石》

(3)JGJ 52—2006《普通混凝土用砂、石质量及检验方法标准》

1.4 砖、砌块、瓦、墙板

1.4.1 主要技术参数

必备参数:抗压强度、抗折强度

可选参数:干密度、吸水率、抗渗性能、抗弯曲性能(或承载力)、耐急冷急热性、抗冲击性能、抗弯破坏荷载、吊挂力、抗冻性能

1.4.2 主要技术标准

砖:

(1)GB/T 2542—2012《砌墙砖试验方法》

(2)JC/T 239—2014《蒸压粉煤灰砖》

(3)GB 26541—2011《蒸压粉煤灰多孔砖》

(4)GB/T 21144—2023《混凝土实心砖》

(5)GB 25779—2010《承重混凝土多孔砖》
(6)GB/T 24492—2009《非承重混凝土空心砖》
砌块：
(1)GB/T 4111—2013《混凝土砌块和砖试验方法》
(2)GB/T 11969—2020《蒸压加气混凝土性能试验方法》
(3)GB/T 11968—2020《蒸压加气混凝土砌块》
(4)GB/T 29060—2012《复合保温砖和复合保温砌块》
瓦：
(1)GB/T 36584—2018《屋面瓦试验方法》
(2)JC/T 746—2023《混凝土瓦》
(3)GB/T 21149—2019《烧结瓦》
墙板：
(1)JG/T 169—2016《建筑隔墙用轻质条板通用技术要求》
(2)GB/T 23450—2009《建筑隔墙用保温条板》
(3)GB/T 23451—2023《建筑用轻质隔墙条板》
(4)GB/T 19631—2005《玻璃纤维增强水泥轻质多孔隔墙条板》

1.5　混凝土及拌合用水

1.5.1　主要技术参数

必备参数：抗压强度、抗渗等级、坍落度、氯离子含量、拌合用水(氯离子含量)

可选参数：限制膨胀率、抗冻性能、表观密度、含气量、凝结时间、抗折强度、劈裂抗拉强度、静力受压弹性模量、抑制碱一骨料反应有效性、碱含量、配合比设计、拌合用水(pH值、硫酸根离子含量、不溶物含量、可溶物含量)

1.5.2　主要技术标准

(1)GB/T 50080—2016《普通混凝土拌合物性能试验方法标准》
(2)GB/T 50081—2019《混凝土物理力学性能试验方法标准》
(3)GB/T 50082—2009《普通混凝土长期性能和耐久性能试验方法标准》
(4)JGJ 55—2011《普通混凝土配合比设计规程》
(5)GB/T 50784—2013《混凝土结构现场检测技术标准》
(6)GB/T 50344—2019《建筑结构检测技术标准》
(7)JGJ 63—2006《混凝土用水标准》
(8)GB 6920—1986《水质 pH 值的测定玻璃电极法》
(9)GB 11896—1989《水质氯化物的测定硝酸银滴定法》
(10)GB 11899—1989《水质硫酸盐的测定重量法》
(11)GB 11901—1989《水质悬浮物的测定重量法》

(12)GB/T 5750.4—2023《生活饮用水标准检验方法　第4部分:感官性状和物理指标》

(13)GB/T 176—2017《水泥化学分析方法》

1.6　混凝土外加剂

1.6.1　主要技术参数

必备参数:减水率、pH值、密度(或细度)、抗压强度比、凝结时间(差)、含气量、固体含量(或含水率)、限制膨胀率、泌水率比、氯离子含量

可选参数:相对耐久性指标、含气量1h经时变化量(坍落度、含气量)、硫酸钠含量、收缩率比、碱含量

1.6.2　主要技术标准

(1)GB 8076—2008《混凝土外加剂》

(2)GB/T 8077—2023《混凝土外加剂匀质性试验方法》

(3)GB/T 23439—2017《混凝土膨胀剂》

1.7　混凝土掺合料

1.7.1　主要技术参数

必备参数:细度、烧失量、需水量比、比表面积、活性指数、流动度比、氯离子含量

可选参数:含水率、三氧化硫含量、放射性

1.7.2　主要技术标准

(1)GB/T 1596—2017《用于水泥和混凝土中的粉煤灰》

(2)GB/T 176—2017《水泥化学分析方法》

(3)GB/T 1345—2005《水泥细度检验方法筛析法》

(4)GB/T 18046—2017《用于水泥、砂浆和混凝土中的粒化高炉矿渣粉》

(5)GB 6566—2010《建筑材料放射性核素限量》

1.8　砂　浆

1.8.1　主要技术参数

必备参数:抗压强度、稠度、保水率、拉伸粘结强度(抹灰、砌筑)

可选参数:分层度、配合比设计、凝结时间、抗渗性能

1.8.2　主要技术标准

(1)JGJ/T 70—2009《建筑砂浆基本性能试验方法标准》
(2)JGJ/T 98—2010《砌筑砂浆配合比设计规程》
(3)JGJ/T 220—2010《抹灰砂浆技术规程》

1.9　土

1.9.1　主要技术参数

必备参数:最大干密度、最优含水率、压实系数
可选参数:/

1.9.2　主要技术标准

GB/T 50123—2019《土工试验方法标准》

1.10　防水材料及防水密封材料

1.10.1　主要技术参数

防水卷材

必备参数:可溶物含量、拉力、延伸率(或最大力时延伸率)、低温柔度、热老化后低温柔度、不透水性、耐热度、断裂拉伸强度、断裂伸长率、撕裂强度

可选参数:接缝剥离强度、搭接缝不透水性

防水涂料

必备参数:固体含量、拉伸强度、耐热性、低温柔性、不透水性、断裂伸长率

可选参数:涂膜抗渗性、浸水 168h 后拉伸强度、浸水 168h 后断裂伸长率、耐水性、抗压强度、抗折强度、粘结强度、抗渗性

防水密封材料及其他防水材料

必备参数:/

可选参数:耐热性、低温柔性、拉伸粘结性、施工度、表干时间、挤出性、弹性恢复率、浸水后定伸粘结性、流动性、单位面积质量、膨润土膨胀指数、渗透系数、滤失量、拉伸强度、撕裂强度、硬度、7d 膨胀率、最终膨胀率、耐水性、体积膨胀倍率、压缩永久变形、低温弯折、剥离强度、浸水 168h 后的剥离强度保持率、拉力、延伸率、固体含量、7d 粘结强度、7d 抗渗性、拉伸模量、定伸粘结性、断裂伸长率、剪切性能、剥离性能

1.10.2 主要技术标准

常见防水卷材：

(1)GB/T 328—2007《建筑防水卷材试验方法》

(2)T/CWA 302—2023《建筑防水材料工程要求试验方法》

(3)GB 18242—2008《弹性体改性沥青防水卷材》

(4)GB 18243—2008《塑性体改性沥青防水卷材》

(5)GB 23441—2009《自粘聚合物改性沥青防水卷材》

(6)GB/T 23457—2017《预铺防水卷材》

(7)GB/T 35467—2017《湿铺防水卷材》

(8)GB 12952—2011《聚氯乙烯(PVC)防水卷材》

(9)GB/T 18173.1—2012《高分子防水材料　第1部分:片材》

(10)GB/T 23260—2009《带自粘层的防水卷材》

(11)GB 18967—2009《改性沥青聚乙烯胎防水卷材》

防水涂料：

(1)GB/T 16777—2008《建筑防水涂料试验方法》

(2)GB/T 19250—2013《聚氨酯防水涂料》

(3)GB/T 23445—2009《聚合物水泥防水涂料》

(4)JC/T 864—2023《聚合物乳液建筑防水涂料》

(5)JC/T 408—2005《水乳型沥青防水涂料》

(6)GB 18445—2012《水泥基渗透结晶型防水材料》

密封材料：

(1)GB/T 14683—2017《硅酮和改性硅酮建筑密封胶》

(2)JC/T 482—2022《聚氨酯建筑密封胶》

(3)JC/T 483—2022《聚硫建筑密封胶》

(4)JC/T 207—2011《建筑防水沥青嵌缝油膏》

(5)JC/T 881—2017《混凝土接缝用建筑密封胶》

(6)GB/T 13477.5—2002《建筑密封材料试验方法　第5部分:表干时间的测定》

(7)GB/T 13477.6—2002《建筑密封材料试验方法　第6部分:流动性的测定》

(8)GB/T 13477.8—2017《建筑密封材料试验方法　第8部分:拉伸粘结性的测定》

刚性防水材料：

(1)JC/T 984—2011《聚合物水泥防水砂浆》

(2)GB/T 23439—2017《混凝土膨胀剂》

其他防水材料：

(1)GB/T 18173.2—2014《高分子防水材料　第2部分:止水带》

(2)GB/T 18173.3—2014《高分子防水材料　第3部分:遇水膨胀橡胶》

(3)GB/T 18173.4—2010《高分子防水材料　第4部分:盾构法隧道管片用橡胶密封垫》

(4)JG/T 193—2006《钠基膨润土防水毯》

(5)JC/T 1069—2008《沥青基防水卷材用基层处理剂》

1.11　瓷砖及石材

1.11.1　主要技术参数

必备参数：吸水率、弯曲强度

可选参数：抗冻性（耐冻融性）、放射性

1.11.2　主要技术标准

陶瓷砖：

(1)GB/T 3810.3—2016《陶瓷砖试验方法　第3部分：吸水率、显气孔率、表观相对密度和容重的测定》

(2)GB/T 3810.4—2016《陶瓷砖试验方法　第4部分：断裂模数和破坏强度的测定》

(3)GB/T 3810.12—2016《陶瓷砖试验方法　第12部分：抗冻性的测定》

石材：

(1)GB/T 9966.1—2020《天然石材试验方法　第1部分：干燥、水饱和、冻融循环后压缩强度试验》

(2)GB/T 9966.2—2020《天然石材试验方法　第2部分：干燥、水饱和、冻融循环后弯曲强度试验》

(3)GB/T 9966.3—2020《天然石材试验方法　第3部分：吸水率、体积密度、真密度、真气孔率试验》

1.12　塑料及金属管材

1.12.1　主要技术参数

塑料管材

必备参数：/

可选参数：静液压强度、落锤冲击试验、外观质量、截面尺寸、纵向回缩率、交联度、熔融温度、简支梁冲击、炭黑分散度、炭黑含量、拉伸屈服应力、密度、爆破压力、管环剥离力、熔体质量流动速率、氧化诱导时间、维卡软化温度、热变形温度、拉伸断裂伸长率、拉伸弹性模量、拉伸强度、灰分、烘箱试验、坠落试验

金属管材

必备参数：/

可选参数：屈服强度、抗拉强度、伸长率、厚度偏差、截面尺寸

1.12.2　主要技术标准

塑料管材：

(1)GB/T 6111—2018《流体输送用热塑性塑料管道系统　耐内压性能的测定》

(2)GB/T 14152—2001《热塑性塑料管材耐外冲击性能试验方法　时针旋转法》

(3)GB/T 8806—2008《塑料管道系统　塑料部件　尺寸的测定》

(4)GB/T 6671—2001《热塑性塑料管材　纵向回缩率的测定》

(5)GB/T 2918—2018《塑料　试样状态调节和试验的标准环境》

(6)GB/T 18743.1—2022《热塑性塑料管材　简支梁冲击强度的测定　第1部分:通用试验方法》

(7)GB/T 18743.2—2022《热塑性塑料管材　简支梁冲击强度的测定　第2部分:不同材料管材的试验条件》

(8)GB/T 8803—2001《注射成型硬质聚氯乙烯(PVC-U)、氯化聚氯乙烯(PVC-C)、丙烯腈-丁二烯-苯乙烯三元共聚物(ABS)和丙烯腈-苯乙烯-丙烯酸盐三元共聚物(ASA)管件　热烘箱试验方法》

(9)GB/T 18477.1—2007《埋地排水用硬聚氯乙烯(PVC-U)结构壁管道系统　第1部分:双壁波纹管材》

(10)GB/T 19472.1—2019《埋地用聚乙烯(PE)结构壁管道系统　第1部分:聚乙烯双壁波纹管材》

(11)GB/T 1033.1—2008《塑料　非泡沫塑料密度的测定　第1部分:浸渍法、液体比重瓶法和滴定法》

(12)GB/T 19466.6—2009《塑料　差示扫描量热法(DSC)　第6部分:氧化诱导时间(等温OIT)和氧化诱导温度(动态OIT)的测定》

(13)GB/T 8802—2001《热塑性塑料管材、管件维卡软化温度的测定》

(14)GB/T 15560—1995《流体输送用塑料管材液压瞬时爆破和耐压试验方法》

(15)GB/T 8801—2007《硬聚氯乙烯(PVC-U)管件坠落试验方法》

(16)GB/T 8804.3—2003《热塑性塑料管材　拉伸性能测定　第3部分:聚烯烃管材》

(17)GB/T 8804.1—2003《热塑性塑料管材　拉伸性能测定　第1部分:试验方法总则》

金属管材标准规范:

(1)GB/T 228.1—2021《金属材料　拉伸试验　第1部分:室温试验方法》

(2)GB/T 3091—2015《低压流体输送用焊接钢管》

(3)GB/T 13793—2016《直缝电焊钢管》

1.13　预制混凝土构件*

1.13.1　主要技术参数

必备参数:/

可选参数:承载力、挠度、裂缝宽度、抗裂检验、外观质量、构件尺寸、保护层厚度

1.13.2　主要技术标准

(1)GB 50204—2015《混凝土结构工程施工质量验收规范》

(2)GB/T 51231—2016《装配式混凝土建筑技术标准》
(3)JGJ 1—2014《装配式混凝土结构技术规程》

1.14 预应力钢绞线 *

1.14.1 主要技术参数

必备参数:/
可选参数:整根钢绞线最大力、最大力总伸长率、抗拉强度、0.2%屈服力、弹性模量、松弛率

1.14.2 主要技术标准

JT/T 329—2010《公路桥梁预应力钢绞线用锚具、夹具和连接器》

1.15 预应力混凝土锚夹具及连接器 *

1.15.1 主要技术参数

必备参数:/
可选参数:外观质量、尺寸、静载锚固性能、疲劳荷载性能、硬度

1.15.2 主要技术标准

(1)GB 50205—2020《钢结构工程施工质量验收标准》
(2)GB/T 228.1—2021《金属材料 拉伸试验 第1部分:室温试验方法》
(3)GB/T 3098.1—2010《紧固件机械性能 螺栓、螺钉和螺柱》
(4)GB/T 1231—2006《钢结构用高强度大六角头螺栓、大六角螺母、垫圈技术条件》
(5)GB/T 3632—2008《钢结构用扭剪型高强度螺栓连接副》

1.16 预应力波纹管 *

1.16.1 主要技术参数

金属波纹管
必备参数:/
可选参数:外观质量、尺寸、局部横向荷载、弯曲后抗渗漏性能

塑料波纹管

必备参数:/

可选参数:环刚度、局部横向载荷、纵向载荷、柔韧性、抗冲击性能、拉伸性能、拉拔力、密封性

1.16.2　主要技术标准

(1)JG/T 225—2020《预应力混凝土用金属波纹管》

(2)JT/T 529—2016《预应力混凝土桥梁用塑料波纹管》

1.17　材料中有害物质*

1.17.1　主要技术参数

必备参数:/

可选参数:放射性、游离甲醛、VOC、苯、甲苯、二甲苯、乙苯、游离甲苯二异氰酸酯(TDI)、氨

1.17.2　主要技术标准

(1)GB 6566—2010《建筑材料放射性核素限量》

(2)GB 18583—2008《室内装饰装修材料　胶粘剂中有害物质限量》

(3)GB 18582—2020《建筑用墙面涂料中有害物质限量》

(4)GB 18581—2020《木器涂料中有害物质限量》

(5)GB 18580—2017《室内装饰装修材料　人造板及其制品中甲醛释放限量》

(6)JG/T 415—2013《建筑防火涂料有害物质限量及检测方法》

1.18　建筑消能减震装置*

1.18.1　主要技术参数

位移相关型阻尼器

必备参数:/

可选参数:屈服承载力、弹性刚度、设计承载力、延性系数、滞回曲线面积、极限位移、极限承载力

速度相关型阻尼器

必备参数:/

可选参数:最大阻尼力、阻尼力与速度相关规律、滞回曲线、极限位移

1.18.2 主要技术标准

JG/T 209—2012《建筑消能阻尼器》

1.19 建筑隔震装置*

1.19.1 主要技术参数

叠层橡胶隔震支座

必备参数:/

可选参数:竖向压缩刚度、竖向变形性能、竖向极限压应力、当水平位移为支座内部橡胶直径0.55倍状态时的极限压应力、竖向极限拉应力、竖向拉伸刚度、侧向不均匀变形、水平等效刚度、屈服后水平刚度、等效阻尼比、屈服力、水平极限变形能力

建筑摩擦摆隔震支座

必备参数:/

可选参数:竖向压缩变形、竖向承载力、静摩擦系数、动摩擦系数、屈服后刚度、极限剪切变形

1.19.2 主要技术标准

(1)GB/T 20688.1—2007《橡胶支座　第1部分:隔震橡胶支座试验方法》

(2)GB/T 20688.4—2023《橡胶支座　第4部分:普通橡胶支座》

(3)JT/T 4—2019《公路桥梁板式橡胶支座》

(4)GB/T 37358—2019《建筑摩擦摆隔震支座》

1.20 铝塑复合板*

1.20.1 主要技术参数

必备参数:/

可选参数:剥离强度

1.20.2 主要技术标准

(1)GB/T 17748—2016《建筑幕墙用铝塑复合板》

(2)GB/T 22412—2016《普通装饰用铝塑复合板》

1.21　木材料及构配件 *

1.21.1　主要技术参数

必备参数:/

可选参数:含水率、弹性模量、静曲强度、钉抗弯强度

1.21.2　主要技术标准

(1)GB/T 1927.14—2022《无疵小试样木材物理力学性质试验方法　第 14 部分:顺纹抗拉强度测定》

(2)GB/T 1927.11—2022《无疵小试样木材物理力学性质试验方法　第 11 部分:顺纹抗压强度测定》

(3)GB/T 1927.9—2021《无疵小试样木材物理力学性质试验方法　第 9 部分:抗弯强度测定》

(4)GB/T 1927.4—2021《无疵小试样木材物理力学性质试验方法　第 4 部分:含水率测定》

(5)GB/T 1927.12—2021《无疵小试样木材物理力学性质试验方法　第 12 部分:横纹抗压强度测定》

1.22　加固材料 *

1.22.1　主要技术参数

必备参数:/

可选参数:抗拉强度、抗剪强度、正拉粘结强度、抗拉强度标准值(纤维复合材)、弹性模量(纤维复合材)、极限伸长率(纤维复合材)、不挥发物含量(结构胶粘剂)、耐湿热老化性能(结构胶粘剂)、单位面积质量(纤维织物)、纤维体积含量(预成型板)、K 数(碳纤维织物)

1.22.2　主要技术标准

(1)GB 50728—2011《工程结构加固材料安全性鉴定技术规范》

(2)GB/T 2567—2021《树脂浇铸体性能试验方法》

(3)GB/T 7124—2008《胶粘剂拉伸剪切强度的测定(刚性材料对刚性材料)》

(4)GB/T 3354—2014《定向纤维增强纤维物基复合材料拉伸性能试验方法》

(5)GB/T 9914.3—2013《增强制品试验方法　第 3 部分:单位面积质量的测定》

(6)GB/T 3365—2008《碳纤维增强塑料孔隙含量和纤维体积含量试验方法》

1.23　焊接材料 *

1.23.1　主要技术参数

必备参数:/

可选参数:抗拉强度、屈服强度、断后伸长率、化学成分

1.23.2　主要技术标准

(1)GB/T 2652—2022《金属材料焊缝破坏性试验　熔化焊接头焊缝金属纵向拉伸试验》

(2)GB/T 223.69—2008《钢铁及合金　碳含量的测定　管式炉内燃烧后气体容量法》

(3)GB/T 223.5—2008《钢铁　酸溶硅和全硅含量的测定　还原型硅钼酸盐分光光度法》

(4)GB/T 223.64—2008《钢铁及合金　锰含量的测定　火焰原子吸收光谱法》

(5)GB/T 223.59—2008《钢铁及合金　磷含量的测定　铋磷钼蓝分光光度法和锑磷钼蓝分光光度法》

(6)GB/T 223.68—1997《钢铁及合金化学分析方法　管式炉内燃烧后碘酸钾滴定法测定硫含量》

第2章　主体结构及装饰装修

2.1　混凝土结构构件强度、砌体结构构件强度

2.1.1　主要检测参数

必备参数:混凝土强度(回弹法/钻芯法/回弹-钻芯综合法/超声回弹综合法等)、砂浆强度(推出法/筒压法/砂浆片剪切法/回弹法/点荷法/贯入法等)、砖强度(回弹法)

可选参数:砌体抗压强度(原位轴压法/扁顶法)、砌体抗剪强度(原位单剪法/原位单砖双剪法)

2.1.2　主要技术标准

(1)GB 50204—2015《混凝土结构工程施工质量验收规范》
(2)JGJ/T 152—2019《混凝土中钢筋检测技术标准》
(3)JGJ/T 23—2011《回弹法检测混凝土抗压强度技术规程》
(4)DB34/T 5012—2015《回弹法检测泵送混凝土抗压强度技术规程》
(5)JGJ/T 384—2016《钻芯法检测混凝土强度技术规程》
(6)JGJ/T 294—2013《高强混凝土强度检测技术规程》
(7)T/CECS 02—2020《超声回弹综合法检测混凝土强度技术规程》
(8)CECS 03—2007《钻芯法检测混凝土强度技术规程》
(9)JC/T 796—2013《回弹仪评定烧结普通砖强度等级的方法》
(10)GB 50203—2011《砌体结构工程施工质量验收规范》
(11)GB/T 50315—2011《砌体工程现场检测技术标准》
(12)JGJ/T 136—2017《贯入法检测砌筑砂浆抗压强度技术规程》
(13)JGJ/T 371—2016《非烧结砖砌体现场检测技术规程》
(14)GB/T 50344—2019《建筑结构检测技术标准》
(15)GB 50550—2010《建筑结构加固工程施工质量验收规范》

2.2　钢筋及保护层厚度

2.2.1　主要检测参数

必备参数:钢筋保护层厚度

可选参数:钢筋数量、间距、直径、锈蚀状况

2.2.2　主要技术标准

(1)GB/T 50784—2013《混凝土结构现场检测技术标准》
(2)GB 50204—2015《混凝土结构工程施工质量验收规范》
(3)JGJ/T 152—2019《混凝土中钢筋检测技术标准》
(4)GB/T 50344—2019《建筑结构检测技术标准》

2.3　植筋锚固力

2.3.1　主要检测参数

必备参数:锚固承载力
可选参数:/

2.3.2　主要技术标准

(1)JGJ 145—2013《混凝土结构后锚固技术规程》
(2)GB 50203—2011《砌体结构工程施工质量验收规范》

2.4　构件位置和尺寸*(涵盖砌体、混凝土、木结构)

2.4.1　主要检测参数

必备参数:/
可选参数:轴线位置、标高、截面尺寸、预埋件位置、预留插筋位置及外露长度、垂直度、平整度、构件挠度、平面外变形

2.4.2　主要技术标准

(1)GB/T 50784—2013《混凝土结构现场检测技术标准》
(2)GB 50204—2015《混凝土结构工程施工质量验收规范》
(3)GB 50203—2011《砌体结构工程施工质量验收规范》
(4)GB 50206—2012《木结构工程施工质量验收规范》

2.5　外观质量及内部缺陷*

2.5.1　主要检测参数

必备参数:/
可选参数:外观质量、内部缺陷

2.5.2 主要技术标准

(1)GB 50204—2015《混凝土结构工程施工质量验收规范》
(2)GB/T 50784—2013《混凝土结构现场检测技术标准》
(3)CECS 21—2000《超声法检测混凝土缺陷技术规程》

2.6 装配式混凝土结构节点 *

2.6.1 主要检测参数

必备参数:/
可选参数:钢筋套筒灌浆连接灌浆饱满性、钢筋浆锚搭接连接灌浆饱满性、外墙板接缝防水性能

2.6.2 主要技术标准

(1)T/CECS 683—2020《装配式混凝土结构套筒灌浆质量检测技术规程》
(2)JGJ/T 485—2019《装配式住宅建筑检测技术标准》
(3)DB34/T 5072—2017《装配式混凝土结构检测技术规程》
(4)JGJ/T 299—2013《建筑防水工程现场检测技术规范》

2.7 结构构件性能 *(涵盖砌体、混凝土、木结构)

2.7.1 主要检测参数

必备参数:/
可选参数:静载试验、动力测试

2.7.2 主要技术标准

(1)GB/T 50152—2012《混凝土结构试验方法标准》
(2)GB 50204—2015《混凝土结构工程施工质量验收规范》

2.8 装饰装修工程 *

2.8.1 主要检测参数

必备参数:/
可选参数:后置埋件现场拉拔力、饰面砖粘结强度、抹灰砂浆拉伸粘接强度

2.8.2　主要技术标准

(1)GB 50210—2018《建筑装饰装修工程质量验收标准》
(2)JGJ/T 110—2017《建筑工程饰面砖粘结强度检验标准》
(3)DB34/T 1588—2019《建筑节能工程现场检测技术规程》
(4)JGJ/T 220—2010《抹灰砂浆技术规程》

2.9　室内环境污染物 *

2.9.1　主要检测参数

必备参数:/
可选参数:甲醛、氨、TVOC、苯、氡、甲苯、二甲苯、土壤中的氡

2.9.2　主要技术标准

(1)GB 50325—2020《民用建筑工程室内环境污染控制标准》
(2)GB/T 18204.2—2014《公共场所卫生检验方法　第 2 部分:化学污染物》
(3)GB/T 16129—1995《居住区大气中甲醛卫生检验标准方法　分光光度法》
(4)T/CECS 569—2019《建筑室内空气中氡检测方法标准》

第 3 章　钢结构

3.1　钢材及焊接材料

3.1.1　主要检测参数

必备参数:屈服强度、抗拉强度、伸长率、厚度偏差

可选参数:断面收缩率、硬度、冲击韧性、冷弯性能、钢材元素含量(钢材化学分析 C、S、P)

3.1.2　主要技术标准

(1)GB/T 228.1—2021《金属材料　拉伸试验　第 1 部分:室温试验方法》

(2)GB/T 2975—2018《钢及钢产品　力学性能试验取样位置及试验制备》

(3)GB/T 230.1—2018《金属材料　洛氏硬度试验　第 1 部分:试验方法》

(4)GB/T 4340.1—2009《金属材料　维氏硬度试验　第 1 部分:试验方法》

(5)GB/T 229—2020《金属材料　夏比摆锤冲击试验方法》

(6)GB/T 2650—2022《金属材料焊缝破坏性试验　冲击试验》

(7)GB/T 16957—2012《复合钢板　焊接接头力学性能试验方法》

(8)GB/T 232—2010《金属材料　弯曲试验方法》

(9)GB/T 2653—2008《焊接接头弯曲试验方法》

(10)GB/T 20066—2006《钢和铁化学成分测定用试样的取样和制样方法》

(11)GB/T 4336—2016《碳素钢和中低合金多元素含量的测定　火花放电原子发射光谱法(常规法)》

(12)GB 50205—2020《钢结构工程施工质量验收标准》

(13)GB/T 50621—2010《钢结构现场检测技术标准》

3.2　焊　缝

3.2.1　主要检测参数

必备参数:外观质量、内部缺陷探伤(超声法/射线法)

可选参数:尺寸

3.2.2　主要技术标准

(1)GB 50205—2020《钢结构工程施工质量验收标准》

(2)GB 50661—2011《钢结构焊接规范》

(3)GB/T 2975—2018《钢及钢产品　力学性能试验取样位置及试样制备》

(4)GB/T 10433—2002《电弧螺柱焊用圆柱头焊钉》

(5)GB/T 24234—2009《铸铁　多元素含量的测定　火花放电原子发射光谱法(常规法)》

(6)GB/T 4336—2016《碳素钢和中低合金钢　多元素含量的测定　火花放电原子发射光谱法(常规法)》

(7)GB/T 20066—2006《钢和铁化学成分测定用试样的取样和制样方法》

(8)GB/T 50621—2010《钢结构现场检测技术标准》

(9)GB/T 11345—2023《焊缝无损检测　超声检测　技术、检测等级和评定》

(10)GB 29711—2023《焊缝无损检测超声检测焊缝中的显示特征》

(11)GB/T 29712—2023《焊缝无损检测　超声检测　验收等级》

(12)JG/T 203—2007《钢结构超声波探伤及质量分级法》

(13)GB/T 3323.1—2019《焊缝无损检测　射线检测　第1部分:X和伽玛射线的胶片技术》

(14)GB/T 37910.1—2019《焊缝无损检测　射线检测验收等级　第1部分:钢、镍、钛及其合金》

3.3　钢结构防腐及防火涂装

3.3.1　主要检测参数

必备参数:涂层厚度

可选参数:涂料粘结强度、涂料抗压强度、涂层附着力

3.3.2　主要技术标准

(1)GB 50205—2020《钢结构工程施工质量验收标准》

(2)T/CECS 24—2020《钢结构防火涂料应用技术规程》

(3)GB 14907—2018《钢结构防火涂料》

(4)GB/T 9286—2021《色漆和清漆　划格试验》

(5)GB/T 5210—2006《色漆和清漆拉开法附着力试验》

(6)GB/T 11374—2012《热喷涂涂层厚度的无损测量方法》

(7)GB/T 8923.1—2011《涂覆涂料前钢材表面处理　表面清洁度的目视评定　第1部分:未涂覆过的钢材表面和全面清除原有涂层后的钢材表面的锈蚀等级和处理等级》

(8)GB/T 13288.1—2008《涂覆涂料前钢材表面处理　喷射清理后的钢材表面粗糙度

特性 第1部分:用于评定喷射清理后钢材表面粗糙度的ISO表面粗糙度比较样块的技术要求和定义》

(9)GB/T 13288.2—2011《涂覆涂料前钢材表面处理 喷射清理后的钢材表面粗糙度特性 第2部分:磨料喷射清理后钢材表面粗糙度等级的测定方法 比较样块法》

3.4 高强度螺栓及普通紧固件

3.4.1 主要检测参数

必备参数:抗滑移系数、硬度

可选参数:紧固轴力、扭矩系数、最小拉力载荷(普通紧固件)

3.4.2 主要技术标准

(1)GB/T 1228—2006《钢结构用高强度大六角头螺栓》

(2)GB/T 1229—2006《钢结构用高强度大六角螺母》

(3)GB/T 1230—2006《钢结构用高强度垫圈》

(4)GB/T 1231—2006《钢结构用高强度大六角头螺栓、大六角螺母、垫圈技术条件》

(5)GB/T 3632—2008《钢结构用扭剪型高强度螺栓连接副》

(6)JG/T 10—2009《钢网架螺栓球节点》

(7)JGJ 82—2011《钢结构高强度螺栓连接技术规程》

(8)GB 50205—2020《钢结构工程施工质量验收标准》

(9)GB/T 3098.1—2010《紧固件机械性能螺栓、螺钉和螺柱》

(10)GB/T 50621—2010《钢结构现场检测技术标准》

(11)JG/T 11—2009《钢网架焊接空心球节点》

3.5 构件位置与尺寸*

3.5.1 主要检测参数

必备参数:/

可选参数:垂直度、弯曲矢高、侧向弯曲、结构挠度、轴线位置、标高、截面尺寸

3.5.2 主要技术标准

(1)GB 50205—2020《钢结构工程施工质量验收标准》

(2)GB/T 50621—2010《钢结构现场检测技术标准》

(3)JGJ 8—2016《建筑变形测量规范》

3.6　结构构件性能 *

3.6.1　主要检测参数

必备参数:/
可选参数:静载试验、动力测试

3.6.2　主要技术标准

(1)GB/T 50621—2010《钢结构现场检测技术标准》
(2)GB/T 50344—2019《建筑结构检测技术标准》
(3)GB/T 50009—2012《建筑结构荷载规范》
(4)GB 50205—2020《钢结构工程施工质量验收标准》

3.7　金属屋面 *

3.7.1　主要检测参数

必备参数:/
可选参数:静态压力抗风掀、动态压力抗风掀

3.7.2　主要技术标准

GB 50205—2020《钢结构工程施工质量验收标准》

第4章　地基基础

4.1　地基及复合地基

4.1.1　主要检测参数

必备参数：承载力(静载试验/动力触探试验等)

可选参数：压实系数(环刀法/灌砂法等)、地基土强度、密实度(动力触探试验/标准贯入试验)、变形模量(原位测试)、增强体强度(钻芯法)

4.1.2　主要技术标准

(1)GB 50007—2011《建筑地基基础设计规范》

(2)JGJ 79—2012《建筑地基处理技术规范》

(3)JGJ 340—2015《建筑地基检测技术规范》

(4)JGJ 106—2014《建筑基桩检测技术规范》

(5)JGJ 94—2008《建筑桩基技术规范》

(6)GB 55003—2021《建筑与市政地基基础通用规范》

(7)JTS 237—2017《水运工程地基基础试验检测技术规程》

(8)JTG/T 3512—2020《公路工程基桩检测技术规程》

(9)TB 10218—2019《铁路工程基桩检测技术规程》

(10)DB34/T 5073—2017《建设工程基桩承载力静载检测技术规程》

(11)JGJ 123—2012《既有建筑地基基础加固技术规范》

(12)GB 50021—2001《岩土工程勘察规范》

(13)YS5219—2019《圆锥动力触探试验规程》

(14)JTG 3450—2019《公路路基路面现场测试规程》

(15)GB/T 50123—2019《土工试验方法标准》

4.2　桩的承载力

4.2.1　主要检测参数

必备参数：水平承载力(静载试验)、竖向抗压承载力(静载试验/自平衡/高应变法等)、

竖向抗拔承载力(抗拔静载试验)

可选参数:/

4.2.2　主要技术标准

(1)JGJ 106—2014《建筑基桩检测技术规范》
(2)GB 50007—2011《建筑地基基础设计规范》
(3)JGJ 94—2008《建筑桩基技术规范》
(4)GB 55003—2021《建筑与市政地基基础通用规范》
(5)JTS 237—2017《水运工程地基基础试验检测技术规程》
(6)JTG/T 3512—2020《公路工程基桩检测技术规程》
(7)TB 10218—2019《铁路工程基桩检测技术规程》
(8)DB34/T 5073—2017《建设工程基桩承载力静载检测技术规程》
(9)JGJ 123—2012《既有建筑地基基础加固技术规范》

4.3　桩身完整性

4.3.1　主要检测参数

必备参数:桩身完整性(低应变法/声波透射法/钻芯法等)

可选参数:/

4.3.2　主要技术标准

(1)JGJ 106—2014《建筑基桩检测技术规范》
(2)GB 50007—2011《建筑地基基础设计规范》
(3)JGJ 94—2008《建筑桩基技术规范》
(4)GB 55003—2021《建筑与市政地基基础通用规范》
(5)JTS 237—2017《水运工程地基基础试验检测技术规程》
(6)JTG/T 3512—2020《公路工程基桩检测技术规程》
(7)TB 10218—2019《铁路工程基桩检测技术规程》
(8)GB 50202—2018《建筑地基基础工程施工质量验收标准》

4.4　锚杆抗拔承载力

4.4.1　主要检测参数

必备参数:拉拔试验

可选参数:/

4.4.2 主要技术标准

(1)GB 50007—2011《建筑地基基础设计规范》
(2)JGJ 120—2012《建筑基坑支护技术规程》
(3)GB 50330—2013《建筑边坡工程技术规范》
(4)SL 377—2007《水利水电工程锚喷支护技术规范》
(5)CECS 22:2005《岩土锚杆(索)技术规程》
(6)JGJ/T 401—2017《锚杆检测与监测技术规程》
(7)JGJ 476—2019《建筑工程抗浮技术标准》
(8)JGJ/T 282—2012《高压喷射扩大头锚杆技术规程》

4.5 地下连续墙 *

4.5.1 主要检测参数

必备参数:/
可选参数:墙身完整性(声波透射法/钻芯法等)、墙身混凝土强度(钻芯法)

4.5.2 主要技术标准

(1)JGJ 106—2014《建筑基桩检测技术规范》
(2)JGJ 120—2012《建筑基坑支护规程》
(3)GB 50202—2018《建筑地基基础工程施工质量验收标准》
(4)T/CECS 597—2019《地下连续墙检测技术规程》

第 5 章　建筑节能

5.1　保温、绝热材料

5.1.1　主要检测参数

必备参数:导热系数或热阻、密度、压缩强度或抗压强度、垂直于板面方向的抗拉强度、吸水率、传热系数及热阻、单位面积质量、拉伸粘结强度

可选参数:燃烧性能

5.1.2　主要技术标准

(1)GB/T 29906—2013《模塑聚苯板薄抹灰外墙外保温系统材料》

(2)GB/T 30595—2014《挤塑聚苯板(XPS)薄抹灰外墙外保温系统材料》

(3)GB/T 10801.1—2021《绝热用模塑聚苯乙烯泡沫塑料(EPS)》

(4)GB/T 10801.2—2018《绝热用挤塑聚苯乙烯泡沫塑料(XPS)》

(5)DB34/T 3826—2021《保温板外墙外保温工程技术标准》

(6)DB34/T 1859—2020《岩棉薄抹灰外墙外保温系统应用技术规程》

(7)DB34/T 2695—2016《匀质改性防火保温板薄抹灰外墙外保温系统》

(8)JG/T 483—2015《岩棉薄抹灰外墙外保温系统材料》

(9)JGJ/T 416—2017《建筑用真空绝热板应用技术规程》

(10)JG/T 469—2015《泡沫玻璃外墙外保温系统材料技术要求》

(11)GB 8624—2012《建筑材料及制品燃烧性能分级》

(12)GB/T 10294—2008《绝热材料稳态热阻及有关特性的测定　防护热板法》

(13)GB/T 10295—2008《绝热材料稳态热阻及有关特性的测定　热流计法》

(14)GB/T 6343—2009《泡沫塑料及橡胶　表观密度的测定》

(15)GB/T 8813—2020《硬质泡沫塑料　压缩性能的测定》

(16)GB/T 8810—2005《硬质泡沫塑料吸水率的测定》

(17)GB/T30806—2014《建筑用绝热制品垂直于表面抗拉强度的测定》

(18)GB/T 13475—2008《绝热　稳态传热性质的测定标定和防护热箱法》

(19)GB/T 20284—2006《建筑材料或制品的单体燃烧试验》

(20)GB/T 2406.2—2009《塑料　用氧指数法测定燃烧行为　第 2 部分:室温试验》

(21)GB/T 5464—2010《建筑材料不燃性试验方法》

(22)GB/T 14402—2007《建筑材料及制品的燃烧性能燃烧热值的测定》

(23)GB/T 8626—2007《建筑材料可燃性试验方法》
(24)JG/T 287—2013《保温装饰板外墙外保温系统材料》
(25)JG/T 469—2015《泡沫玻璃外墙外保温系统材料技术要求》

5.2　粘接材料

5.2.1　主要检测参数

必备参数:拉伸粘接强度
可选参数:/

5.2.2　主要技术标准

(1)GB/T 29906—2013《模塑聚苯板薄抹灰外墙外保温系统材料》
(2)JGJ/T 416—2017《建筑用真空绝热板应用技术规程》

5.3　增强加固材料

5.3.1　主要检测参数

必备参数:力学性能、抗腐蚀性能
可选参数:网孔中心距偏差、钢丝网丝径、单位面积质量、断裂伸长率

5.3.2　主要技术标准

(1)GB/T 33281—2016《镀锌电焊网》
(2)GB/T 1839—2008《钢产品镀锌层质量试验方法》
(3)GB/T 2972—2016《镀锌钢丝锌层硫酸铜试验方法》
(4)GB/T 7689.5—2013《增强材料机织物试验方法　第5部分:玻璃纤维拉伸断裂强力和断裂伸长的测定》
(5)GB/T 9914.3—2013《增强制品试验方法　第3部分:单位面积质量的测定》
(6)GB/T 20102—2006《玻璃纤维网布耐碱性试验方法氢氧化钠溶液浸泡法》
(7)JC/T 841—2007《耐碱玻璃纤维网布》

5.4　保温砂浆

5.4.1　主要检测参数

必备参数:抗压强度、干密度、导热系数

可选参数：剪切强度、拉伸粘结强度

5.4.2　主要技术标准

(1)GB/T 5486—2008《无机硬质绝热制品试验方法》
(2)GB/T 10294—2008《绝热材料稳态热阻及有关特性的测定　防护热板法》
(3)JG/T 283—2010《膨胀玻化微珠轻质砂浆》
(4)GB/T 26000—2010《膨胀玻化微珠保温隔热砂浆》

5.5　抹面材料

5.5.1　主要检测参数

必备参数：拉伸粘结强度、压折比(或柔韧性)
可选参数：/

5.5.2　主要技术标准

(1)GB/T 29906—2013《模塑聚苯板薄抹灰外墙外保温系统材料》
(2)GB/T 30595—2014《挤塑聚苯板(XPS)薄抹灰外墙外保温系统材料》

5.6　隔热型材

5.6.1　主要检测参数

必备参数：抗拉强度、抗剪强度
可选参数：/

5.6.2　主要技术标准

GB/T 28289—2012《铝合金隔热型材复合性能试验方法》

5.7　建筑外窗

5.7.1　主要检测参数

必备参数：气密性能、水密性能、抗风压性能
可选参数：传热系数、玻璃的太阳得热系数、可见光透射比、中空玻璃密封性能

5.7.2　主要技术标准

(1)GB/T 2680—2021《建筑玻璃可见光透射比、太阳光直接透射比、太阳能总透射比、紫外线透射比及有关窗玻璃参数的测定》
(2)GB/T 11944—2012《中空玻璃》
(3)GB/T 22476—2008《中空玻璃稳态 U 值(传热系数)的计算及测定》
(4)GB/T 8484—2020《建筑外门窗保温性能检测方法》
(5)GB/T 7106—2019《建筑外门窗气密、水密、抗风压性能检测方法》
(6)GB/T 50411—2019《建筑节能工程施工质量验收标准》

5.8　节能工程

5.8.1　主要检测参数

必备参数:外墙节能构造及保温层厚度(钻芯法)、保温板与基层的拉伸粘结强度、锚固件的锚固力、外窗气密性能

可选参数:室内平均温度、风口风量、通风与空调系统总风量、风道系统单位风量耗功率空调机组水流量、空调系统冷热水、冷却水循环流量、室外供热管网水力平衡度、室外供热管网热损失率、照度与照明功率密度、外墙传热系数或热阻

5.8.2　主要技术标准

(1)DB34/T 1588—2019《建筑节能工程现场检测技术规程》
(2)JGJ 144—2019《外墙外保温工程技术标准》
(3)JGJ/T 110—2017《建筑工程饰面砖粘结强度检验标准》
(4)GB/T 50411—2019《建筑节能工程施工质量验收标准》
(5)GB/T 6343—2009《泡沫塑料及橡胶　表观密度的测定》
(6)GB/T 5486—2008《无机硬质绝热制品试验方法》
(7)JG/T 211—2007《建筑外窗气密、水密、抗风压性能现场检测方法》

5.9　电线电缆

5.9.1　主要检测参数

必备参数:导体电阻值
可选参数:燃烧性能

5.9.2　主要技术标准

(1)GB/T 5023.2—2008《额定电压 450/750V 及以下聚氯乙烯绝缘电缆　第 2 部分:试

验方法》

(2)GB/T 3048.4—2007《电线电缆电性能试验方法　第4部分:导体直流电阻试验》

(3)GB/T 18380.12—2022《电缆和光缆在火焰条件下的燃烧试验　第12部分:单根绝缘电线电缆火焰垂直蔓延试验 1kW 预混合型火焰试验方法》

5.10　反射隔热材料 *

5.10.1　主要检测参数

必备参数:/

可选参数:半球发射率、太阳光反射比

5.10.2　主要技术标准

GB/T 2680—2021《建筑玻璃　可见光透射比、太阳光直接透射比、太阳能总透射比、紫外线透射比及有关窗玻璃参数的测定》

5.11　供暖通风空调节能工程用材料、构件和设备 *

5.11.1　主要检测参数

风机盘管机组

必备参数:/

可选参数:供冷量、供热量、风量、水阻力、噪声及输入功率

采暖散热器

必备参数:/

可选参数:单位散热量、金属热强度

绝热材料

必备参数:/

可选参数:导热系数或热阻、密度、吸水率

5.11.2　主要技术标准

(1)GB/T 10294—2008《绝热材料稳态热阻及有关特性的测定　防护热板法》

(2)GB/T 6343—2009《泡沫塑料及橡胶　表观密度的测定》

(3)GB/T 17794—2021《柔性泡沫橡塑绝热制品》

(4)JGJ/T 177—2009《公共建筑节能检测标准》

(5)GB/T 19232—2019《风机盘管机组》

5.12　配电与照明节能工程用材料、构件和设备*

5.12.1　主要检测参数

必备参数:/

可选参数:照明光源初始光效

照明灯具

必备参数:/

可选参数:镇流器能效值、效率或能效

照明设备

必备参数:/

可选参数:功率、功率因数、谐波含量值

5.12.2　主要技术标准

(1)GB/T 9468—2008《灯具分布光度测量的一般要求》

(2)GB/T 7002—2008《投光照明灯具光度测试》

(3)GB/T 17262—2011《单端荧光灯　性能要求》

(4)GB/T 24908—2014《普通照明用非定向自镇流 LED 灯　性能要求》

(5)GB/T 17263—2013《普通照明用自镇流荧光灯　性能要求》

(6)GB/T 24824—2009《普通照明用 LED 模块测试方法》

(7)GB/T 30413—2013《嵌入式 LED 灯具性能要求》

(8)GB 17625.1—2012《电磁兼容　限值　谐波电流发射限值(设备每相输入电流≤16A)》

(9)GB/T 17896—2012《管形荧光灯镇流器能效限定值及能效等级》

(10)GB 19574—2004《高压钠灯用镇流器能效限定值及节能评价值》

(11)GB 20053—2015《金属卤化物灯用镇流器能效限定值及能效等级》

(12)GB 30255—2019《室内照明用 LED 产品能效限定值及能效等级》

(13)GB 29143—2012《单端无极荧光灯用交流电子镇流器能效限定值及能效等级》

5.13　可再生能源应用系统*

5.13.1　主要检测参数

太阳能集热器

必备参数:/

可选参数:安全性能、热性能

太阳能热利用系统的太阳能集热系统
必备参数:/
可选参数:得热量、集热效率、太阳能保证率
太阳能光伏组件
必备参数:/
可选参数:发电功率、发电效率
太阳能光伏发电系统
必备参数:/
可选参数:年发电量、组件背板最高工作温度

5.13.2　主要技术标准

(1)GB/T 50801—2013《可再生能源建筑应用工程评价标准》
(2)GB 20095—2006《太阳热水系统性能评定规范》
(3)GB/T 18708—2002《家用太阳热水系统热性能试验方法》
(4)GB/T 19141—2011《家用太阳能热水系统技术条件》

第 6 章　建筑幕墙

6.1　密封胶

6.1.1　主要检测参数

必备参数:邵氏硬度、结构胶标准条件下的拉伸粘结强度、相容性、剥离粘结性、石材用密封胶的污染性

可选参数:耐候胶标准状态下的拉伸模量、石材用密封胶的拉伸模量

6.1.2　主要技术标准

(1)GB/T 16776—2005《建筑用硅酮结构密封胶》

(2)GB/T 531.1—2008《硫化橡胶或热塑性橡胶　压入硬度试验方法　第 1 部分:邵氏硬度计法(邵尔硬度)》

(3)GB/T 13477.8—2017《建筑密封材料试验方法　第 8 部分:拉伸粘结性的测定》

(4)GB 16776—2005《建筑用硅酮结构密封胶》

(5)GB 24266—2009《中空玻璃用硅酮结构密封胶》

(6)GB/T 13477.18—2002《建筑密封材料试验方法　第 18 部分:剥离粘结性的测定》

(7)GB/T 23261—2009《石材用建筑密封胶》

(8)GB/T 13477.20—2017《建筑密封材料试验方法　第 20 部分:污染性的测定》

6.2　幕墙玻璃

6.2.1　主要检测参数

必备参数:传热系数、可见光透射比、太阳得热系数、中空玻璃的密封性能

可选参数:/

6.2.2　主要技术标准

(1)GB/T 22476—2008《中空玻璃稳态 U 值(传热系数)的计算及测定》

(2)GB/T 8484—2020《建筑外门窗保温性能检测方法》

(3)GB/T 2680—2021《建筑玻璃　可见光透射比、太阳光直接透射比、太阳能总透射

比、紫外线透射比及有关窗玻璃参数的测定》
(4)JGJ/T 151—2008《建筑门窗玻璃幕墙热工计算规程》
(5)GB/T 11944—2012《中空玻璃》
(6)GB 50411—2019《建筑节能工程施工质量验收标准》

6.3　幕　墙

6.3.1　主要检测参数

必备参数：气密性能、水密性能、抗风压性能、层间变形性能、后置埋件抗拔承载力
可选参数：保温隔热性能、隔声性能、采光性能、耐撞击性能、防火性能

6.3.2　主要技术标准

(1)GB/T 15227—2019《建筑幕墙气密、水密、抗风压性能检测方法》
(2)GB/T 18250—2015《建筑幕墙层间变形性能分级及检测方法》
(3)JGJ 145—2013《混凝土结构后锚固技术规程》
(4)GB/T 21086—2007《建筑幕墙》
(5)GB/T 38264—2019《建筑幕墙耐撞击性能分级及检测方法》
(6)GB/T 8485—2008《建筑门窗空气声隔声性能分级及检测方法》
(7)GB/T 18091—2015《玻璃幕墙光热性能》
(8)GB/T 8484—2020《建筑外门窗保温性能检测方法》
(9)GB/T 11976—2015《建筑外窗采光性能分级及检测方法》
(10)GB/T 2680—2021《建筑玻璃　可见光透射比、太阳光直接透射比、太阳能总透射比、紫外线透射比及有关窗玻璃参数的测定》

第7章　市政工程材料

7.1　土、无机结合稳定材料

7.1.1　主要检测参数

必备参数：含水率、液限、塑限、击实、粗粒土和巨粒土最大干密度、承载比（CBR）试验、无侧限抗压强度、水泥或石灰剂量

可选参数：塑性指数、不均匀系数、0.6mm以下颗粒含量、颗粒分析、有机质含量、易溶盐含量

7.1.2　主要技术标准

(1)GB/T 50123—2019《土工试验方法标准》

(2)JTG 3430—2020《公路土工试验规程》

(3)JTG 3441—2024《公路工程无机结合料稳定材料试验规程》

7.2　土工合成材料

7.2.1　主要检测参数

必备参数：拉伸强度、延伸率、梯形撕裂强度、CBR顶破强力、厚度、单位面积质量

可选参数：垂直渗透系数、刺破强力

7.2.2　主要技术标准

(1)GB/T 15788—2017《土工合成材料　宽条拉伸试验方法》

(2)JTG E50—2006《公路工程土工合成材料试验规程》

(3)GB/T 14800—2010《土工合成材料　静态顶破试验(CBR法)》

(4)GB/T 13763—2010《土工合成材料　梯形法撕破强力的测定》

(5)GB/T 13761.1—2022《土工合成材料　规定压力下厚度的测定　第1部分：单层产品厚度的测定方法》

(6)GB/T 13762—2009《土工合成材料　土工布及土工布有关产品单位面积质量的测定方法》

(7)GB/T 15789—2016《土工布及其有关产品　无负荷时垂直渗透特性的测定》
(8)SL 235—2012《土工合成材料测试规程》
(9)GB/T 19978—2005《土工布及其有关产品　刺破强力的测定》

7.3　掺合料(粉煤灰、钢渣)

7.3.1　主要检测参数

必备参数:SiO_2 含量、Al_2O_3 含量、Fe_2O_3 含量、烧失量、细度、比表面积
可选参数:游离氧化钙含量、粉化率、压碎值、颗粒组成

7.3.2　主要技术标准

(1)JTG 3441—2024《公路工程无机结合料稳定材料试验规程》
(2)GB/T 1596—2017《用于水泥和混凝土中的粉煤灰》
(3)JTG 3432—2024《公路工程集料试验规程》
(4)GB/T 176—2017《水泥化学分析方法》

7.4　沥青及乳化沥青

7.4.1　主要检测参数

必备参数:针入度、软化点、延度、质量变化、残留针入度比、残留延度、破乳速度、标准黏度、蒸发残留物、弹性恢复

可选参数:运动黏度、布氏旋转黏度、针入度指数、蜡含量、闪点、动力黏度、溶解度、密度、粒子电荷、1.18mm 筛筛上残留物、恩格拉黏度、与粗集料的粘附性

7.4.2　主要技术标准

JTG E20—2011《公路工程沥青及沥青混合料试验规程》

7.5　沥青混合料用粗集料、细集料、矿粉、木质素纤维

7.5.1　主要检测参数

粗集料
必备参数:压碎值、洛杉矶磨耗损失、表观相对密度、吸水率、沥青黏附性、颗粒级配
可选参数:坚固性、软弱颗粒或软石含量、磨光值、针片状颗粒含量、<0.075mm 颗粒

含量

细集料

必备参数：表观相对密度、砂当量、颗粒级配

可选参数：棱角性、坚固性、含泥量、亚甲蓝值

矿粉

必备参数：表观相对密度、亲水系数、塑性指数、加热安定性、筛分、含水率

可选参数：/

木质素纤维

必备参数：长度、灰分含量、吸油率

可选参数：pH 值、含水率

7.5.2 主要技术标准

粗集料、细集料：

(1)JTG 3432—2024《公路工程集料试验规程》

(2)JTG E20—2011《公路工程沥青及沥青混合料试验规程》

矿粉：

JTG 3432—2024《公路工程集料试验规程》

木质素纤维：

JT/T 533—2020《沥青路面用纤维》

7.6 沥青混合料

7.6.1 主要检测参数

必备参数：马歇尔稳定度、流值、矿料级配、油石比、密度

可选参数：动稳定度、残留稳定度、冻融劈裂强度比、配合比设计

7.6.2 主要技术标准

(1)JTG E20—2011《公路工程沥青及沥青混合料试验规程》

(2)JTG F40—2004《公路沥青路面施工技术规范》

7.7 路面砖及路缘石

7.7.1 主要检测参数

必备参数：抗压强度、抗折强度、防滑性能、耐磨性

可选参数：抗冻性、透水系数、吸水率、抗盐冻性

7.7.2　主要技术标准

(1)JC/T 899—2016《混凝土路缘石》
(2)GB/T 28635—2012《混凝土路面砖》
(3)GB/T 16925—1997《混凝土及其制品耐磨性试验方法(滚珠轴承法)》

7.8　检查井盖、水篦、混凝土模块、防撞墩、隔离墩

7.8.1　主要检测参数

必备参数:抗压强度、试验荷载、残余变形
可选参数:/

7.8.2　主要技术标准

检查井盖、水箅:
(1)GB/T 23858—2009《检查井盖》
(2)CJ/T 328—2010《球墨铸铁复合树脂水箅》
混凝土模块:
CJJ/T 230—2015《排水工程混凝土模块砌体结构技术规程》
防撞墩、隔离墩:
(1)CJJ 1—2008《城镇道路工程施工与质量验收规范》
(2)CJJ 2—2008《城市桥梁工程施工与质量验收规范》
(3)GB/T 50081—2019《混凝土物理力学性能试验方法标准》

7.9　水　泥

7.9.1　主要检测参数

必备参数:凝结时间、安定性、胶砂强度、氯离子含量
可选参数:保水率、氧化镁含量、碱含量、三氧化硫含量

7.9.2　主要技术标准

(1)GB/T 13693—2017《道路硅酸盐水泥》
(2)GB 175—2023《通用硅酸盐水泥》
(3)GB/T 1346—2011《水泥标准用水量、凝结时间、安定性检验方法》
(4)GB/T 17671—2021《水泥胶砂强度检验方法(ISO 法)》
(5)JC/T 420—2006《水泥原料中氯离子的化学分析方法》

(6)GB/T 176—2017《水泥化学分析方法》
(7)GB/T 3183—2017《砌筑水泥》
(8)GB 2419—2005《水泥胶砂流动度测定方法》

7.10 骨料、集料

7.10.1 主要检测参数

细骨料

必备参数:颗粒级配、含泥量、泥块含量、亚甲蓝值与石粉含量(人工砂)、压碎指标(人工砂)、氯离子含量

可选参数:表观密度、吸水率、坚固性、碱活性、硫化物和硫酸盐含量、轻物质含量、有机物含量、贝壳含量

粗骨料

必备参数:颗粒级配、含泥量、泥块含量、压碎值指标、针片状颗粒含量

可选参数:坚固性、碱活性、表观密度、堆积密度、空隙率

轻集料

必备参数:/

可选参数:筒压强度、堆积密度、吸水率、粒型系数、筛分析

7.10.2 主要技术标准

细骨料:
(1)JTG 3432—2024《公路工程集料试验规程》
(2)GB/T 14684—2022《建设用砂》

粗骨料:
(1)JTG 3432—2024《公路工程集料试验规程》
(2)GB/T 14685—2022《建设用卵石、碎石》

轻集料:
(1)GB/T 17431.1—2010《轻集料及其试验方法第1部分:轻集料》
(2)GB/T 17431.2—2010《轻集料及其试验方法第2部分:轻集料试验方法》

7.11 钢筋(含焊接与机械连接)

7.11.1 主要检测参数

必备参数:屈服强度、抗拉强度、断后伸长率、最大力下总延伸率、反向弯曲、重量偏差、残余变形

可选参数：弯曲性能

7.11.2　主要技术标准

(1)GB 50204—2015《混凝土结构工程施工质量验收规范》
(2)GBT 1499.1—2017《钢筋混凝土用钢　第1部分：热轧光圆钢筋(1)》
(3)GBT 1499.2—2018《钢筋混凝土用钢　第2部分：热轧带肋钢筋》
(4)JGJ 18—2012《钢筋焊接及验收规程》
(5)YB/T 081—2013《冶金技术标准的数值修约与检测数值的判定》
(6)GB/T 28900—2022《钢筋混凝土用钢材试验方法》
(7)GB/T 228.1—2021《金属材料拉伸试验　第1部分：室温试验方法》
(8)JGJ/T 27—2014《钢筋焊接接头试验方法标准》
(9)JGJ 107—2016《钢筋机械连接技术规程》
(10)GB/T 232—2010《金属材料弯曲试验方法》
(11)GB/T 2653—2008《焊接接头弯曲试验方法》

7.12　外加剂

7.12.1　主要检测参数

必备参数：减水率、pH值、密度(或细度)、抗压强度比、凝结时间(差)、含气量、固体含量(或含水率)、限制膨胀率、泌水率比、氯离子含量

可选参数：相对耐久性指标、含气量1h经时变化量(坍落度、含气量)、硫酸钠含量、收缩率比、碱含量

7.12.2　主要技术标准

(1)GB 8076—2008《混凝土外加剂》
(2)GB/T 8077—2023《混凝土外加剂匀质性试验方法》
(3)GB/T 23439—2017《混凝土膨胀剂》

7.13　砂　浆

7.13.1　主要检测参数

必备参数：抗压强度、稠度、保水率、拉伸粘接强度(抹灰、砌筑)
可选参数：分层度、配合比设计、凝结时间、抗渗性能

7.13.2　主要技术标准

(1)JGJ/T 70—2009《建筑砂浆基本性能试验方法标准》

(2)JGJ/T 98—2010《砌筑砂浆配合比设计规程》
(3)JGJ/T 220—2010《抹灰砂浆技术规程》

7.14 混凝土

7.14.1 主要检测参数

必备参数:抗压强度、抗渗等级、坍落度、氯离子含量

可选参数:限制膨胀率、抗冻性能、表观密度、含气量、凝结时间、抗折强度、劈裂抗拉强度、静力受压弹性模量、抑制碱-骨料反应有效性、碱含量、配合比设计

7.14.2 主要技术标准

(1)JTG 3420—2020《公路工程水泥及水泥混凝土试验规程》
(2)JGJ 55—2011《普通混凝土配合比设计规程》
(3)GB/T 50082—2009《普通混凝土长期性能和耐久性能试验方法标准》
(4)GB/T 50784—2013《混凝土结构现场检测技术标准》
(5)GB/T 50344—2019《建筑结构检测技术标准》

7.15 防水材料及防水密封材料

7.15.1 主要检测参数

防水卷材

必备参数:可溶物含量、拉力、延伸率(或最大力时延伸率)、低温柔度、热老化后低温柔度、不透水性、耐热度、断裂拉伸强度、断裂伸长率、撕裂强度

可选参数:胶粘剂——剪切性能、剥离性能

胶粘带——剪切性能、剥离性能

防水卷材——接缝剥离强度、搭接缝不透水性

防水涂料

必备参数:固体含量、拉伸强度、耐热性、低温柔性、不透水性、断裂伸长率

可选参数:涂膜抗渗性、浸水 168h 后拉伸强度、浸水 168h 后断裂伸长率、耐水性、抗压强度、抗折强度、粘结强度、抗渗性

防水密封材料及其他防水材料

必备参数:/

可选参数:耐热性、低温柔性、拉伸粘结性、施工度、表干时间、挤出性、弹性恢复率、浸水后定伸粘结性、流动性、单位面积质量、膨润土膨胀指数、渗透系数、滤失量、拉伸强度、撕裂强度、硬度、7d 膨胀率、最终膨胀率、耐水性、体积膨胀倍率、压缩永久变形、低温弯折、剥离

强度、浸水168h后的剥离强度保持率、拉力、延伸率、固体含量、7d粘结强度、7d抗渗性、拉伸模量、定伸粘结性、断裂伸长率

7.15.2　主要技术标准

常见防水卷材：

(1)GB/T 328—2007《建筑防水卷材试验方法》

(2)T/CWA 302—2023《建筑防水材料类工程要求试验方法》

(3)GB 18242—2008《弹性体改性沥青防水卷材》

(4)GB 18243—2008《塑性体改性沥青防水卷材》

(5)GB 23441—2009《自粘聚合物改性沥青防水卷材》

(6)GB/T 23457—2017《预铺防水卷材》

(7)GB/T 35467—2017《湿铺防水卷材》

(8)GB 12952—2011《聚氯乙烯(PVC)防水卷材》

(9)GB/T 18173.1—2012《高分子防水材料　第1部分:片材》

(10)GB/T 23260—2009《带自粘层的防水卷材》

(11)GB 18967—2009《改性沥青聚乙烯胎防水卷材》

防水涂料：

(1)GB/T 16777—2008《建筑防水涂料试验方法》

(2)GB/T 19250—2013《聚氨酯防水涂料》

(3)GB/T 23445—2009《聚合物水泥防水涂料》

(4)JC/T 864—2023《聚合物乳液建筑防水涂料》

(5)JC/T 408—2005《水乳型沥青防水涂料》

(6)GB 18445—2012《水泥基渗透结晶型防水材料》

密封材料：

(1)GB/T 14683—2017《硅酮和改性硅酮建筑密封胶》

(2)JC/T 482—2022《聚氨酯建筑密封胶》

(3)JC/T 483—2022《聚硫建筑密封胶》

(4)JC/T 207—2011《建筑防水沥青嵌缝油膏》

(5)JC/T 881—2017《混凝土接缝用建筑密封胶》

(6)GB/T 13477.5—2002《建筑密封材料试验方法　第5部分:表干时间的测定》

(7)GB/T 13477.6—2002《建筑密封材料试验方法　第6部分:流动性的测定》

(8)GB/T 13477.8—2017《建筑密封材料试验方法　第8部分:拉伸粘结性的测定》

刚性防水材料：

(1)JC/T 984—2011《聚合物水泥防水砂浆》

(2)GB 23439—2017《混凝土膨胀剂》

其他防水材料：

(1)GB/T 18173.2—2014《高分子防水材料　第2部分:止水带》

(2)GB/T 18173.3—2014《高分子防水材料　第3部分:遇水膨胀橡胶》

(3)GB/T 18173.4—2010《高分子防水材料　第4部分:盾构法隧道管片用橡胶密封

垫》

(4)JG/T 193—2006《钠基膨润土防水毯》

(5)JC/T 1069—2008《沥青基防水卷材用基层处理剂》

7.16 水

7.16.1 主要检测参数

必备参数:氯离子含量

可选参数:pH 值、硫酸根离子含量、不溶物含量、可溶物含量、凝结时间差、抗压强度比、碱含量

7.16.2 主要技术标准

JGJ 63—2006《混凝土用水标准》

7.17 石灰*

7.17.1 主要检测参数

必备参数:/

可选参数:有效氧化钙和氧化镁含量、氧化镁含量、未消化残渣含量、含水率、细度

7.17.2 主要技术标准

(1)JC/T 478.2—2013《建筑石灰试验方法 第 2 部分:化学分析方法》

(2)JC/T 478.1—2013《建筑石灰试验方法 第 2 部分:物理试验方法》

(3)GB/T 176—2017《水泥化学分析方法标准》

7.18 石材*

7.18.1 主要检测参数

必备参数:/

可选参数:干燥压缩强度、水饱和压缩强度、干燥弯曲强度、水饱和弯曲强度、体积密度、吸水率

7.18.2 主要技术标准

(1)GB/T 9966.1—2020《天然石材试验方法 第 1 部分:干燥、水饱和、冻融循环后压

缩强度试验》

(2)GB/T 9966.2—2020《天然石材试验方法　第2部分:干燥、水饱和、冻融循环后弯曲强度试验》

(3)GB/T 9966.3—2020《天然石材试验方法　第3部分:吸水率、体积密度、真密度、真气孔率试验》

7.19　螺栓、锚具夹具及连接器*

7.19.1　主要检测参数

必备参数:/

可选参数:抗滑移系数、外观质量、尺寸、静载锚固性能、疲劳荷载性能、硬度、紧固轴力、扭矩系数、最小拉力载荷(普通紧固件)

7.19.2　主要技术标准

螺栓:

(1)GB 50205—2020《钢结构工程施工质量验收标准》

(2)GB/T 3098.1—2010《紧固件机械性能　螺栓、螺钉和螺柱》

(3)GB/T 228.1—2021《金属材料　拉伸试验　第1部分:室温试验方法》

(4)GB/T 1231—2006《钢结构用高强度大六角头螺栓、大六角螺母、垫圈技术条件》

(5)GB/T 3632—2008《钢结构用扭剪型高强度螺栓连接副》

预应力混凝土用锚具夹具及连接器:

(1)JT/T 329—2010《公路桥梁预应力钢绞线用锚具、夹具和连接器》

(2)GB/T 5224—2023《预应力混凝土用钢绞线》

(3)GB/T 230.1—2018《金属材料　洛氏硬度试验　第1部分:试验方法》

(4)GB/T 231.1—2018《金属材料　布氏硬度试验　第1部分:试验方法》

(5)GB/T 15822.1—2005《无损检测　磁粉检测　第1部分:总则》

第 8 章　道路工程

8.1　沥青混合料路面

8.1.1　主要检测参数

必备参数:厚度、压实度、弯沉值
可选参数:平整度、渗水系数、抗滑性能

8.1.2　主要技术标准

(1)CJJ 1—2008《城镇道路工程施工与质量验收规范》
(2)JTG 3450—2019《公路路基路面现场测试规程》
(3)JTG F80/1—2017《公路工程质量检验评定标准　第一册　土建工程》
(4)JTG/T F20—2015《公路路面基层施工技术细则》
(5)GB/T 50123—2019《土工试验方法标准》

8.2　基层及底基层

8.2.1　主要检测参数

必备参数:厚度、压实度、弯沉值
可选参数:平整度、无侧限抗压强度

8.2.2　主要技术标准

(1)CJJ 1—2008《城镇道路工程施工与质量验收规范》
(2)JTG 3450—2019《公路路基路面现场测试规程》
(3)JTG F80/1—2017《公路工程质量检验评定标准　第一册　土建工程》
(4)JTG/T F20—2015《公路路面基层施工技术细则》
(5)GB/T 50123—2019《土工试验方法标准》

8.3　土路基

8.3.1　主要检测参数

必备参数:弯沉值、压实度
可选参数:土基回弹模量

8.3.2　主要技术标准

(1)CJJ 1—2008《城镇道路工程施工与质量验收规范》
(2)JTG 3450—2019《公路路基路面现场测试规程》
(3)GB/T 50123—2019《土工试验方法标准》

8.4　排水管道工程*

8.4.1　主要检测参数

必备参数:/
可选参数:地基承载力、回填土压实度、背后土体密实性、严密性试验

8.4.2　主要技术标准

(1)GB 50268—2008《给水排水管道工程施工及验收规范》
(2)JTG 3450—2019《公路路基路面现场测试规程》

8.5　水泥混凝土路面*

8.5.1　主要检测参数

必备参数:/
可选参数:平整度、构造深度、厚度

8.5.2　主要技术标准

(1)JTG 3450—2019《公路路基路面现场测试规程》
(2)CJJ 1—2008《城镇道路工程施工与质量验收规范》

第 9 章　桥梁与地下工程

9.1　桥梁结构与构件

9.1.1　主要检测参数

必备参数：静态应变（应力）、动态应变（应力）、位移、模态参数（频率、振型、阻尼比）、索力、承载能力、桥梁线形、动态挠度、静态挠度、结构尺寸、轴线偏位、竖直度、混凝土强度（回弹法/钻芯法/回弹-钻芯综合法/超声回弹综合法等）、混凝土碳化深度、钢筋位置及保护层厚度、氯离子含量

可选参数：外观质量、内部缺陷、预应力孔道摩阻损失、有效预应力、孔道压浆密实性、风速、温度、加速度、速度、冲击性能、混凝土电阻率、钢筋锈蚀状况

9.1.2　主要技术标准

(1)CJJ 2—2008《城市桥梁工程施工与质量验收规范》

(2)CJJ/T 233—2015《城市桥梁检测与评定技术规范》

(3)CJJ 11—2011《城市桥梁设计规范》

(4)JTG/T J21－01—2015《公路桥梁荷载试验规程》

(5)JTG/T J21—2011《公路桥梁承载能力检测评定规程》

(6)JTG/T H21—2011《公路桥梁技术状况评定标准》

(7)JTG/T 3650—2020《公路桥涵施工技术规范》

(8)GB/T 50784—2013《混凝土结构现场检测技术标准》

(9)JTG F80/1—2017《公路工程质量检验评定标准　第一册　土建工程》

(10)JTG/T 5214—2022《在用公路桥梁现场检测技术规程》

9.2　隧道主体结构

9.2.1　主要检测参数

必备参数：断面尺寸、锚杆拉拔力、衬砌厚度、衬砌及背后密实状况、墙面平整度、钢筋网格尺寸、锚杆长度、锚杆锚固密实度、管片几何尺寸、错台、椭圆度、混凝土强度（回弹法/钻芯法/回弹-钻芯综合法/超声回弹综合法等）、钢筋位置及保护层厚度

可选参数：外观质量、内部缺陷、衬砌内钢筋间距、仰拱厚度、渗漏水、钢筋锈蚀状况

9.2.2　主要技术标准

(1)JTG H12—2015《公路隧道养护技术规范》
(2)GB/T 50299—2018《地下铁道工程施工质量验收标准》
(3)GB 50086—2015《岩土锚杆与喷射混凝土支护工程技术规范》
(4)JGJ/T 182—2009《锚杆锚固质量无损检测技术规程》
(5)CJJ/T 164—2011《盾构隧道管片质量检测技术标准》
(6)GB 50446—2017《盾构法隧道施工及验收规范》
(7)T/CECS G:J60—2020《公路隧道检测规程》
(8)JTG/T 3650—2020《公路桥涵施工技术规范》
(9)JTG F80/1—2017《公路工程质量检验评定标准　第一册　土建工程》
(10)JGJ/T 456—2019《雷达法检测混凝土结构技术标准》

9.3　桥梁及附属物*

9.3.1　主要检测参数

必备参数：/
可选参数：桥面系外观质量、桥梁上部外观质量、桥梁下部外观质量、桥梁附属设施外观质量

9.3.2　主要技术标准

(1)CJJ 2—2008《城市桥梁工程施工与质量验收规范》；
(2)CJJ/T 233—2015《城市桥梁检测与评定技术规范》；
(3)JTG/T H21—2011《公路桥梁技术状况评定标准》；

9.4　桥梁支座*

9.4.1　主要检测参数

必备参数：/
可选参数：外观质量、内在质量、竖向压缩变形、抗压弹性模量、极限抗压强度、盆环径向变形、抗剪弹性模量、抗剪粘结性能、抗剪老化、承载力、摩擦系数、转动性能、尺寸偏差、转角试验

9.4.2　主要技术标准

(1)JT/T 4—2019《公路桥梁板式橡胶支座》；

(2)JT/T 391—2019《公路桥梁盆式支座》;
(3)GB 20688.4—2023《橡胶支座第4部分:普通橡胶支座》;
(4)GB/T 17955—2009《桥梁球型支座》

9.5 桥梁伸缩装置*

9.5.1 主要检测参数

必备参数:/

可选参数:外观质量、尺寸偏差、焊缝尺寸、焊缝探伤、涂层附着力、涂层厚度、橡胶密封带夹持性能、装配公差、变形性能、防水性能、承载性能

9.5.2 主要技术标准

(1)JT/T 327—2016《公路桥梁伸缩装置通用技术条件》;
(2)CJJ 2—2008《城市桥梁工程施工与质量验收规范》;
(3)CJJ/T 233—2015《城市桥梁检测与评定技术规范》;

9.6 隧道环境*

9.6.1 主要检测参数

必备参数:/

可选参数:照度、噪声、风速、一氧化碳浓度、二氧化碳浓度、二氧化硫浓度、氧浓度、一氧化氮浓度、二氧化氮浓度、瓦斯浓度、硫化氢浓度、烟尘浓度

9.6.2 主要技术标准

(1)GB/T 5700—2023《照明测量方法》;
(2)GB/T 3222.2—2022《声学环境噪声的描述、测量与评价　第2部分:声压级测定》;
(3)GB/T 18204.1—2013《公共场所卫生检验方法　第1部分:物理因素》;
(4)GB 3096—2008《声环境质量标准》;
(5)GBZ 159—2004《工作场所空气中有害物质监测的采样规范》;
(6)GBZ/T 206—2007《密闭空间直读式仪器气体检测规范》;
(7)JTG/T 3374—2020《公路瓦斯隧道设计与施工技术规范》;
(8)TB 10120—2019《铁路瓦斯隧道技术规范》;
(9)GBZ/T 259—2014《硫化氢职业危害防护导则》;
(10)GB/T 35223—2017《地面气象观测规范　气象能见度》

9.7　人行天桥及地下通道*

9.7.1　主要检测参数

必备参数:/

可选参数:自振频率、桥面线形、地基承载力、变形缝质量、防水层的缝宽和搭接长度、尺寸、栏杆水平推力

9.7.2　主要技术标准

CJJ 69—1995《城市人行天桥与人行地道技术规范》

9.8　综合管廊主体结构*

9.8.1　主要检测参数

必备参数:/

可选参数:断面尺寸、衬砌厚度、衬砌密实性、墙面平整度、衬砌内钢筋间距、混凝土强度(回弹法/钻芯法/回弹-钻芯综合法/超声回弹综合法等)、钢筋保护层厚度、钢筋锈蚀状况

9.8.2　主要技术标准

(1)DB34/T 3836—2021《城镇综合管廊施工与质量验收规程》

(2)GB 50838—2015《城市综合管廊工程技术规范》

9.9　涵洞主体结构*

9.9.1　主要检测参数

必备参数:/

可选参数:外观质量、地基承载力、回填土压实度、混凝土强度(回弹法/钻芯法/回弹-钻芯综合法/超声回弹综合法等)、钢筋保护层厚度、断面尺寸、接缝宽度、错台、钢筋锈蚀状况

9.9.2　主要技术标准

(1)GB 50203—2011《砌体结构工程施工质量验收规范》

(2)JTG 5120—2021《公路桥涵养护规范》

(3)JTG/T 5214—2022《在用公路桥梁现场检测技术规程》

第三篇

建设工程质量检测基础知识

第1章　法定计量单位

我国计量法规定国际单位制计量单位和国家选定的其他计量单位,为国家法定计量单位。国家法定计量单位的名称符号由国务院公布。国家法定计量单位是我国允许使用的计量单位。

对于我国法定计量单位而言,国际单位制是主体,国际单位制如有变化,我国法定计量单位也将随之变化。国际单位制是我国法定计量单位的基础,一切属于国际单位制的单位都是我国的法定计量单位。

《中华人民共和国法定计量单位》在1984年2月27日由国务院发布。

1.1　计量单位

1.1.1　国际单位制的构成

国际单位制是在米制基础上发展起来的单位制,其国际简称为SI。国际单位制包括SI单位以及SI单位的十进倍数和分数单位。

按国际上的规定,国际单位制的基本单位、辅助单位、具有专门名称的导出单位以及直接由以上单位构成的组合形式的单位(系数为1)都称之为SI单位。它们有主单位的含义,并构成一贯单位制。

1.1.2　SI单位

1. SI单位包括SI基本单位、SI辅助单位、SI导出单位

1)SI基本单位

国际单位制建立在ISO的7个基本量的基础上,基本量和相应基本单位的名称和符号见表3-1。

表3-1　SI基本单位

量的名称	单位名称	单位符号
长度	米	m
质量	千克(公斤)	kg
时间	秒	s
电流	安[培]	A
热力学温度	开[尔文]	K
物质的量	摩[尔]	mol
发光的强度	坎[德拉]	cd

(1)米:米是长度单位,当真空中光速 c 以 m/s 为单位表达时选取固定数值 299792458 来定义米,即“光在真空中行进 1/299792458 秒的距离”为一标准米;

(2)千克:千克是质量单位,其定义为“对应普朗克常数为 6.62607015×10^{-34} J · s 时的质量单位”;

(3)秒:秒是时间单位,铯－133 原子基态超精细能级跃迁对应的辐射的 9192631770 个周期的持续时间即为 1 秒;

(4)安培:电流的单位是安培,1 安培定义为“1s 内通过导体某一横截面的 $1/1.602176634\times10^{19}$ 个电荷移动所产生的电流强度”;

(5)开尔文:热力学温度单位是开尔文,1 开尔文被定义为“对应玻尔兹曼常数为 1.380649×10^{-23} J · K^{-1} 的热力学温度”;

(6)摩尔:物质的量单位是摩尔,其定义是:精确包含 6.02214076×10^{23}(约为 6.02×10^{23})个原子或分子等基本单元的系统的物质的量;

(7)坎德拉:发光强度的单位是坎德拉,在给定方向光源的发光强度,其发出的是单色辐射,540×10^{12} 赫兹为频率,以此方向为基础,获得 1/683 瓦特/球面度的辐射强度。

2)SI 辅助单位

SI 辅助单位包括球面度和弧度,详见表 3－2 所示,被叫做国际单位制辅助单位。需要明确的是,其不仅可发挥基本单位的作用,还可发挥导出单位的作用。可以认为,其是无量纲量的导出单位,以实用角度为出发点进行考虑,其不属于 SI 导出单位。在使用的时候需要以自身需求为基础选择球面度或弧度。

表 3－2　SI 辅助单位

量的名称	单位名称	单位符号
平面角	弧度	rad
立体角	球面度	sr

(1)弧度:在物理领域和数学领域,在度量角的时候使用的单位是弧度。该单位由国际单位制导出,即为弧长和半径相等的弧,其圆心角是 1 弧度,也就是说,从圆心发射出两条射线,此时会有一个夹角形成,同时还会形成一个夹角正对的弧,如果该弧长和圆的半径相同,可认为形成的夹角弧度是 1。

(2)球面度:在计量立体角的时候可使用该单位。其定义为:是一个立体角,其顶点位于球心,而它在球面上所截取的面积等于以球半径为边长的正方形面积。球面度是以球面积度量其所对应的立体角时的度量单位,该立体角的顶点位于球心处。

3)SI 导出单位

以代数形式,利用辅助单位和基本单位表示的单位是导出单位。用数学符号表示除和乘。比如对于角速度而言,弧度每秒(rad/s)为其 SI 单位;对于速度而言,米每秒(m/s)为其 SI 单位。如果单位具有相同的形式,可认为其是组合单位。

在国际计量大会,某些导出单位具有专门的符号和名称,详见表 3－3 所示。在对其他单位进行表示的时候可以使用这些专门名称,该表示方式较为明确、方便。比如对于电阻率而言,在对其 SI 单位进行定义的时候,选择使用了欧姆米(Ω · m),而不是三次方米千克每三次方秒二次方安培[$m^3 \cdot kg/(s^3 \cdot A^2)$]；对于“功”而言，在对其 SI 单位进行定义的时候，选择使用了焦耳(J)，而不是牛顿·米(N·m)。

表 3-3　具有专门名称的 SI 导出单位

量的名称	SI 导出单位			
	名称	符号	其他表示式	
			用 SI 单位示例	用 SI 基本单位
频率	赫[兹]	Hz	—	S^{-1}
力，重力	牛[顿]	N	—	$m \cdot kg \cdot s^{-2}$
压力，压强，应力	帕[斯卡]	Pa	N/m^2	$m^{-1} \cdot kg \cdot s^{-2}$
能[量]，功，热量	焦[耳]	J	N·m	$m^2 \cdot kg \cdot s^{-2}$
功率，辐[射能]通量	瓦[特]	W	J/s	$m^2 \cdot kg \cdot s^{-3}$
电荷[量]	库[仑]	C	—	A·s
电压，电动势，电位，(电势)	伏[特]	V	W/A	$m^2 \cdot kg \cdot s^{-3} \cdot A^{-1}$
电容	法[拉]	F	C/V	$m^{-2} \cdot kg^{-1} \cdot s^4 \cdot A^2$
电阻	欧[姆]	Ω	V/A	$m^2 \cdot kg \cdot s^{-3} \cdot A^{-2}$
电导	西[门子]	S	A/V	$m^{-2} \cdot kg^{-1} \cdot s^3 \cdot A^2$
磁通[量]	韦[伯]	Wb	V·s	$m^2 \cdot kg \cdot s^{-2} \cdot A^{-1}$
磁通[量]密度，磁感应强度	特[斯拉]	T	Wb/m^2	$kg \cdot s^{-2} \cdot A^{-1}$
电感	亨[利]	H	Wb/A	$m^2 \cdot kg \cdot s^{-2} \cdot A^{-2}$
摄氏温度	摄氏度	℃	—	K
光通量	流[明]	lm	—	cd·sr
(光)照度	勒[克斯]	lx	lm/m^2	$m^{-2} \cdot cd \cdot sr$

表 3-1～表 3-3 详细介绍了单位的简称和名称，这些单位不仅可在叙述性文字中使用，也可以在口述中使用。

对于组合单位而言，其符号表示和名称具有一致的顺序，“每”字对应的符号是除号，乘号无对应，在分母中，不论单位有几个，仅能出现一次“每”字，比如，对于波数而言，m^{-1}是其单位符号，对于该符号来说，“负一次方米”不是其正确读法，“每米”是其正确读法。对于比热容而言，J/(kg·K)是其单位符号，对于该符号来说，“焦耳每千克每开尔文”不是其正确读法，“焦耳每千克开尔文”是其正确读法。

分析乘方形式单位可明确，单位在后、指数在前是该类型单位的正确顺序，指数名称包括数字和“次方”。比如，m^4 为断面惯性矩单位符号，“四次方米”是其名称。

如果长度的二次和三次幂分别表示面积和体积，则相应的指数名称为“平方”和“立方”，否则应称为“二次方”和“三次方”。比如：体积单位符号是 m^3，其名称为“立方米”，而断面系数单位符号是 m^3，其名称为“三次方米”。

在对单位名称实施书写操作的时候，如果符合用于表示和、除或者乘，则可以不用书写。比如，Ω·m 是电阻率单位，“欧姆-米”“欧姆·米”等均不是该单位的正确名称，“欧姆米”是其正确名称。

2. SI 单位的十进倍数和分数单位

SI 单位的十进倍数和分数单位如表 3-4，词头（SI 词头）名称、简称及符号。词头用于构成 SI 单位的倍数单位，但不得单独使用。

表 3-4　用于构成十进倍数与分数单位的词头

所表示因数	词头名称	词头符号
10^{18}	艾[可萨]	E
10^{15}	拍[它]	P
10^{12}	太[拉]	T
10^{9}	吉[咖]	G
10^{6}	兆	M
10^{3}	千	k
10^{2}	百	h
10^{1}	十	da
10^{-1}	分	d
10^{-2}	厘	c
10^{-3}	毫	m
10^{-6}	微	μ
10^{-9}	纳[诺]	n
10^{-12}	皮[可]	p
10^{-15}	飞[母拖]	f
10^{-18}	阿[托]	a

注：① 周、月、年（年的符号为 a），为一般常用时间单位。

② [　]内的字，是在不致混淆的情况下，可以省略的字。

③ ()内的字为前者的同义语。

④ 角度单位度分秒的符号不处于数字后时，用括弧。

⑤ 升的符号中，小写字母 l 为备用符号。

⑥ r 为“转”的符号。

⑦ 人民生活和贸易中，质量习惯称为重量。

⑧ 公里为千米的俗称，符号为 km。

⑨ 10^4 称为万，10^8 称为亿，10^{12} 称为万亿，这类数词的使用不受词头名称的影响，但不应与词头混淆。

词头与所紧接的单位应作为一个整体对待，它们一起组成一个新单位（十进倍数单位），并具有相同的幂次，而且还可以根据习惯和其他单位构成组合单位。

例：$1cm^3=(10^{-2}m)^3=10^{-6}m^3$；$1mm^2/s=(10^{-3}m)^2/s=10^{-6}m^2/s$。

不得使用重叠词头，如 nm，不能写成 mum。

3. 中国法定计量单位的构成

(1)国际单位制的基本单位；

(2)国际单位制的辅助单位；

(3)国际单位制中具有专门名称的导出单位；

(4)我国选定的非国际单位制单位；

(5)由以上单位构成的组合形式的单位；

(6)由词头和以上单位所构成的十进倍数和分数单位。

表 3-5　国家选定的非国际单位制单位

量的名称	单位名称	单位符号	与 SI 单位的关系
时间	分	min	1min＝60s
	[小]时	h	1h＝60min＝3600s
	日,(天)	d	1d＝24h＝86400s
平面(角)	度	(°)	1°＝(π/180)rad
	[角]分	(′)	1′＝(1/60)°＝(π/10800)rad
	[角]秒	(″)	1″＝(1/60)′＝(π/648000)rad
体积,容积	升	L,(l)	$1L=1dm^3=10^{-3}m^3$
质量	吨	t	$1t=10^3kg$
	原子质量单位	μ	$1\mu\approx1.6605655\times10^{-27}kg$
旋转速度	转每分	r/min	$1r/min=(1/60)s^{-1}$
长度	海里	n mile	1n mile＝1852m(只用于航行)
速度	节	kn	1kn＝1n mile/h＝(1852/3600)m/s(只用于航行)
能	电子伏	eV	$1eV\approx1.6021892\times10^{-19}J$
级差	分贝	dB	
线密度	特[克斯]	tex	$1tex=10^{-6}kg/m$

注：① 平面角单位度、分、秒的符号，在组合单位中应采用(°)、(′)、(″)的形式。例如，不用°/s 而用(°)/s 表示。

② 升的两个符号属同等地位，可任意选用。今后是否取消其中之一，待国际上有新规定后再行修改。根据习惯，在某些情况下，表中的单位可以与国际单位制的单位构成组合单位，例如，kg/L，km/h。

1.2　SI 单位以及倍数单位的应用

根据使用方便的原则选用 SI 单位的倍数单位，可使数值处于实用范围内。使用 SI 单位及其倍数单位具体原则如下。

(1)选用 SI 单位的倍数单位，一般应使用量的数值处于 0.1～1000 范围内。

比如：1.2×10^4N 可写成 12kN。

在某些情况下习惯使用的单位可以不受上述限制。如大部分机械制图使用的单位可以用毫米，导线截面积使用的单位可以用平方毫米，领土面积用平方千米。

在同一个量的数值中，或叙述同一个量的文章里，为对照方便，使用相同的单位时，数值不受限制。词头 h、da、d、c(百、十、分、厘)，一般用于某些长度、面积和体积。

(2)对于组合单位，其倍数单位的构成，最好只使用一个词头，而且尽可能是组合单位中的第一个单位采用词头。

只通过相乘构成的组合单位在加词头时，词头通常加在第一个单位之前。

比如：力矩的单位 kN·m，不宜写成 N·km。

只通过相除构成的组合单位，或通过乘和除构成的组合单位，在加词头时，词头一般都应加在分子的第一个单位之前，分母中一般不用词头，但质量单位 kg 在分母中时例外。

比如：摩尔内能单位 kJ/mol，不宜写成 J/mmol。

比如：比能单位可以是 kJ/kg。

当组合单位分母是长度、面积和体积单位时，分母中可以选用某些词头构成倍数单位。

比如：密度单位可以选用 g/cm^3。

一般不在组合单位的分子分母中同时采用词头，但质量单位 kg 除外。

比如：电场强度单位不宜写成 kV/mm，而用 MV/m；质量摩尔浓度可以用 mol/kg。

(3)在计算中为了方便，建议所有量均用 SI 单位表示，将词头用 10 的幂代替。

(4)有些国际单位制以外的单位，可以按习惯用 SI 词头构成倍数单位，但它们不属于国际单位制，如 MeV、mCi、mL 等。摄氏温度单位摄氏度，角度单位度、分、秒与时间单位日、时、分等不得用 SI 词头构成倍数单位。

(5)当组合单位是由两个或两个以上的单位相乘时，其组合单位的写法可采用形式：N·m、Nm。

注：① 第二种形式，也可以在单位符号之间不留空隙，但应注意，当单位符号同时又是词头符号时，应尽量将它置于右侧，以免引起混淆。如 mN 表示毫牛顿而非指米牛顿。

② 在 ISO 1000—1981(E)中还有 N·m 形式。

当用单位相除的方法构成组合单位时，其符号可采用下列形式之一：m/s；m 与 s^{-1} 相乘的形式；或m */s。除加括号避免混淆外，单位符号中的斜线(/)不得超过一条。在复杂的情况下，也可以使用负指数或加括号。

(6)单位的中文符号。表 3-1～3-4 所确定的单位名称的简称，可作为这个单位的中文符号使用，并可用以代替本标准各个表中所给出的符号构成组合单位的中文符号。中文符号中不应含有单位的全称。

由两个或两个以上单位相乘所构成的组合单位，其符号形式为两个单位符号之间加居中圆点，如牛·米。单位相除构成的组合单位，其符号可采用下列形式之一：米/秒、米·秒$^{-1}$或米 * /秒。摄氏度的符号℃也可作为中文符号使用。

(7)单位符号的使用规则。

① 单位与词头的名称，一般只宜在叙述性文学中使用。单位和词头的符号，在公式、数据表、曲线图、刻度盘和产品品牌等需要简单明了的地方使用，也用于叙述性文字中。

② 单位名称和单位符号都必须各作为一个整体使用，不得拆开。如摄氏度的单位符号为℃，20 摄氏度不得写成或读成摄氏 20 度，也不得写成 20。C，只能写成 20℃。

③ 单位符号后不得加省略点,也无复数形式。

④ 可用汉字与单位的符号构成组合形式的单位。例如:元/d,万 t·km。

⑤ 优先采用本章各表中给出的符号。

(8)将 SI 词头的中文名称置于单位名称的简称之前,构成中文符号时,应注意避免引起混淆,必要时使用圆括号。

转速的量值不得写为 3 千秒$^{-1}$。

比如:表示三每千秒. 则应写为 3(千秒)$^{-1}$(此处“千”为词头)。

比如:表示三千每秒. 则应写为 3 千秒$^{-1}$(此处“千”为数词)。

体积的量值不得写为 2 千米 3。

比如:表示二立方千米,则应写为 2(千米)^3(此处“千”为词头)。

比如:表示二千立方米,则应写为 2 千米^3(此处“千”为数词)。

(9)单位和词头符号的书写规则。

单位符号一律用正体字母。除来源于人名的单位符号第一个字母要大写外,其余均为小

写字母(升的符号 L 和天文单位距离的符号 A 例外)。

比如:米(m)、秒(s)、坎德拉(cd)。

而来源于人名的,单位符号应写在全部数值之后,并与数值间留半个数字的空隙。

比如:安培(A)、帕斯卡(Pa)、韦伯(Wb)等。

在书写 SI 词头符号时需要采用正体字母,如果不小于 10^6,则使用大写字母,如果不大于 10^3,则使用小写字母。单位符号和 SI 词头符号的间距正常,不得留有空隙。

第 2 章　数据处理

2.1　测量数据处理

数据处理是检验检测与计量测试的一个重要环节,只有合理的数据处理,才能取得合理的结果,数据处理的基本原则是全面合理地反映测量的实际情况。

2.1.1　算术平均值

算术平均值:又称均值,是一组数据相加后除以数据的个数而得到的结果,是统计学中最基本、最常用的一种平均指标。

对样本量为 n 的随机样本 $x_1,x_2,x_3,\cdots,x_n$,算术平均值为

$$\overline{x}=\frac{1}{n}(x_1+x_2+\cdots\cdots+x_n)=\frac{1}{n}\sum_{i=1}^{n}x_i$$

式中:$\overline{x}$—— 算术平均值;

n—— 算术平均值;

$x_1,x_2,x_3,\cdots,x_n$—— 随机样本。

设被测量的真值为 x_0,并且各测得值 x_i 与 x_o 的误差 $x_1-x_0,x_2-x_0,\cdots,x_n-x_0$ 皆为随机误差。将上列各误差相加并除以测量次数 n,则有:

$$\frac{1}{n}\sum_{i=1}^{n}(x_i-0)=\frac{1}{n}\sum_{i=1}^{n}x_i-x_0=\overline{x}-x_0$$

根据随机误差的基本性质,当测量次数 n 足够大时,误差的算术平均值的极限为零,即:

$$\frac{1}{n}\sum_{i-1}^{n}(x_i-x_0)\rightarrow 0$$

$$\overline{x_i}\rightarrow 0$$

即当测量次数 n 足够大,系列测得值得算术平均值趋近于真值,并且 n 越大,算术平均值越趋近于真值。

2.1.2　标准差

标准差:是离均差平方的算术平均数的平方根。标准差是方差的算术平方根,是反映一个数据集的离散程度。平均数相同的,标准差未必相同。标准差不仅能度量数值与均值的平均距离,还与原始数值具有相同的计量单位。在统计离散程度的时候,因为方差和标准差

具有方便的计算方式，并且数学性质较好，因此应用较为广泛。但是标准差与方差只适用于数值型数据。此外，与均值一样，它们对极端值也很敏感。

在真实世界中，除非在某些特殊情况下，找到一个总体的真实的标准差是不现实的。大多数情况下，总体标准差是通过随机抽取一定量的样本并计算样本标准差估计的。

从一大组数值当中取出一样本数值组合，常定义其样本标准差：

$$s(x_i)=\sqrt{\frac{\sum_{i=1}^{n}(x_i-\overline{x})^2}{n-1}}$$

2.1.3　中值

中值：中值（又称中位数）是指将统计总体当中的各个变量值按大小顺序排列起来，形成一个数列，处于变量数列中间位置的变量值就称为中位数。

中值是数学统计术语，是指组距的上下限之算术平均数。当变量值的项数 N 为奇数时，处于中间位置的变量值即为中位数；当 N 为偶数时，中位数则为处于中间位置的 2 个变量值的平均数。

2.2　有效数字及其运算

2.2.1　有效数字

若某近似数字的误差绝对值不超过该数末位的半个单位值时，则从其第一个不是零的数字起至最末一位数的所有数字，都是有效数字。

例：若取 0.342 的近似数为 0.34，则其末位数的半个单位值为 0.005；而误差的绝对值为 $|0.34-0.342|=0.002$。不超过 0.005。于是 0.34 是 0.342 的有效数字，其位数为二位。

2.2.2　有效数字的运算

1. 加、减运算

在进行有效数字的加、减运算时，以参与运算的各数中末位的数量级最大的数为准，其余的数均比它多保留一位，多余位数应舍去。计算结果的末位的数量级，应与参与运算的数中末位的数量级最大的那个数相同。若计算结果尚需参与下一步运算，则可多保留一位。

例：$18.3+1.4546+0.876\rightarrow18.3+1.45+0.88=20.63\approx20.6$ 计算结果为 20.6。若尚需参与下一步运算，则取 20.63。

2. 乘、除（或乘方、开方）运算

在进行数的乘、除运算时，以参与运算的各数中有效数字位数最少的那个数为准。其余的数的有效数字均比它多保留一位。运算结果（积或商）的有效数字位数，应与参与运算的数中有效数字位数最少的那个数相同。若其计算结果尚需参与下一步运算，则有效数字可多取一位。

例：1.1×0.3268×0.10300→1.1×0.327×0.103=0.0370≈0.037，计算结果为0.037。若需参与下一步运算，则取0.0370。乘方、开方运算类同。

2.3　数值修约

数值修约是通过省略原数值(称拟修约数)的最后若干数字，调整所保留的末位数字，使最后所得到的值最接近原数值的过程。

修约间隔是指修约值的最小数值单位。修约间隔的数值一经确定，修约值即为该数值的整数倍。

例：指定修约间隔为0.1，修约值应在0.1的整数倍中选取，相当于将数值修约到1位小数；

指定修约间隔为100，修约值应在100的整数倍中选取，相当于将数值修约到“百”数位。

数值修约规则如下文。

2.3.1　确定修约间隔

(1)指定修约间隔为10^{-n}(n为正整数)，或指明将数值修约到n位小数；

(2)指定修约间隔为1，或指明将数值修约到个数位；

(3)指定修约间隔为10^{n}(n为正整数)，或指明将数值修约到10^{n}数位，或指明将数值修约到十、百、千……数位。

2.3.2　进舍规则

(1)拟舍弃数字的最左一位数字小于5，则舍去，保留其余各位数字不变。

例：将12.1498修约到个数位，得12；将12.1498修约到一位小数，得12.1。

(2)拟舍弃数字的最左一位数字大于5，则进一，即保留数字的末位数字加1。

例：将1268修约到“百”数位，得13×10^{2}(特定场合可写为1300)。

注：“特定场合”系指修约间隔明确时。

(3)拟舍弃数字的最左一位数字大于5，且其后有非0数字时进一，即保留数字的末位数字加1。

例：将10.5002修约到个位数，得11。

(4)拟舍弃数字的最左一位数字是5，其后无数字或皆为0时，若所保留的末位数字为奇数则进一，即保留数字的末位数字加1；若所保留的末位数字为偶数(0,2,4,6,8)，则舍去。即“奇进偶不进”。

例1：将12.500修约到个位数，得12；

将13.500修约到个位数，得14。

例2：修约间隔为0.1(或10^{-1})

拟修约数值	修约值
1.050	10×10^{-1}(特定场合可写成为1.0)
0.35	4×10^{-1}(特定场合可写成为0.4)

例 3：修约间隔为 1000（或 10^3）

拟修约数值	修约值
2500	2×10^3（特定场合可写成为 2000）
3500	4×10^3（特定场合可写成为 4000）

（5）负数修约时，先将它的绝对值按 1、2、3、4 的规定进行修约，然后在所得值前面加上负号。

例 1：将下列数值修约到"十"数位。

拟修约数值	修约值
－355	-36×10（特定场合可写成为－360）
－325	-32×10（特定场合可写成为－320）

例 2：将下列数字修约到三位小数，即修约间隔为 10^{-3}（或 10^3）。

拟修约数值	修约值
－0.0365	-36×10^{-3}（特定场合可写成为－0.036）

2.3.3　不允许连续修约

（1）拟修约数字应在确定修约间隔或指定修约数位后一次修约获得结果，不得多次按进舍规则连续修约。

例 1：修约 97.46，修约间隔为 1。

正确的做法：97.46→97；

不正确的做法：97.46→97.5→98。

例 2：修约 15.4546，修约间隔为 1。

正确的做法：15.4546→15；

不正确的做法：15.4546→15.455→15.46→15.5→16。

（2）在具体实施中，有时测试与计算部门先将获得数值按指定的修约数位多一位或几位报出，而后由其他部门判定。为避免产生连续修约的错误，应按下述步骤进行。

① 报出数值最右的非零数字为 5 时，应在数值右上角加"＋"或加"－"或不加符号，分别表明已进行过舍、进或未舍未进。

例：16.50^{+} 表示实际值大于 16.50，经修约舍弃为 16.50；16.50^{-} 表示实际值小于 16.50，经修约进一为 16.50。

② 如对报出值需进行修约，当拟舍弃数字的最左一位数字为 5，且其后无数字或皆为零时，数值右上角有"＋"者进一，有"－"者舍去，其他仍按进舍规定进行。

例：将下列数字修约到个数位（报出值多留一位至一位小数）。

实测值	报出值	修约值
15.4546	15.5^{-}	15
－15.4546	-15.5^{-}	－15
16.5203	16.5^{+}	17
－16.5203	-16.5^{+}	－17
17.5000	17.5	18

2.3.4 0.5单位修约与0.2单位修约

在对数值进行修约时，若有必要，也可采用0.5单位修约或0.2单位修约。

1.0.5单位修约(半个单位修约)

0.5单位修约是指按指定修约间隔对拟修约的数值0.5单位进行的修约。

0.5单位修约方法如下：将拟修约数值 X 乘以2，按指定修约间隔对 $2X$ 依进舍规则的规定修约，所得数值($2X$ 修约值)再除以2。

例：将下列数字修约到"个"数位的0.5单位修约。

拟修约数值 X	$2X$	$2X$ 修约值	X 修约值
60.25	120.50	120	60.0
60.38	120.76	121	60.5
60.28	120.56	121	60.5
−60.75	−121.50	−122	−61.0

2. 0.2单位修约

0.2单位修约是指按指定修约间隔对拟修约的数值0.2单位进行的修约。

0.2单位修约方法如下：将拟修约数值 X 乘以5，按指定修约间隔对 $5X$ 依进舍规则的规定修约，所得数值($5X$ 修约值)再除以5。

例：将下列数字修约到"百"数位的0.2单位修约

拟修约数值 X	$5X$	$5X$ 修约值	X 修约值
830	4150	4200	840
842	4210	4200	840
832	4160	4200	840
−930	−4650	−4600	−920

2.4 极限数值

2.4.1 极限数值定义及书写极限数值的一般原则

(1)极限数值：标准(或技术规范)中规定考核的以数量形式给出且符合该标准(或技术规范)要求的指标数值范围的界限值。

(2)标准(或其他技术规范)中规定考核的以数量形式给出的指标或参数等，应当规定极限数值。极限数值表示符合该标准要求的数值范围的界限值，它通过给出最小极限值和(或)最大极限值，或给出基本数值与极限偏差值等方式表达。

(3)标准中极限数值的表示形式及书写位数应适当，其有效数字应全部写出。书写位数表示的精确程度，应能保证产品或其他标准化对象应有的性能和质量。

2.4.2　表示极限数值的用语

1. 基本用语

(1)表达极限数值的基本用语及符号见表 3-6。

表 3-6　表达极限数值的基本用语及符号

基本用语	符号	特定情形下的基本用语			注
大于 A	>A		多于 A	高于 A	测定值或计算值恰好为 A 值时不符合要求
小于 A	<A		少于 A	低于 A	测定值或计算值恰好为 A 值时不符合要求
大于或等于 A	≥A	不小于 A	不少于 A	不低于 A	测定值或计算值恰好为 A 值时符合要求
小于或等于 A	≤A	不大于 A	不多于 A	不高于 A	测定值或计算值恰好为 A 值时符合要求

注 1:A 为极限数值。

注 2:允许采用以下习惯用语表达极限数值:

①"超过 A",指数值大于 A(>A);

②"不足 A",指数值小于 A(<A);

③"A 及以上"或"至少 A",指数值大于或等于 A(≥A);

④"A 及以下"或"至多 A",指数值小于或等于 A(≤A)。

例 1:钢中磷的残量<0.035%,A=0.035%。

例 2:钢丝绳抗拉强度≥22×10^2(MPa),A=22×10^2(MPa)。

(2)基本用语可以组合使用,表示极限值范围。

对特定的考核指标 X,允许采用下列用语和符号(见表 3-7)。同一标准中一般只应使用一种符号表示方式。

表 3-7　对特定的考核指标 X,允许采用的表达极限数值的组合用语及符号

组合基本用语	组合允许用语	符合		
		表示方式Ⅰ	表示方式Ⅱ	表示方式Ⅲ
大于或等于 A 且小于或等于 B	从 A 到 B	A≤X≤B	A≤·≤B	A~B
大于 A 且小于或等于 B	超过 A 到 B	A<X≤B	A<·≤B	>A~B
大于或等于 A 且小于 B	至少 A 不足 B	A≤X<B	A≤·<B	A~<B
大于 A 且小于 B	超过 A 不足 B	A<X<B	A<·<B	

2. 带有极限偏差值的数值

(1)基本数值 A 带有绝对极限上偏差值 $+b_1$ 和绝对极限下偏差值 $-b_2$,指从 $A-b_2$ 到

$A+b_1$ 符合要求，记为 $A_{-b_2}^{+b_1}$。

注：当 $b_1=b_2=b$ 时，$A_{-b_2}^{+b_1}$ 可简记为 $A\pm b$。

例：80_{-1}^{+2}mm，指从 79mm 到 82mm 符合要求。

(2)基本数值 A 带有相对极限上偏差值 $+b_1\%$ 和相对极限下偏差值 $-b_2\%$，指实测值或其计算值 R 对于 A 的相对偏差值 $[(R-A)/A]$ 从 $-b_2\%$ 到 $+b_1\%$ 符合要求，记为 $A_{-b_2}^{+b_1}\%$。

注：当 $b_1=b_2=b$ 时，$A_{-b_2}^{+b_1}\%$ 可记为 $A(1\pm b\%)$。

例：510Ω(1±5%)，指实测值或其计算值 R(Ω)对于 510Ω 的相对偏差值 $[(R-510)/510]$ 从 -5% 到 $+5\%$ 符合要求。

(3)对基本数值 A，若极限上偏差值 $+b_1$ 和(或)极限下偏差值 $-b_2$ 使得 $A+b_1$ 和(或) $A-b_2$ 不符合要求，则应附加括号，写成 $A_{-b_2}^{+b_1}$(不含 b_1 和 b_2)或 $A_{-b_2}^{+b_1}$(不含 b_1)、$A_{-b_2}^{+b_1}$(不含 b_2)。

例 1：80_{-1}^{+2}(不含 2)mm，指从 79mm 到接近但不足 82mm 符合要求。

例 2：510Ω(1±5%)(不含 5%)，指实测值或其计算值 R(Ω)对于 510Ω 的相对偏差值 [(R－510)/510] 从－5%到接近但不足＋5%符合要求。

2.4.3　测定值或其计算值与标准规定的极限数值作比较的方法

1. 总则

(1)在判定测定值或其计算值是否符合标准要求时，应将测试所得的测定值或其计算值与标准规定的极限数值作比较，比较的方法可采用全数值比较法和修约值比较法。

(2)当标准或有关文件中，若对极限数值(包括带有极限偏差值的数值)无特殊规定时，均应使用全数值比较法。如规定采用修约值比较法，应在标准中加以说明。

(3)若标准或有关文件规定了使用其中一种比较方法时，一经确定，不得改动。

2. 全数值比较法

将测试所得的测定值或计算值不经修约处理(或虽经修约处理，但应标明它是经舍、进或未进未舍而得)，用该数值与规定的极限数值作比较，只要超出极限数值规定的范围(不论超出程度大小)，都判定为不符合要求。示例见表 3－8。

3. 修约值比较法

(1)将测定值或其计算值进行修约，修约数位应与规定的极限数值数位一致。

当测试或计算精度允许时，应先将获得的数值按指定的修约数位多一位或几位报出，然后按进舍规则的程序修约至规定的数位。

(2)将修约后的数值与规定的极限数值进行比较，只要超出极限数值规定的范围(不论超出程度大小)，都判定为不符合要求。示例见表 3－8。

表 3－8　全数值比较法和修约值比较法的示例与比较

项目	极限数值	测定值或其计算值	按全数值比较是否符合要求	修约值	按修约值比较是否符合要求
中碳钢抗拉强度/Mpa	≥14×100	1349	不符合	13×100	不符合
		1351	不符合	14×100	符合
		1400	符合	14×100	符合
		1402	符合	14×100	符合

（续表）

项目	极限数值	测定值或其计算值	按全数值比较是否符合要求	修约值	按修约值比较是否符合要求
NaOH 的质量分数/%	≥97.0	97.01	符合	97.0	符合
		97.00	符合	97.0	符合
		96.96	不符合	97.0	符合
		96.94	不符合	96.9	不符合
中碳钢的硅的质量分数/%	≤0.5	0.452	符合	0.5	符合
		0.500	符合	0.5	符合
		0.549	不符合	0.5	符合
		0.551	不符合	0.5	不符合
中碳钢的锰的质量分数/%	1.2～1.6	1.151	不符合	1.2	符合
		1.200	符合	1.2	符合
		1.649	不符合	1.6	符合
		1.651	不符合	1.7	不符合
盘条直径/mm	10.0±0.1	9.89	不符合	9.9	符合
		9.85	不符合	9.8	不符合
		10.10	符合	10.1	符合
		10.16	不符合	10.2	不符合
盘条直径/mm	10.0±0.1（不含 0.1）	9.94	符合	9.9	不符合
		9.96	符合	10.0	符合
		10.06	符合	10.1	不符合
		10.05	符合	10.0	符合
盘条直径/mm	10.0±0.1（不含+0.1）	9.94	符合	9.9	符合
		9.86	不符合	9.9	符合
		10.06	符合	10.1	不符合
		10.05	符合	10.0	符合
盘条直径/mm	10.0±0.1（不含−0.1）	9.94	符合	9.9	不符合
		9.86	不符合	9.9	不符合
		10.06	符合	10.1	符合
		10.05	符合	10.0	符合

注：表中的例并不表明这类极限数值都应采用全数值比较法或修约值比较法。

4. 两种判定方法的比较

对测定值或其计算值与规定的极限数值在不同情形用全数值比较法和修约值比较法的比较结果的示例见表 3-8。对同样的极限数值，若它本身符合要求，则全数值比较法比修约值比较法相对较严格。

2.5 测量误差

2.5.1 测量误差

在某环境下，对于材料而言，其物理量应该具有确定值。但在实际测量中，要准确测定这个值是十分困难的。因为尽管测量环境条件、测量仪器和测量方法都相同，但由于测量仪器计量不准，测量方法不完善以及操作人员水平等各种因素的影响，各次各人的测量值之间总有不同程度的偏离，不能完全反映材料物理量的确定值(真值)。测量值 X 与真值 X_0 之间存在的这一差值 Y，称为测量误差，其关系为：

$$X_0 = X + Y$$

2.5.2 测量误差的分类

以产生误差的原因为基础，根据误差性质可以对误差进行种类划分为：

1. 系统误差

系统误差是指人机系统产生的误差，是由一定原因引起的，在相同条件下多次重复测量同一物理量时，使测量结果总是朝一个方向偏离，其绝对值大小和符号保持恒定，或按一定规律变化，因此有时称之为恒定误差。系统误差主要由下列原因引起。

1)仪器误差

仪器误差是指由于测量工具、设备、仪器的不完善，电路的布置、安装、调整不得当，仪器刻度不准确或刻度的零点发生改变，样品不符合要求等原因所引起的误差。

2)人为误差

人为误差是指由观察者感官的最小分辨力和某些固有习惯引起的误差。

3)外界误差

外界误差也称环境误差，是由于外界环境(如温度、湿度等)的影响而造成的误差。

4)方法误差

方法误差是由于测量方法的理论根据有缺点，或引用了近似公式，或实验室的条件达不到理论公式所规定的要求等造成的误差。

5)试剂误差

在材料的成分分析及某些性质的测定中，有时会用到一些试剂，当试剂中含有被测成分或干扰杂质时，也会引起测试误差，这种误差称为试剂误差。

一般地说，系统误差的出现是有规律的，其产生原因往往是可知的或可掌握的。只要仔细观察和研究各种系统误差的具体来源，就可以设法消除或降低影响。

2. 随机误差

随机误差是由不能预料、不能控制的原因造成的。例如：实验者对仪器最小分度值的估读，很难每次严格相同；测量仪器的某些活动部件所指示的测量结果，在重复测量时很难每次完全相同，尤其是使用年久的或质量较差的仪器时更为明显。

无机非金属材料的许多物化性能都与温度有关。在实验测定过程中，温度应控制恒定，但温度恒定有一定的限度，在此限度内总有不规则的变动，导致测量结果发生不规则的变动。此外，测量结果与室温、气压和湿度也有一定的关系。由于上述因素的影响，在完全相同的条件下进行重复测量时，测量值或大或小，或正或负，起伏不定。这种误差的出现完全是偶然的，无规律性，所以有时称之为偶然误差。

误差偶然（随机误差）特点就个体而言是不确定的，产生的这种误差的原因是不固定的，它的来源往往也一时难以察觉，可能是由于测定过程中外界的偶然波动、仪器设备及检测分析人员某些微小变化等所引起的，误差的绝对值和符号是可变的，检测结果时大时小、时正时负，带有偶然性。但当进行很多次重复测定时，就会发现，误差偶然（随机误差、不定误差）具有统计规律性，即服从于正态分布。

3. 过失误差

该类型误差也被叫做错误，实验者的粗心大意会导致出现该类型误差，不正确的操作等也会导致有该类型误差出现，比如在放置仪器的时候没有选择稳定的平面，外力对仪器产生的冲击导致出现问题；在对结果进行读取的时候没有正确的读取数据；在对数据进行处理的时候没有正确地进行计算等。在实验过程中该类型误差是不允许出现的。

2.5.3　误差表示方法

为了对误差进行表示，工程上把准确度、精密度等概念引入其中。测量结果的重演程度即为精密度，如果该指标较高，则说明具有较小的随机误差。测量结果的正确性即为准确度，如果该指标较高，则说明具有较小的系统误差。精确度同时包括以上两者，如果该指标较高，则说明测量结果不仅可靠而且更为精密。以以上概念为基础，可以通过以下三种方式表示误差，分别为：

（1）极差：测量最小值和最大值的差即为极差。

（2）绝对误差：真值和测量值的差异即为绝对误差。

（3）相对误差：真值和绝对误差的比值即为相对误差，表示时使用的百分数。该指标不仅可对测量准确度进行反映，还可对精密度进行反映。

2.6　测量不确定度

2.6.1　术语和定义

测量不确定度（简称不确定度）：利用可获得的信息，表征赋予被测量量值分散性的非负参数。

标准不确定度：以标准差表示的测量不确定度。

[标准不确定度的]A 类评定：对在规定测量条件下测得的量值用统计分析的方法进行的测量不确定度分量的评定。

[标准不确定度的]B 类评定：用不同于测量不确定度 A 类评定的方法对测量不确定度分量进行的评定。

合成标准不确定度：由在一个测量模型中各输入量的标准测量不确定度获得的输出量的标准测量不确定度。

扩展不确定度：为获得扩展不确定度，对合成标准不确定度所乘的大于 1 的数。

2.6.2 测量不确定度的来源

根据相关规则可明确，测量不确定度的来源包括：

(1)被测量的定义不完整；

(2)被测量定义的复现不理想；

(3)取样的代表性不够，即被测样本可能不完全代表所定义的被测量；

(4)对测量过程受环境条件影响的认识不足，或对环境条件的测量不完善；

(5)模拟式仪器的人员读数偏移；

(6)测量仪器的计量性能的局限性，即导致仪器的不确定度；

(7)测量标准或标准物质提供的标准值不准确；

(8)引用的常数或其他参数值的不准确；

(9)测量方法和测量程序中的近似和假设；

(10)在相同的条件下，被测量重复观测值的变化。

上述的来源，基本上概括了实践中所能遇到的情况。其中，第 1 项如再加上理论认识不足，即对被测量的理论认识不足或定义不完善似更充分些；第 10 项实际上是未预料因素的影响，包含大量未预料到的微小因素的影响量，也包括一些难以用 B 类评定定量评定的影响量，也可简称为“其他”。不确定度来源的分析取决于对被测量的理解、测量方法、测量设备、测量条件等因素，必须具体问题具体分析。

在评定测量不确定度的实践中，由测量所得的测得值只是被测量的估计值，测量过程中的随机效应及系统效应均可导致测量不确定度。对已认识的系统效应进行修正后的测量结果仍然只是被测量的估计值，还存在由随机效应导致的不确定度和由于系统效应修正不完善导致的不确定度。从不确定度评定方法上所做的 A 类评定、B 类评定的分类和产生不确定度的原因无任何联系，故不能称为“随机不确定度”和“系统不确定度”。

2.6.3 测量不确定度的评定

1. 测量不确定度的分类

测量不确定度按照评定方法分标准不确定度和扩展不确定度。标准不确定度又分为 A 类标准不确定度、B 类标准不确定度及合成标准不确定度。

2. 测量不确定度的评定方法

1)A 类评定

A 类评定是指用对观测列进行统计分析的方法进行的评定，其标准不确定度用实验标准差表征。

$$u(x_i)=s(x_i)=\sqrt{\frac{\sum_{i=1}^{n}(x_i-\overline{x})^2}{n-1}}$$

A 类评定的特点：

(1) 该类型通过实验的方式完成的对观测列的获取，以需要为基础对平均值或单词测量结果的偏差进行计算。

(2) 随机影响观测值，因此导致观测值 x_i 不完全相同，在实施观测的时候有随机性存在。对大量观测值进行分析可明确，其与正态分布相符。

(3)可以根据被测量的个数、测量次数等算出自由度。

2)B 类评定

B 类不确定度的评定标准一般是由系统效应导致的。凡是用非统计方法评定出的标准不确定度都是 B 类标准不确定度，与随机或系统没有对应关系。评定的依据可以是可靠的说明书、检定证书或校准证书、测试报告等相关技术资料，也可以是测试人员的个人技术经验和知识。

获得 B 类不确定度的信息来源一般有：

(1)行业标准、国家标准等给出的重复性限 r 或复现性限 R 情况；

(2)资料或者手册给出的数据和相关不确定度等；

(3)检定证书、核准证书等提供的准确度级别；

(4)相关部门的相关文件；

(5)了解相关设备特性和技术资料；

(6)曾经的观测数据。

B 类不确定度评定的特点：

(1)通过已有信息实施评估操作；

(2)以测量分部信息和极限值为基础对标准偏差进行估计，或者由校准证书、检定证书对标准不确定度进行推导；

可认为，评定方式和 A 类不同，即认为是该类型，用标准差表示标准不确定度。

对于该类型不确定度而言，相关部门的相关文件、相关设备特性和技术资料、规程和标准等技术性文件能够提供标准不确定度，测量人员自身具有的经验和知识水平也可提供该指标，所以，在评定该类型的时候，往往有主观因素存在，如何恰当并合理地给出 B 类评定的标准不确定度是不确定度的关键问题之一。

B 类评定不确定度分量的信息来源大体上可以分为由检定证书或校准证书得到以及由其他各种资料得到两类。

A 类和 B 类标准不确定度的评定方法虽然不同，但它们是处于同等地位的。不少人认为，A 类评定有计算公式作依据，应该是最可靠的了，其实不然。当评定 A 类不确定度时，可适当增加观测次数，但是观测次数增加很多时，费时费力，得不偿失。B 类不确定度的可靠程度取决于测试人员或数据处理人员的专业知识水平和数据处理能力，受主观因素影响较大。但是，这种评估大都是以事实为依据的，其可靠程度往往是很高的。

无论采用 A 类评定或 B 类评定，最后均用标准偏差来表示标准不确定度，并且合成不确定度时，两者的合成方法相同。

3)合成标准不确定度的评定

当测量结果是由若干个其他量的值求得时，按其他各量的方差和协方差计算所得的标准不确定度称为合成标准不确定度。

合成标准不确定度仍然是标准不确定度，它表征了测量结果的分散性。所用的合成方法，常被称为不确定度传播律。合成不确定度的自由度称为有效自由度，它表明所评定的可靠程度。

用合成不确定度的倍数表示的测量不确定度称扩展不确定度。它是确定测量结果区间的量，合理赋予被测量之值分布的大部分希望含于此区间。

3. 不确定度的评定步骤

测量的参数确定后，测量结果的不确定度仅与测量方法有关，测量方法包括测量原理、测量仪器、测量条件、测量程序和数据处理程序。

根据标准不确定度的定义，方差即是标准不确定度的平方，可得：

$$u^2(y)=u^2(x_1)+u^2(x_2)+\cdots+u^2(x_0)$$

根据方差的性质可得：

$$\begin{aligned}u^2(y)&=u^2(c_1x_1)+u^2(c_2x_2)+\cdots+u^2(c_0x_0)\\&=c_1^2u^2(x_1)+c_2^2u^2(x_2)+\cdots+c_0^2u^2(x_0)\\&=u_1^2(y)+u_2^2(y)+\cdots+u_0^2(y)\end{aligned}$$

或中 $u_i(y)=c_iu(x_i)$，即为不确定度分量：

$$u(x_i)=s(x_i)=\sqrt{\frac{\sum_{i=1}^{n}(x_i-\overline{x})^2}{n-1}}$$

测量结果 y 的标准不确定度通常由若干个测量不确定度分量合成得到，用 $u_c(y)$ 表示，在对测量结果进行不确定度评定时，需给出测量结果的扩展不确定度 U。

$$U=ku_c(y)$$

1)测量不确定度评定步骤

(1)找出所有影响测量不确定度的影响量；

(2)建立满足测量不确定度评定所需的数学模型；

(3)确定各影响因素的估计值以及对应的标准不确定度；

(4)确定对应于各影响因素标准不确定度分量；

(5)列出不确定度分量汇总表；

(6)将各标准不确定度分量合成标准不确定度；

(7)确定测量可能值分布的包含因子；

(8)确定扩展不确定度；

(9)给出测量不确定度报告。

建设工程质量的控制是通过大量的试验检测工作来实现的，试验检测机构依据相关的规范、标准、规程，使用仪器设备对原材料或产品进行试验、检测，用其测量结果来判定原材料或产品是否符合规定的要求。理论上讲，测量结果位于规范区内就应判定合格。

2)合格与否的判定

对是否合格进行判断看似较为简单。在日常的试验检测工作中，只要测量结果位于规范区内就判为合格，反之是不合格。事实上，无论是哪种测量，其均有缺陷存在，所获得的测量结果存在一定的偏差，即其和真值之间存在一定的差异，也就是说测量结果和真值并不相等。在实施测量操作的时候，可能误差范围可对测量结果的可疑程度进行表示，即不确定度。该指标用于度量近真值的可能误差，如果该指标较小，则说明具有较为准确的测量结果。

可通过单次测量获得测量结果，也可以通过多次测量获得测量结果。其指的是测得值经过恰当的处理或经过必要的计算而得到的最后量值。通过采用测量的方式获得的被测量的最佳估计值即为测量结果。

所以在对合格进行判定的时候，如果仅对测量结果进行判断则不具有完善性，还需要对测量不确定度进行考虑，可以认为不确定度和合格判定之间存在着密切关系。扩展不确定度可对不合格度和合格度的大小和估计的测量结果产生影响作用。

当测量结果有不确定度存在的时候，如果测量结果在规范限值两侧以扩展不确定为半宽的区域内时，则无法对其是否合格进行判断。当所有测量结果均处于扩展不确定度区域的外侧时，则可认为其并不具有合格的测量结果。

第 3 章　统计与抽样技术

3.1　统计技术

3.1.1　随机变量及其数字特征

1. 随机变量

在某个条件下，对于某一个变量而言，对某个值进行选取或者在某个范围内对某个值进行选取则可以认为其是随机事件，该量称为随机变量。

根据所取的数值具有的分布情况可对随机变量进行种类分布，包括：

(1)连续性随机变量。在某坐标轴的某一期间对任意值进行选取，即取满整个实数轴或整个区间，则可认为其是连续性随机变量。

(2)离散型随机变量。假设存在随机变量 $x, x_1, x_2, \cdots$ 为其取值，当该变量以不同概率对值进行选取，即只对可数个或有限个实数值进行选取，则为离散型随机变量。

2. 分布函数

随机变量的特点是以一定的概率取值，但并不是所有的观测或试验都能以一定的概率取某一个固定值。比如对于某工件而言，被测量最佳估计值的测量结果为 x，其真值充满某个区间，我们在对其进行分析的时候，我们的问题在于在该区间它具有多少落入概率，即：

$$P(a \leqslant X \leqslant b) = ?$$

根据概率加法定理有：

$$P(a \leqslant X \leqslant b) = P(X < b) - P(X < a)$$

显然，只要求出 $P(X<b)$ 及 $P(X<a)$ 即可，这要比 $P(a \leqslant X \leqslant b)$ 的计算简单许多，因为它们只依赖一个参数。

假设存在任何实数 x，事件概率为一个 x 函数。设定 $F(x) = P(X < x)$，前者为其分布函数。对于事件$(a \leqslant X \leqslant b)$ 而言，分布函数可对其概率产生影响作用，可认为该函数能够对变量的统计特性进行完整描述。

3. 随机变量的数字特征

利用分布函数或分布密度函数可以完全确定一个随机变量，但在实际问题中求分布函数或分布密度函数不仅十分困难，而且常常没有必要。例如：测量零件长度得到了一系列的观测值，人们往往只需要知道零件长度这个随机变量的一些特征量就够了。诸如长度的平均值(近似的代表长度的真值)及测量标准(偏)差(观测值对平均值的分散程度)。用一些数字来描述随机变量的主要特征，显然十分方便、直观、实用，在概率论和数理统计中就称他们为随机变量的数字特征。这些特征量有数学期望、方差、矩、协方差等。

1）数学期望

随机变量 X 的数学期望记为 $E(X)$ 或简记 μ_x，用它可以表示随机变量本身的大小，说明 X 的取值中心或在数轴上的位置，也称为期望值。数学期望表征随机变量分布的中心位置，随机变量围绕着数学期望取值。数学期望的估计值，即为若干个测量结果或一系列观测值的算术平均值。也就是说，数学期望是一个平均的大约数值，随机变量的所有可能值围绕着它而变化。

（1）离散型随机变量的数学期望。

假设某机械加工车间有 M 台机床，它们有时工作，有时停顿（如为了调换刀具、零件和进行测量等），为了精确估计车间的电力负荷，需要知道同时工作着的机床的台数。为此做了 N 次观察，记下诸个独立事件（所有机床都工作，有 1 台工作，有 2 台工作，…，有 M 台工作）的出现次数，其分别为 $m_0, m_1, \cdots, m_M$。显然，$m_0 + m_1 + \cdots + m_M = N$，则该车间同时工作的机床的平均数 $\bar{n}$ 为：

$$\bar{n} = \frac{\sum_{i=1}^{M} x_i m_i}{N} = \sum_{i=1}^{M} x_i \frac{m_i}{N} = \sum_{i=1}^{M} x_i w_i$$

式中：w_i—x_i 台机床同时工作的频率。

当 N 很大时，频率 w_i 趋于稳定而等于概率 p_i，故有：

$$\bar{n} = \sum_{i=1}^{M} x_i p_i$$

由上所述，本例中同时工作的机床台数 X 是一个随机变量，其可能值为 x_i，响应的概率为 p_i，其均值 $\sum_{i=1}^{M} x_i p_i$ 即称为随机变量的数学期望的估计值。它的一般形式为 $\mu_x = E(X) = \sum_{i=1}^{M} x_i p_i$，而级数 $\sum_{i=1}^{M} x_i p_i$ 应绝对收敛。

（2）连续型随机变量的数学期望。

设连续型随机变量 X 具有概率密度 $f(x)$，若 $\int_{-\infty}^{+\infty} |x| f(x)\mathrm{d}x < +\infty$，则称积分值 $\int_{-\infty}^{+\infty} |x| f(x)\mathrm{d}x$ 为 X 的数学期望，简称期望或均值，记为 $E(x)$，即：

$$E(X) = \int_{-\infty}^{+\infty} x f(x)\mathrm{d}x$$

因此，数学期望是均值这一概念在随机变量上的推广，并不是简单的算术平均值，而是以概率为权的加权平均值。

2）方差

对于随机变量而言，数学期望是一个重要数字特征，它表示随机变量取值水平或者说随机变量的中心位置，从一个角度描述了随机变量，但在许多问题中单用数学期望通常是不够的，往往还要涉及另一类数字特征，它刻化随机变量的取值与其中心位置的偏离程度这一特征，其中最重要的是方差。

方差是指随机变量的中心化概率分布的二阶矩。即：设 X 为随机变量，若 $E[X-E(X)]^2$ 存在，则称 $E[X-E(X)]^2$ 为 X 的方差，记为 $V(X)$。

$$V(X)=E[X-E(X)]^2$$

在应用中还引入随机变量 X 具有相同量纲的量$\sqrt{V(X)}$，记为 σ，称为标准差。

(1) 离散型随机变量方差：

$$V(X)=\sum_{i=1}^{\infty}\left[x_i-E(X)\right]^2 p_i$$

其中，$P=\{X=x_i\}=p_i, i=1,2,\cdots$ 为 X 的分布律。

(2) 连续型随机变量方差：

$$V(X)=\int_{-\infty}^{+\infty}\left[x-E(X)\right]^2 f(x)\mathrm{d}x$$

计算方差时，更多的是用下面的公式：

$$V(X)=E(X^2)-[E(X)]^2$$

3) 矩

设 X、Y 为随机变量，若 $E(|X|^k)<\infty$，记 $a_k=E(x^k)$，称 a_k 为 X 的 k 阶原点矩，简称 k 阶矩。

若 $E|X-E(X)|^k<\infty$，记 $b_k=E|X-E(X)|^k$，称 b_k 为 X 的阶中心矩。

4) 协方差

在联合概率分布下，两个中心化随机变量乘积的均值为协方差。公式表示如下：若随机变量 X 和 Y 的二阶矩都存在，则称 $E[X-E(X)][Y-E(Y)]$ 为 X 与 Y 的协方差，记为 σ_{xy}。

$$\sigma_{xy}=E[X-E(X)][Y-E(Y)]$$

3.1.2　常见随机变量的概率分布

1. 均匀分布

均匀分布是一种简单的概率分布，分为离散型均匀分布和连续型均匀分布两种。

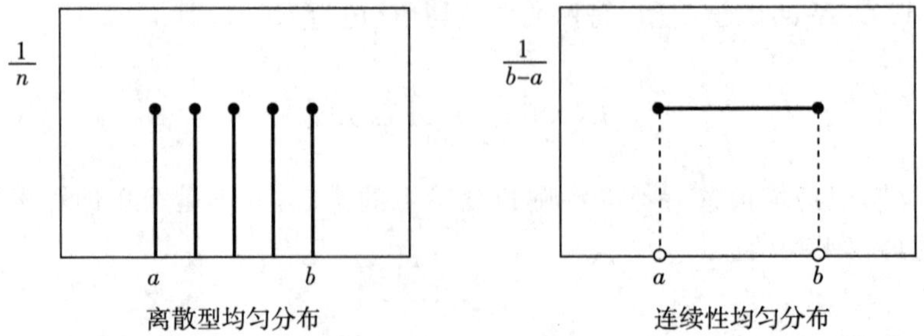

图 3-1　均匀分布

设连续型随机变量 X 的分布函数为：

$$F(x)=(x-a)/(b-a)(a\leqslant x\leqslant b)$$

可认为在$[a,b]$上随机变量 X 均匀分布，即 $X\sim U[a,b]$。

在$[a,b]$上，$[x_1,x_2]$为任一子区间，存在：

$$P\{x_1\leqslant x\leqslant x_2\}=(x_2-x_1)/(b-a)$$

可认为子区间长度和在$[a,b]$上 X 落在子区间内的概率之间存在密切关系，子区间位置不会对概率产生影响作用，因此在$[a,b]$上 X 落在长度相等的子区间内具有相同的可能性，这种可能性即为均匀。

在对实际问题进行研究的时候，我们并不能明确在该区间内取值的随机变量不同值可能性是否有不同存在，我们可以假设在该区间 X 服从均匀分布。

统计学中的概率密度函数：用于直观地描述连续性随机变量（离散型的随机变量下该函数称为分布律），表示瞬时幅值落在某指定范围内的概率，因此是幅值的函数。连续样本空间情形下的概率称为概率密度，当试验次数无限增加，直方图趋近于光滑曲线，曲线下包围的面积表示概率，该曲线即这次试验样本的概率密度函数。

统计学中概率密度公式中的平均分布为：

$$f(x)=1/(b-a)\quad(a\leqslant x\leqslant b)$$

对于其他 x，$f(x)=0$。

X 的平均值：$E(X)=\int(b,a)xf(x)\mathrm{d}x=\int(b,a)x\mathrm{d}x/(b-a)=0.5x^2/(b-a)\mid(b-a)=(a+b)/2$

X 的方差：$D(X)=V_{ar}(X)=\int(b,a)[x-E(X)]^2\mathrm{d}x/(b-a)$

$$=\int(b,a)[x-(a+b)/2]^2\mathrm{d}x/(b-a)$$

$$=(b-a)^2/12$$

均匀分布 X 的平均值为$(a+b)/2$，方差为$(b-a)^2/12$。

2. 正态分布

在数理统计中，正态分布作为一种理论分布，是研究学者们实时统计的基数。对于该类型分布而言，其包括的参数有两个，一个是 σ，可对形态产生影响，一个是 μ，可对位置产生影响。

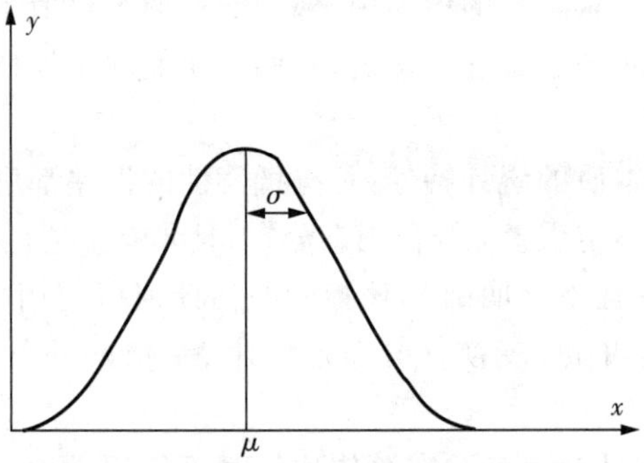

图 3-2　正态分布图

正态分布具有如下概率密度函数的连续分布，其中 $-\infty < x < \infty$，且 $-\infty < \mu < \infty$，$\sigma > 0$。

$$f(x) = \frac{1}{\sigma\sqrt{2\pi}} e^{-\frac{(x-\mu)^2}{2\sigma^2}}$$

式中：$f(x)$—— 概率密度函数；

π—— 圆周率，$\pi = 3.14159\cdots$；

e—— 自然对数的底，$e = 2.71828\cdots$；

μ—— 其均值；

σ—— 其标准差。

通过以上实验可以明确，如果总体符合正态分部，可以以固定 n，对样本进行抽取，样本均数分布依然与正态分布相符，为 $N(\mu,\sigma)$。因此，可以 u 变换样本均数分布，也可让其成为标准正态分布 $N(0,1)$。在分析的时候为了方便应用，可利用 u 变换$[(X-\mu)/\sigma]$转化正态变量 X，此时可获得标准正态变量 u，进而可以转换不同正态分布，获得 $\sigma = 1$、$\mu = 0$ 的标准正态分布，即 u 分布。

正态分布图形具有下列性质：

(1) $f(x)$ 处处大于零，且具有各阶连续的导数。

(2) $f(x)$ 在$(-\infty, \mu)$ 区间严格上升，在 $x=\mu$ 处达到最大值 $1/(\sigma\sqrt{2\pi})$，且其大小只取决于标准差 σ。标准差越大，观测值落在 μ 附近的概率越小，意味着测定精度差，观察值也越分散；标准差越小，观测值落在 μ 附近的概率越大，表示观测的精度好，观测值集中；在$(\mu, +\infty)$ 区间严格下降；在 $x=\mu$ 处有极值点。

(3) $f(x)$ 关于 $x=\mu$ 对称，即 $f(\mu+x) = f(\mu-x)$。

(4) $\int_{-\infty}^{+\infty} f(x)\mathrm{d}x = 1$。

当 $\mu=0$，$\sigma=1$ 时，称为标准正态分布，记为 $N(0,1)$，其密度函数用 $\varphi(x)$ 表示，即有：

$$\varphi(x) = \frac{1}{\sqrt{2\pi}} e^{-\frac{x^2}{2}}$$

由上述可得出正态分布图具有单峰性、对称性、有界性和抵偿性。

单峰性：绝对值小的误差比绝对值大的误差，出现的机会多得多；

对称性：绝对值相等的正、负误差出现的概率相等；

有界性：在一定条件下，有限次的检测中，偶然误差的绝对值不会超出一定的界限；

抵偿性：相同条件下，对同一量进行检测，其偶然误差的平均值，随着测量次数的无限增加，而趋于零。

抵偿性是偶然误差最本质的统计特性，凡有抵偿性的误差都可以按偶然误差处理。

偶然误差（随机误差，不定误差）符合正态分布，且具有上述的基本性质。

在分析问题的时候，往往不会明确 σ，该指标的估计值可使用标准差 s，为了让其能够和 u 变换有所区别，因此把其叫做 t 变换，t 分布是统计量 t 值的分布。

3. t 分布

在相关研究理论中，在估计正态分布总体均值时可使用学生 t- 分布。以其为基础可以测试两个样本均值差异显著性学生 t 测定。具有如下概率密度函数的连续分布称 t 分布，如

图 3－3。

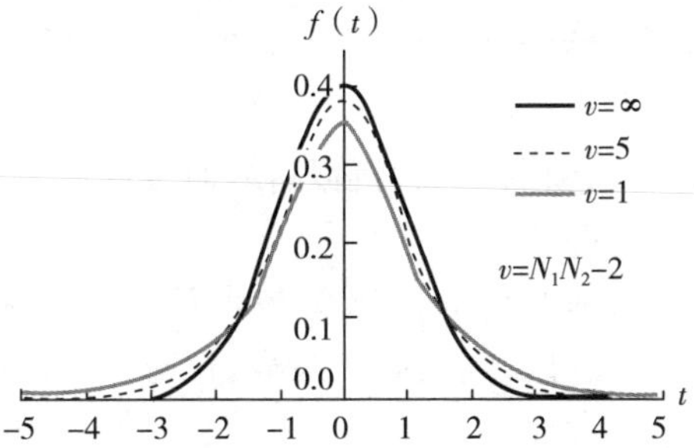

注：自由度为 1、5、∞ 的 t 分布，当自由度为 ∞ 时，t 分布就是标准正态分布

图 3－3　t 分布

$$f(t)=\frac{\Gamma[(v+1)/2]}{\sqrt{\pi v}\Gamma(v/2)}\times\left(1+\frac{t^2}{v}\right)^{-(v+1)^2}$$

式中：$f(t)$—— 概率密度函数；

π—— 圆周率，$\pi=3.14159$；

v—— 自由度。

当不知道母群体的标准差，同时还需要对其进行估计的时候可以选择使用学生 t-分布。

人们在对 Z 检定进行改进之后设计出了 t 检定，该方法适用于任意样本量。如果具有超过 120 的样本量，可使用 Z 检定进行分析，如果样本量较小，该分析方式则会导致有误差出现，所以在分析小样本群体的时候可使用学生 t 检定。如果需要分析不少于三组数据，因为无法压低误差，可用变异数分析代替学生 t 检定。

3.1.3　常用数理统计工具

1. 调查表

在进行统计工作时，首先要收集数据，收集来的数据要规范化、表格化。统计分析用的调查表，是利用统计表对数据进行整理和初步分析原因的一种工具。

针对不同的需要，常用的格式有以下几种：

(1)不合格项目分类统计调查表。如混凝土施工可按配比拌和运输、浇筑、振捣逐一统计；也可统计不合格的频率及百分比，并可分析不合格的原因。

(2)工序质量特性分布统计分析调查表。可以对各种参数分别给予统计分析，找出产生问题的主要原因。

(3)调查缺陷位置的统计分析调查表。

2. 分层法

分层法是将所有收集的数据按照数据来源、性质、使用目的和要求，分类加以归纳、总结和分析，然后再用其他统计分析方法将分类后的数据加工成图标。

分层法是数据分析的一项基础工作。分层的好坏直接影响着后期分析的结果。例如：作直方图分层不好时，就会出现峰型和平顺型；排列图分层不好时，矩形高度差不多，无法分清因素的主次。

3. 因果图

因果图又称“特性要因图”，也有人根据其图形如鱼骨状或树枝状，称其为“鱼骨图”或“树枝图”。这是一种逐步深入研究和讨论质量问题的图示方法。它分析了一些可对质量产生影响的重要因素，根据不同大小在同一张图上分别用大枝、主干等进行表示，即为因果图。有了因果图就可以对因果做出明确而系统的整理，从而可以清晰地、系统地观察所产生质量问题的原因，有利于研究解决的办法。

在进行因果分析过程中，对那些认为比较重要的因素，要用特殊记号标注说明，然后根据查找出来的问题，从大到小，通过研究绘制对策表，针对查找出的影响质量的因素，制订对策，落实解决的办法。

4. 直方图

直方图是通过对数据的加工处理，从而分析和掌握质量数据的分布和估算工序不合格品率的一种方法。直方图有频数直方图和频率直方图两种，其中以频数直方图使用较多。样本数据频数直方图，是指将样本观测值 $X_1, X_2, \cdots X_n$ 进行适当的分组，然后计算各组中数据的个数。以样本取值范围为横坐标，以频数为纵坐标将按样本序列划分的组及其频率的柱状图连续画在图中而得。

直方图按分布类型可分为正常型和异常型。

正常型直方图：中间高，两边低，左右对称，呈正态分布。

异常型直方图又可分为以下几种：

(1)孤岛型：直方图两边出现孤立小岛，造成原因如材料发生变化，测试有误差等；

(2)双峰型：直方图中出现两个峰，这主要是数据来自两个不同分布的总体，此时应加以分层。

(3)折齿形：直方图出现凹凸不平的形状。这主要是数据分组太多，测量仪器误差过大等造成，此时应重新收集和整理数据。

(4)陡壁行：直方图向一边倾斜，这是由收集数据不正常所致。

(5)偏态型：当受上、下限的限制时，多发生偏态型。下限受限制时，多发生左偏，上限受限制时，多发生右偏。

(6)平顶型：直方图没有突出的顶峰，呈平顶型，这可能是由于数据源于多个不同分布的总体，也可能是由于质量特性在某区间中均匀变化所致。

3.2 抽样技术及应用

3.2.1 抽样的基本概念

1. 抽样

抽样：随机从总体中对若干个样品进行抽取，最终完成样本构成的过程。

抽样的目的：是为了进行抽样检查，而抽样检查的目的，则是为了对总体作出判断。因此，抽样的基本原则是代表性，而从抽样的过程来看，还应注意随机性与均匀性。

2. 抽检与全检

抽检即抽样检查，全检是全数检查。从检查效果来看，当然全检更稳妥。然而，并非任何情况都可以进行全检。例如，带有破坏性、费用昂贵或数量非常大的检查，就不能或不宜进行全数检查。所以，抽样检查是人们认识事物的一种常见而又重要的手段。

3.2.2　抽样检验的类型

抽样是从总体中抽取样本的过程，并通过样本了解总体。

工程中试验检测常用的抽样方式有：简单随机抽样、系统抽样、分层抽样。

1. 简单随机抽样

简单随机抽样也称纯随机抽样。对于大小为 N 的总体，抽样样本量为 n 的样本，若全部可能的样本被抽中的概率都相等，则称这样的抽样为简单随机抽样。具体抽样时，根据抽样单位是否放回可分为重复抽样和不重复抽样。

1)重复抽样

重复抽样是每次从总体中随机抽取一个样本单位，经调查观测后，将该单位重新放回总体，然后再在总体中随机抽取下一个单位进行调查观察，依次重复这样的步骤，直到从总体中随机抽够 n 个样本单位为止。其特点是同一个单位有可能在同一个样本中重复出现。但考虑顺序与不考虑顺序之间有明显的区别：一是可能的样本个数不同；二是样本的概率分布不同，由此会导致估计量的概率分布不同。

2)不重复抽样

不重复抽样是每次从总体中随机抽取一个样本单位，经调查观测后，不再将该单位放回总体中参加下一个抽样，然后再在剩下的总体单位中随机抽取下一个样本单位进行调查观测，依次重复这样的步骤，直到从总体中随机抽取 n 个样本单位为止。其特点是任何一个总体单位不可能在同一样本中重复出现，并且样本构造的估计量的概率分布相同。

3)简单随机抽样的抽选方法

简单随机抽样的抽选方法有抽签法和随机数法。

抽签法：当总体不大时，先将总体中每个单位都编上号，写在签上，将签充分混合均匀后，每次抽一个签，签上的号码表示样本中的一个单位。

随机数法：当总体较大时，抽签法实施起来比较困难，这时可以利用随机数表、随机数色子等进行抽样。

例：设批量 $N=87$，分成 8 组，试对其进行随机抽样。

首先对批中的单位产品从 1～87 连续编号，利用某种科学计算软件随机产生一组随机数，

如：0.916，0.139，0.494，0.583，0.824，0.046，0.254，0.385。

生成的第一个样本单元为 $87\times0.916=79.692$，向上取整的值为 80。

生成的第二个样本单元号为 $87\times0.139=12.093$，向上取整的值为 12。

以此类推可得到 8 个样本单元的标号分别为 80，12，43，51，72，5，23，34。

4)简单随机抽样的用途

除非标准、规范与合同有明确要求，或经负责部门同意，所有统计抽样方案所需样本均应采用简单随机抽样方法抽取。

2. 系统抽样

将总体中的抽样单元按一定顺序排列，在规定的范围内随机抽取一个或一组初始单元，

然后按照一定规则确定其他样本单元的抽样叫做系统抽样。系统抽样分为定位系统抽样和等距抽样。

定位系统抽样是指一个规定样本量的样本，取自于流水线中的某一规定位置或时间，认为它本身所处的环境具有代表性的系统抽样。例如，从流水线或传输装置中抽取散料样品时，系统抽样可按固定距离或固定时间间隔方式抽取样本，每个抽样单元或每份样品的质量应与抽样时的瞬时流量成比例。

等距抽样是将总体中的 N 个抽样单元按照一定顺序排列，n 个样本单元由满足以下关系的单元编号组成：$h,h+k,h+2k,\cdots,h+(n-1)k$。

其中 h 和 k 是正整数，$n_k<N<n_{k+1}$，且 h 一般是从前 k 个整数中随机抽取的系统抽样。

例如，将批量样品划分为若干层，可采用在每个层中相同位置抽取样品的方法进行分层系统抽样。应注意使用系统抽样，抽样的随机性受到限制。

例：某流水线上生产的某批零件批量 $N=220$，按生产时间顺序编号，按系统抽样的方法抽取样本量 $n=8$ 单位零件进行检验。

$(N/n)=(220/8)=27.5$，不是整数，则取抽样间距 $k=28$，然后在 1～220 中随机抽取一个数字。假设抽中的是 63，则样本编号依次为 63，63+28=91，91+28=119，119+28=147，147+28=175，175+28=203，203+28=231(对应于 231−220=11)，11+28=39。

3. 分层抽样

样本抽自于总体不同的层，且每层至少有一个抽样单元入样的抽样。

在某些场合下，事先规定样本在各层的比例。如果在抽样后进行分层，则事先不需规定此比例。每层中的抽样采用随机抽样。

3.2.3 抽样方案

抽样方案是指所使用的样本量和有关检验批接受准则的组合。根据批量大小、接收质量限检验严格程度等因素确定样本大小和判定数组，有了这两个参数就可以对检验批进行抽样和判定。

3.2.4 合格判定

抽样检查的目的是通过抽查判定批是否合格。委托方总是希望批中所含的不合格品数越小越好，但是要求批中完全不含不合格品是不现实的。因此应当允许批中含有少量的不合格品，这个“少量的”上限值就是合格质量的水平 P_0，它是计数抽样检查中认为可接受的批质量 P 的上限值。即当 $P\leqslant P_0$ 时，认为批质量是合格的；而当 $P>P_0$ 时，认为该批质量是不合格的。P_0 的数值反映了对批质量的要求，可根据产品的重要程度和不合格品的等级，在技术文件中规定或者由供方和需方协商确定。

抽样检查时实际上无法确知批质量 P 的数值，而只能根据样本的质量推断批的质量。由于样本对批具有一定的代表性，可以认为当样本大小 n 确定时，样本中的不合格品数 d 越小，则批的质量越好，即 P 值越小。因此，理应规定一个合适的非负整数 $A_c(A_c<n)$，当 $d\leqslant A_c$ 时，$P\leqslant P_0$，判定批合格；当 $d\geqslant A_c+1$ 时，$P>P_0$，判定批不合格。这个非负整数 A_c 就是合格判定数。

参考文献

[1] GB/T 27418—2017.《测量不确定度评定和表示》[S].

[2] GB/T 27411—2012.《检测实验室中常用不确定度评定方法与表示》[S].

[3] GB/T 3358.1—2009.《统计学词汇及符号 第1部分:一般统计术语与用于概率的术语》[S].

[4] GB/T 3358.2—2009.《统计学词汇及符号 第2部分:应用统计》[S].

[5] GB/T 8170—2008.《数值修约规则与极限数值的表示和判定》[S].

[6] GB/T 4883—2008.《数据的统计处理和解释 正态样本离群值的判断和处理》[S].

[7] GB/T 10111—2008.《随机数的产生及其在产品质量抽样检验中的应用程序》[S].

[8] GB 3101—1993.《有关量、单位和符号的一般原则》[S].

[9] GB 3100—1993.《国际单位制及其应用》[S].

[10] GB/T 27043—2012.《合格评定 能力验证的通用要求》[S].

[11]《中华人民共和国法定计量单位》(1984年2月27日国务院发布)

图书在版编目(CIP)数据

建设工程质量检测法律法规及基础知识/郭建营,张晓梅,褚振伟主编．—合肥:合肥工业大学出版社,2024．—(建设工程质量检测人员岗位培训系列教材)．—ISBN 978-7-5650-6868-3

Ⅰ．D922．297．4

中国国家版本馆CIP数据核字第2024EN6032号

建设工程质量检测法律法规及基础知识

JIANSHE GONGCHENG ZHILIANG JIANCE FALU FAGUI JI JICHU ZHISHI

郭建营　张晓梅　褚振伟　主编　　　　责任编辑　张惠萍

出　版	合肥工业大学出版社	版　次	2024年7月第1版
地　址	合肥市屯溪路193号	印　次	2024年7月第1次印刷
邮　编	230009	开　本	787毫米×1092毫米　1/16
电　话	党政办公室:0551-62903038	印　张	15
	营销与储运管理中心:0551-62903198	字　数	365千字
网　址	press.hfut.edu.cn	印　刷	安徽联众印刷有限公司
E-mail	hfutpress@163.com	发　行	全国新华书店

ISBN 978-7-5650-6868-3　　　　定价:48.00元